중국
언어와
문화

중국 언어와 문화

김수현·김선호·배우정·정미선·배재석 지음

學古房

머리말

　중국에는 56개의 민족이 어우러져 다양한 문화를 이루며 살아가고 있다. 세계에서 가장 많은 사람들이 사용하는 언어 중의 하나인 중국어는 단순히 그들의 생각이나 사상을 표현하는데 그치는 대화의 도구가 아니라, 중국인의 얼과 혼이 담긴 문화를 언어로 투영시킨 것이라 할 수 있다. 중국인의 가치관이나 사유 방식, 사회제도, 정치, 경제, 생활, 풍속 등 다양한 문화 현상을 내포하고 있는 언어 표현을 살펴보는 것은 그 안에 담겨 있는 공시적인 측면에서의 문화 현상뿐만 아니라, 어휘의 생성과 소멸 과정, 언어구조의 변화 과정을 통해 그 민족의 역사, 정치, 경제의 통시적 측면까지도 살펴볼 수 있다

　이 책에서는 중국에 관심을 가진 일반 독자들을 위해 중국의 언어와 문화를 그 뿌리부터 시작하여 현재의 모습까지 다양한 방면으로 담아 소개하고자 하였다. 중국에 대하여 개괄하는 내용을 시작으로 중국의 뿌리를 알 수 있는 성씨, 호칭, 전통명절, 현대 기념일에 관한 문화를 살펴보고, 색채와 숫자에 대한 고대 중국인들의 인식과 더불어 언어 표현에 담긴 상징적 의미와 문화를 소개하였다. 또한 중국의 전통적인 음식 문화, 의복 문화, 건축 문화를 소개하고 역사적 배경과 지역, 민족 별로 상이한 문화와 그와 관련된 이야기를 담아냈다.

중국의 다양한 언어 표현과 그 속에 담긴 문화를 보다 쉽게 이해시키고자 다양한 사진 자료를 함께 제공하였으며, 중국어를 학습하고자 하는 사람들이 중국어 표현 하나하나에 담겨 있는 역사와 문화를 이해하는 데 도움이 되도록 구성하였다.

끝으로 이 책이 출판되기까지 많은 지원과 도움을 주신 慶熙大學校 孔子學院에 깊은 감사의 마음을 전한다.

書川里에서 著者일동
2023.4

목차

PART 01 중국

CHAPTER 1 중국은 어떤 나라인가? ... 14

CHAPTER 2 중국에 대한 팩트 체크 ... 25

PART 02 성씨

CHAPTER 1 중국인의 성씨와 이름에 관한 문화 ... 34
  1. 중국인의 성씨 ... 34
  2. 중국인의 '명名'과 '자字' ... 39
  3. 중국인의 호號 ... 52

CHAPTER 2 중국인의 호칭에 관한 언어 표현 ... 57
  1. 신분이 드러나는 고대의 호칭 ... 57
  2. 관계가 나타나는 현대의 호칭 ... 59
  3. 유명인들의 애칭 ... 61

PART 03 명절

CHAPTER 1 중국 전통명절에 담긴 문화   68
1. 새로운 한 해의 시작!   68
2. 정월 대보름, 원소절   74
3. 개자추介子推를 기리는 청명절!   79
4. 굴원을 추모하는 단오절   82
5. 후예와 상아의 전설이 있는 중추절   86
6. 장수를 기원하는 중양절   90

CHAPTER 2 중국 현대기념일의 풍습과 언어 문화   94
1. 여성의 날(3·8 婦女節)   94
2. 근로자의 날(5·1 勞動節)   98
3. 청년의 날(5·4 青年節)   101
4. 어린이날(6·1 兒童節)   103
5. 군인의 날(8·1 建軍節)   107
6. 건국의 날(10·1 兒童節)   108
7. 현대적으로 재해석 된 칠석절(7·7 七夕節)   113
8. Single's day(11·11 光棍節)   117

PART 04 색채

CHAPTER 1 색채에 대한 고대 중국인들의 인식   124
1. 황색   125
2. 붉은색   129
3. 푸른색   135
4. 검은색   139
5. 흰색   141

CHAPTER 2 언어 표현에 나타난 색채   145

    1. 역사의 시선으로 바라본 색채   146
    2. 현대의 시선으로 바라본 색채   166

PART 05 숫자

CHAPTER 1 숫자에 담긴 상징적 의미와 문화   184

    1. 긍정적인 의미의 숫자   184
    2. 부정적인 의미의 숫자   202

CHAPTER 2 숫자와 언어 표현   208

    1. 숫자 성어와 유래   208
    2. 흥미로운 숫자 표현   216

PART 06 음식

CHAPTER 1 음식으로 보는 지역과 풍속   228

    1. 마라는 어느 지역의 요리일까요?   228
    2. 차는 반 잔, 술은 가득 따르세요.   234
    3. 생일에는 장수면을 먹어요!   235
    4. 교자만두의 재료에도 의미가 담겨있다고? 237

CHAPTER 2 음식과 관련된 유형별 어휘   241

    1. 요리조리 다양한 중국의 조리법 어휘   242
    2. 음식의 맛과 관련된 어휘   247
    3. 조리 도구와 관련된 어휘   251
    4. 먹는 방법과 음식 재료   254

CHAPTER 3 음식에 담겨 있는 이야기 262

1. 광동 지역의 돼지 바베큐烤乳豬 262
2. 황제의 두부 요리劍門豆腐 263
3. 네 가지의 기쁨四喜丸子 264
4. 중국인의 아침 식사油条 265
5. 손칼국수刀削面 266
6. 호남 지역의 특산품皮蛋 267
7. 거지닭叫化鷄이 부자닭이 되었네! 268
8. 왕자의 스승이 드시던 음식宮保鷄丁 269
9. 곰보 아주머니의 마파두부麻婆豆腐 270
10. 서태후도 반한 음식狗不理 271

PART 07 의복

CHAPTER 1 중국의 대표적인 의복과 관련된 문화 278

1. 역대 중국의 전통 의상 278
2. 중국의 대표 의복 치파오 283
3. 치파오의 구성과 특징 287
4. 치파오의 문양 289

CHAPTER 2 중국의 소수민족과 다양한 의복 문화 291

1. 다민족 국가, 중국의 소수민족 291
2. 중국의 소수민족 정책, 하나의 중국! 294

CHAPTER 3 의복과 관련된 중국어 언어 표현 298

1. 의복과 관련된 기초 어휘 298
2. 의복과 관련된 언어 표현 305

PART 08 건축

CHAPTER 1 중국 건축 양식과 문화 ... 314

1. 중국의 전통 건축사 ... 314
2. 지형적 영향에 따른 건축 양식 ... 316
3. 사상적 영향에 의한 건축 양식 ... 320
4. 중국의 주거 문화의 특징 ... 325
5. 종교가 중국 건축 양식에 미친 영향 ... 333
6. 현대 중국 건축물 ... 337

CHAPTER 2 중국 건축물에 깃든 문화 이야기 ... 341

1. 중국을 대표하는 건축물, 자금성 ... 341
2. 중국 최초의 통일 황제 ... 346

CHAPTER 3 중국 거주 문화가 담긴 언어 표현 ... 352

1. 어휘 안에 담겨 있는 중국 거주 문화 ... 352
2. 속담 안에 담겨 있는 중국 거주 문화 ... 356

11

일러두기

1. 본서에 나오는 중국어 한자는 정자로 표기한다.
2. 처음 출현하거나 필요한 경우에는 첨자로 중국어와 발음을 함께 제시하였고, 그 뒤로 반복 제시된 경우에는 중국어와 발음을 생략하였다.
3. 중국어 고유명사(지명, 인명, 서명 등)는 한자 독음으로 병기하였다. 한자 독음을 중국어 발음이 더욱 익숙하게 사용되는 경우에는 예외적으로 중국어 발음표기법에 따라 표현하였다.
   예) 공자孔子, 치파오旗袍
4. 그 외에 역사적 주요사건, 관직명 등은 중국어와 함께 병기하고, 설명이 필요한 경우에는 주석 또는 해당 본문에 별도로 설명을 추가하였다.
   예) 朝茶zhāochá 광동지역의 아침 식사 문화
5. 인명과 서명이 뒤에 붙는 한국어 조사는 한자음에 준해 부가하였으며, 중국어 어휘, 문장, 문자 뒤에 붙는 한국어 조사는 중국어 원음에 준해 부가하였다.

PART 01
중국

중국 출처 : freepik.com

1. 중국은 어떤 나라인가?
2. 중국에 대한 팩트 체크

중국은 어떤 나라인가?

1 '중국' 국가 명칭의 변천사

우리가 지금 부르는 '중국中國'이라는 명칭은 주周나라에서 그 기원을 찾을 수 있다. 주나라 사람들이 거주하던 황하黃河 하류 지역을 '중원의 나라中原之國'라 불렀는데 후에 이를 줄여서 '중국中國'이라 부르게 되었다. 여기에서 '중국'은 현대적인 개념에서의 국가 명칭이 아니라, '천자가 머무는 성'이라는 의미로서 각 지역의 제후국과 상대되는 개념으로 사용되었다. '중국'이라는 명칭이 처음 등장한 것은 중국의 최초의 시집 『시경詩經』의 「대아大雅·민노民勞」이다.[1]

중국 지도 출처 : freepik.com

惠此中國, 以綏四方。Huìcǐ Zhōngguó, yǐsuísìfāng.
오직 이 나라의 중심으로써 사방을 안정시키네.

앞서 말했듯이 여기에서의 '중국'은 왕이 거처하는 수도의 의미에서 통치권 내에 있는 지역 전체를 가리키는 뜻으로 점차 확대되었다. 여기에서 더 나아가 오랑캐의 반대 개념으로 사용되어 화이지분華夷之分으로 중화와 오랑캐를 구분하는 문화적 의미로 확대되었다. 다시 말해, 이 시기의 '중국'이라는 명칭은 국가로서의 개념이 아니라, 주변에 대한 지리·정치·문화적인 의미에서의 중앙 또는 중심을 나타낼 뿐이었고 청淸나라 말기까지 각 왕조王朝의 명칭을 사용하였다.

1911년 신해혁명辛亥革命이 일어나면서 청淸나라의 시대가 막을 내리게 되었고 국호를 새롭게 '중화민국中華民國'이라 제정하였다. 이후 1949년 10월 1일에 현재의 정식 국호인 '중화인민공화국中華人民共和國Zhōnghuá Rénmín Gònghéguó(People's Republic of China)'이 수립되었으며, 모택동毛澤東은 중화인민공화국 성립 선포식에서 다음과 같이 말하였다.

毛澤東 출처: baidu.com

中國人民從此站起來了! Zhōngguó rénmín cóngcǐ zhànqǐlái le!
중국 인민은 이제 일어났다!

이때부터 중국인은 중심을 뜻하던 '중국'이라는 명칭을 중화인민공화국의 약칭으로 사용하게 되었다. 그리고 1949년 중화인민공화국이 건립된 후, '중국'은 한족漢族과 55개의 소수민족을 통칭하여 부르는 '중화민족'이라는 개념으로 확대되어 사용되고 있다.[2]

이 외에도 중국을 부르는 이름은 다양하다. 일부에서 중국을 '화하華夏Huáxià'라 부르기도 하는데, 이는 하夏, 상商, 주周나라가 하나의 민족으로 합쳐지면서 이 칭호를 사용하였다. 이 외에도 우禹 임금이 국토를 아홉 개로 나누었다는 것에 근거하여 춘추전국春秋戰國 시기에는 '구주九州Jiǔzhōu'라는 명칭을 사용하여 중국을 지칭하기도 하였으며, 위진魏晉 시기에는 중국中國과 화하華夏를 합쳐서 '중화中華Zhōnghuá'라는 명칭을 사용하였다.

중국인은 스스로를 용龍의 후손이라 한다. 중화민족의 전통적인 사고 내에서 용龍은 만물을 통치하는 옥황상제의 사자使者 역할을 하는데, 비와 바람을 다스릴 수 있어서 매우 신비로운 존재이다. 한漢나라 이후에는 용이 황제를 상징하게 되면서 그 형상 역시도 매우 화려해지고 구체적으로 변화하게 되었다. 이처럼 중국인에게 있어서 용은 황제를 상징할 뿐만 아니라 문학 작품, 종교, 예술은 물론 명절의 세시풍속에서도 빈번하게 등장한다. 이처럼 용은 중국 문화에서 빠질 수 없는 중요한 자리를 차지하고 있다.[3] 이 외에도 중국인은 스스로를 중국의 신화 속 인물 황제黃帝와 염제炎帝의 후손이라는 뜻으로 '염황자손炎皇子孫 yánhuángzǐsūn'라고 부르기도 하였다.[4]

2 중국의 국기

중국의 국기國旗는 가로세로 3:2 비율의 직사각형으로 붉은색 바탕에 다섯 개의 별이 그려져 있는데, 이를 오성홍기五星紅旗 wǔxīnghóngqí라고 한다. 바탕의 붉은색은 혁명을, 황색은 광명을 상징한다. 그리고 다섯 개의 별 중 가장 큰 별은 중국 공산당을 의미하며 나머지 네 개의 별은 각각 노동자, 농민, 도시 소자산계급, 민족자산계급을 상징한다. 이는 혁명 열사들의 노력과 피로 세운 중화인민공화국을 중국공산당의 영도 아래 지켜가고자 함을 상징한다.

五星紅旗 출처 : freepik.com

중국을 상징하는 국기 오성홍기 외에도 공식적으로 중국을 상징하고 국가의 권위를 나타내는 국장國徽guóhuī[1]이 있다. 이 국장에도 오성홍기와 마찬가지로 다섯 개의 별이 있는데, 그 상징하는 바는 동일하다. 국장의 특징으로는 다섯 개의 별 아래 천안문天安門Tiān'ānmén이 있다. 천안문은 중국 5·4운동의 출발점이며 중화인민공화국의 건립이 선포된 장소이기에 중국인들의 민족정신, 그리고 유구한 역사와 문화를 상징한다. 그리고 국장 주위를 이삭과 톱니바퀴가 감싸고 있는데, 이삭은 농민과 풍요로움을 상징하며 톱니바퀴는 노동자와의 발전을 의미한다. 이러한 상징성을 담은 국장은 중국의 주요 기관 혹은 동전에서 쉽게 찾아볼 수 있다.

國徽 출처 : baidu.com

---

[1] 중국에서의 國徽는 '국가의 휘장'을 줄여 쓴 말로, 한국어로는 '국휘'라고 하지 않고 '국장'이라 한다.

3 중국의 국가

중국의 국가國歌는 의용군진행곡義勇軍進行曲yìyǒngjūnjìnxíngqǔ으로 1935년 聶耳Niè'ěr이 작곡하고 田漢Tiānhàn이 가사를 붙였다. 본래 이 곡은 영화 '풍운자녀風雲子女'의 주제곡이었으나, 그 내용이 일본의 중국 침략에 대항하는 중국인의 혁명 의식을 잘 반영하고 있어서 중국인들의 애국정신을 고취시키고자 항일혁명 시기 널리 불리었다. 그러다가 1949년 중화인민공화국의 건립과 더불어 중국의 국가로 지정되었다.

알아두면 재미있는 중국 이야기

중국의 국가 의용군진행곡義勇軍進行曲에 대해 알아보도록 하자.

起來! 不願做奴隷的人們!
qǐlái! búyuàn zuò núlìde rénmen!
깨어나라! 노예가 되기를 거부하는 자들이여!

把我們的血肉築成我們新的長城!
bǎ wǒmen de xuèròu zhùchéng wǒmen xīn de Chǎngchéng。
우리의 살과 피로 새로운 만리장성을 건설하자!

中華民族到了最危險的時候,
Zhōnghuá mínzú dào le zuì wēixiǎn de shíhòu
지금 중화민족은 가장 위급한 상태

每個人被迫著, 發出最後的吼聲
měigè rén bèipò zhù, fāchū zuìhòu de hǒushēng。
모든 사람은 최후의 외침으로

起來! 起來! 起來!
qǐlái! qǐlái! qǐlái!

깨어나라! 깨어나라! 깨어나라!

我們萬眾一心, 冒著敵人的炮火
wǒmen wànzhòng yīxīn, màozhù dírén de pàohuǒ

우리 모두 한마음으로 적의 포화에 맞서

前進! 冒著敵人的炮火
qiánjìn! màozhù dírén de pàohuǒ

나아가자! 적의 포화에 맞서

前進! 前進! 前進! 進!
qiánjìn! qiánjìn! qiánjìn! jìn!

전진! 전진! 전진! 전진!

4 중국의 국화

모란(좌) 매화(우) 출처 : baidu.com

중국의 국화國花는 아직 미정이다. 그러나 당唐나라 시기부터 '국색천향國色天香'이라 불리우며 전통적으로 중국을 대표하는 꽃이 있는데, 바로 모란牧丹mùdān이다. 모란이 북방 지역에서 사랑받는 꽃이라면 남방 지역에서 가장 선호하는 꽃은 매화梅花méihuā이다. 이처럼 중국인이 선호하는 꽃이 모란과 매화로 나뉘어 있어서 국화를 두 개로 하자一國二花는 의견도 나오고 있으나, 여전히 중국의 국화는 아직 결정되지 않았다.

5 중국의 면적

현재 중국은 아시아의 대륙 동부, 태평양의 서안에 있어 그 면적은 960만 km²로 한반도의 약 44배이다. 중국의 영토는 북쪽으로는 북위 53도 흑룡강성黑龍江省에서부터 남쪽으로 북위 4도 남해南海 최남단에 위치한 증모암사曾母暗沙까지로 약

중국지도 출처 : freepik.com

5,500km에 걸쳐있다. 또한 동쪽으로는 흑룡강성黑龍江省에서 서쪽 신장 위구르 자치구新疆維吾爾自治區까지 약 5,200km에 다다른다. 동쪽과 서쪽의 경도는 약 62도가 차이 나서 실제로 중국 동쪽 끝과 서쪽 끝은 4시간 정도의 시차가 난다. 그러나 중국은 동경 120도를 기준으로 수도인 베이징北京을 표준으로 하여 중국 전역이 동일한 시간으로 표시하고 있다. 그리고 중국은 국토가 넓은 만큼 주변 국가들과 인접해 있는 국경선만 하더라도 약 22,800km²로 15개의 국가와 맞닿아 있다.

6 중국의 인구

　2021년 통계청 KOSIS에 따르면 중국의 인구는 약 14억 4천 4백만 명으로 한국의 약 27배로 세계에서 가장 많은 인구수를 자랑하고 있다. 그중 약 92%는 한족漢族이며 55개의 소수민족이 약 8%를 차지하고 있다. 그러나 중국의 인구가 본래 이렇게 많지는 않았다. 중국의 인구가 크게 증가한 것은 청淸나라 이후인데, 청淸나라 초기에는 약 1억 명이 채 되지 않았으나 중화인민공화국이 건립될 당시 1949년에는 약 5억 4천만 명으로 증가하였다. 이후 그 인구가 계속해서 증가하였다가 1979년 강력한 인구 정책으로 그 증가율이 멈춘 상태이다.

7 중국의 행정구역

　중국의 행정구역은 성급省級, 지급地級, 현급縣級의 3급 체재로 이루어져 있고 현급 이하에는 향진鄕鎭이 설치되어 있다. 먼저 성급에 속하는 행정단위 가운데 중국 전국에 있는 22개의 성省은 다음 표와 같다.

행정단위		명칭	정부 소재지
성省	화북구華北區	하북河北	石家莊
		산서山西	太原
	동북구東北區	요녕遼寧	沈陽
		길림吉林	長春
		흑룡강黑龍江	哈爾濱
	화중구華中區	하남河南	鄭州
		호북湖北	武漢
		호남湖南	長沙
		광동廣東	廣州
		해남海南	海口
	화동구華東區	강소江蘇	南京
		절강浙江	杭州
		안휘安徽	合肥
		강서江西	南昌
		복건福建	福州
		산동山東	濟南
	서북구西北區	섬서陝西	西安
		감숙甘肅	蘭州
		청해青海	西寧
	서남구西南區	사천四川	成都
		운남雲南	昆明
		귀주貴州	貴陽

알아두면 재미있는 중국 이야기

현재 중국 내륙에서는 대만臺灣을 23번째 성省으로 포함시키고 있다. 그리하여 중국에서는 총 23개의 성省이 있다고 하지만, 이에 대해서는 여전히 논란이 많다.

그리고 5개의 자치구自治區, 4개의 직할시直轄市, 2개의 특별행정구特別行政區로 이루어져 있다.

행정단위	명칭
자치구自治區	내몽고內蒙古
	광서장족廣西壯族
	티베트西藏
	닝샤이회족寧夏回族
	신장위구르新疆維吾爾
직할시直轄市	북경北京
	천진天津
	상해上海
	중경重慶
특별행정구特別行政區	홍콩香港
	마카오澳門

자치구自治區는 소수민족의 자치 행정단위를 말한다. 위의 5개 자치구는 해당 지역에 가장 많이 거주하는 소수민족의 이름에 근거하여 명명되었다. 이 자치구에서는 중앙정부의 당 위원회와 더불어 각 민족의 종교 및 문화 풍습을 유지할 수 있도록 되어 있다. 4개의 직할시直轄市는 중앙정부의 국무원에서 직접 관할하고 있으며, 특별행정구特別行政區는 필요에 따라 설치할 수 있다는 헌법 규정에 따라 만들어진 행정구역으로 별도의 행정체계로 운영되는 곳을 말한다. 홍콩은 영국으로부터 1997년 7월 1일에 반환되었고, 이어서 마카오는 포르투갈로부터 1999년 12월 20일에 반환되었다.[5]

8 중국의 정치체제

1949년 중화인민공화국이 수립되면서 중국의 정치 체제는 중국공산당의 영향 아래에 놓이게 되었다. 형식상으로는 8개의 정당으로 분리되어 있지만, 실제로는 중국공산당 일당 통치 체제이며 의회는 전국인민대표회의全國人民代表大會Quánguó rénmín dàibiǎo dàhuì 단원제 구조로 중국의 모든 방면에 크고 작은 영향력을 행사하고 있다.

알아두면 재미있는 중국 이야기

전국인민대표회의全國人民代表大會는 현재 중국 국가의 권력기구로 법률적 최고 권력인 최고입법권最高立法權, 최고임면권最高任免權, 최고결정권最高決定權, 최고감독권最高監督權 등을 행사한다. 중국 국가 주석과 부주석이 전국인민대표회의에서 선출되기 때문에 중국에서 가장 중요한 회의라고 할 수 있다.

전국인민대표회의는 중화인민공화국 헌법에 따라 진행되는데, 대표회의는 1년에 한 번씩 개최하는 것을 원칙으로 한다. 이에 따라 선출된 대의원의 임기는 5년이다.6

중국에 대한 팩트 체크

한국과 중국은 1992년 8월 24일 한중수교韓中修交를 체결한 후로 지속적으로 우호적인 관계를 이어오고 있다. 그와 동시에 경제·문화 방면에서 크고 작은 영향력을 주고받고 있다. 그렇게 한중수교가 30주년이 넘었는데, 우리는 중국에 대해 얼마나 알고 있을까? 본 장에서는 우리가 많이 오해하고 있는 중국에 대해 이야기를 나누어 보고자 한다.

1 한국 왕씨? 중국 王씨?

구수한 충청도 사투리가 트레이드 마크였던 왕王씨 성姓을 가진 친구가 있었다. 학기를 마치고 방학을 맞이하여 각자 본가에 내려갈 준비를 하다가 서로의 고향이 어딘지를 묻게 되었다. 그러자 그 친구는 '광주'로 내려간다고 하면서 여권을 찾고 있었다. 다들 '광주'를 가는데 여권이 왜 필요하냐고 고개를 갸웃거렸는데, 알고 보니 그 친구의 국적은 중국으로 고향이 전라도 '광주'가 아니라 중국 '廣州Guǎngzhōu'였던 것이다. 그 친구의 구수한 충청도 사투리가 워

낯 자연스럽기도 하였지만 왕王씨 성 역시 우리에게 너무 익숙한 성씨姓氏였기 때문에 외국인일 것이라고는 생각하지 못했다. 이처럼 한국과 중국에는 비슷한 성씨姓氏가 많이 있는데, 실제로 중국에 어떠한 성姓이 있으며 어떤 성姓이 가장 많이 있을지 제2장에서 자세히 알아보도록 하자.

2 11월 11일은 고백하는 날? NO! 쇼핑하는 날!

학창 시절, 11월 11일 아침에는 설레는 마음으로 등교하여 책상 서랍과 사물함부터 살펴보았던 기억이 있다. 왜냐하면 혹시 누군가가 몰래 내 책상 서랍이나 사물함에 긴 막대 과자와 함께 고백을 하지 않았을까 하는 기대 때문이었다. 또는 친구들과 막대 과자를 나누며 우정을 확인할 수 있는 좋은 기회이기도 했기 때문이다.

중국인에게도 11월 11일은 기다려지는 날이지만, 한국과는 또 다른 양상을 보인다. 중국의 11월 11일은 光棍節Guānggùnjié로 솔로를 위한 날로 중국 최대 규모의 인터넷 쇼핑 이벤트가 있기도 하기 때문이다. 이처럼 한국과 중국의 기념일 및 명절은 조금씩 다른 의미를 지니고 있는데, 이는 제3장에서 더 자세히 살펴보도록 하자.

3 중국인은 빨간색만 좋아한다?!

중국 하면 가장 먼저 떠올리는 색은 빨간색이다. 실제로 중국의 길거리 또는 마트에 가게 되면 빨간색의 장식품들을 쉽게 찾아볼 수 있다. 그런데 중국인은 빨간색에 어떠한 의미를 부여하길래 그렇게 빨간색을 좋아하는 것일까? 그리고 중국인들은 빨간색 외에는 어떤 색을 좋아할까? 제4장에서는 중국인의 전통적인 관념 안에서 색채가 가지는 다양한 의미에 대해서 알아보도록 한다.

4 숫자에 대한 관념이 한국과 중국 모두 동일하다?!

한국과 중국은 모두 한자 문화권漢字文化圈이기에 동일하게 숫자 4를 기피한다. 그 이유는 숫자 4의 독음이 죽음을 뜻하는 '死'와 동일하기 때문이다. 이처럼 숫자에 대한 관념이 한국과 중국 모두 비슷할 것 같지만, 실제로는 큰 차이가 난다. 한국 사람들은 숫자 3은 양수陽數 1과 음수陰數 2가 합쳐진 완전한 숫자라고 생각하여 길한 숫자라고 생각하지만, 중국에서 숫자 3은 헤어진다는 뜻의 '散sàn'과 동음으로 선호되지 않는 숫자 중 하나이다.7 이외에도 중국인들은 숫자에 대해 어떠한 상징성을 부여하고 있을까? 그리고 숫자와 관련된 중국 전통 문화는 무엇이 있을까? 이에 대해서는 제5장에서 자세히 살펴보도록 하자.

5 다리 네 개 달린 건 책상 빼고 다 먹는다?!

중국인에게 있어서 식食은 매우 중요한데, 이에 대한 오해를 불러일으키는 표현이 있다. "중국인은 네발 달린 건 책상다리 빼고 다 먹는다." 그리고 중국 여행 중 야시장에서 만나게 되는 다양한 곤충이나 식재료들은 위의 소문에 한껏 힘을 실어준다. 실제로 중국인들은 어떠한 음식을 먹으며, 어떻게 식재료를 조리할까? 이에 대해서는 제6장에서 자세히 살펴보도록 하자.

6 중국인은 모두 '치파오'를 입는다?!

중국의 전통 의상을 생각하면 '치파오旗袍qípáo'가 가장 먼저 떠오른다. 화려한 무늬와 색채, 그리고 한국에서 좀처럼 찾아볼 수 없는 옆트임은 우리에게 강렬한 인상을 주곤 한다. 이처럼 중국 의복하면 가장 먼저 떠올릴 수 있는 형태인 치파오의 역사는 그다지 길지 않다. 그렇다면 실제로 중국의 전통적인 의상은 어떠한 모습일까? 그리고 56개의 민족이 함께 살아가고 있는 중국에서 소수민족들의 의상은 어떠할까? 이에 대해서는 제7장에서 자세히 살펴보도록 하자.

7 중국 전통 건축 양식은 '골목길'?!

베이징北京에 여행가게 되면 반드시 들리는 곳이 있는데, 바로 '胡同hútòng'이다. 생각보다 좁은 골목길, 그리고 낮은 담장. 이곳에 가면 중국인이 살고 있는 모습을 생생하게 볼 수 있다. 그리고 중국의 전통 건축 양식인 '사합원四合院sìhéyuàn'까지 엿볼 수 있는 보너스까지 얻을 수 있다. 그러나 넓은 국토를 자랑하는 중국인만큼 지역에 따라서, 또는 민족에 따라서 전통적인 건축 양식은 다양하다. 그렇다면 중국의 전통 건축 양식은 어떤 모습일까? 이에 대해서는 제8장에서 자세히 살펴보도록 하자.

주석

1 김경일(2006), 「갑골문을 통해 본 "중국" 명칭의 문화적 기원」, 『중국학보』, 53, pp.25-26.
2 박병석(2004), 「중국의 국가, 국민 및 민족 명칭 고찰. 사회이론」, (26), pp.7-8.
3 김태만·김창경·박노종·안승웅(2020), 『쉽게 이해하는 중국문화』, 경기 파주 : 다락원, pp.71-75.
4 박병석(2004), 「중국의 국가, 국민 및 민족 명칭 고찰. 사회이론」, (26), p.9.
5 공상철·권석한·이경원·이창호·정진강(2011), 『중국 중국인 그리고 중국문화』, 경기 파주 : 다락원, p.22.
6 김상균·신동윤(2016), 『사진으로 보고 배우는 중국문화』, 서울 : 동양북스, pp.246-253.
7 Tang Yu(2019), 「한국어와 중국어 수의 상징의미 비교연구」, 국내석사학위논문, 강원대학교 대학원, p.26.

PART 02
성씨

백가성 출처 : baidu.com

1. 중국인의 성씨와 이름에 관한 문화
2. 중국인의 호칭에 관한 언어 표현

중국인의 성씨와 호칭

- 중국에는 성씨가 얼마나 많을까?
- 시대별로 이름에는 어떠한 특징이 있을까?
- 이름은 외자가 많을까, 두 글자가 많을까?
- 중국의 호칭에는 어떠한 특징이 있을까?

    중국인의 다양한 성씨와 이름 안에는 그들의 사상적, 문화적 특징을 담고 있어 고대로부터 현대에 이르기까지 그 변화를 살펴볼 수 있다.

    외교부에서 발표한 2021년 통계청 기준 중국의 인구는 약 14억 4천 4백만 명을 넘어 세계 1위를 자랑한다. 본 장에서는 이렇게 수많은 사람의 성과 이름을 통하여 어떠한 언어의 특징이 나타나는지 알아보고 호칭에 숨어 있는 의미들을 통하여 중국의 문화를 살펴보자.

您贵姓 출처 : baidu.com

중국인의 성씨와 이름에 관한 문화

1 중국인의 성씨

성姓과 씨氏는 원래 두 개의 다른 개념이었다. 성姓은 여女와 생生을 합친 회의자會意字로 여자가 자식을 낳아 공동체를 형성하고 혈족을 계승하던 모계사회의 관념이 반영된 씨족사회에서 유래되었다.

성씨 출처 : www.nurichina.com

상고시대 강수姜水에 살던 신농神農의 어머니를 강姜, 희수姬水에 살던 황제黃帝의 어머니를 희姬, 요허姚虛에 살던 순舜의 어머니를 요姚라 하였다. 이외에도 규妫, 사姒, 영嬴, 길姞, 운妘 등 성의 부수가 모두 '女'라는 것에서 그 방증을 볼 수 있다.

씨氏는 동족 자손이 나누어진 것을 의미하며 인구의 증가로 인해 같은 성을 가진 부계 가족이 씨족으로 나뉘었다. 중국인의 조상이라 여기는 황제黃帝의 성姓은 희姬, 씨氏는 헌원軒轅이었다.

씨족이 번성함에 따라 성씨의 개념도 점차 변화하여 전국戰國시대 이후부터 성과 씨가 섞이기 시작하여 한漢나라 때는 이를 통칭하여 성姓 하나만 사용하게 되었다.1

(1) 중국의 성씨가 무려 24,000여 개라고?

중국의 성씨姓氏는 역사적으로 총 2만 4천여 개의 성씨가 나타났다가 사라진 것으로 보고 있다. 북송北宋시대에 편찬한 『백가성百家姓』은 2009년 중국세계기록협회에 기록된 최초의 성씨 문헌으로 504개(단성 444개, 복성 60개)의 성이 수록되어 있고, 명明나라 때 편찬한 『천가성千家姓』에는 1,968개, 중국 사회과학원 원의달袁義達, 구가유邱家儒가 2010년 발간한 『중국성씨대사전中國姓氏大辭典』에는 23,813개의 성이 수록되어 있다.

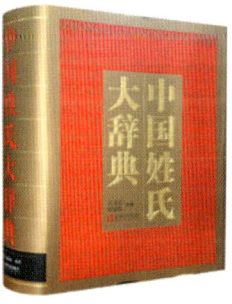

성씨문헌 출처 : baidu.com

『백가성』은 사언체四言體로 압운하여 엮은 책으로 중국 성씨 문화의 전승, 중국 문자에 대한 인식 등에 큰 역할을 하였다. 『백가성』의 504개 성 중 첫 부분에 오른 것은 '조전손이趙錢孫李' 4개의 성씨이다. 이는 성씨별 인구 순위가 아니라 송宋나라에서 만든 책이기 때문인데, 송나라 황제의 조趙씨, 오월吳越 국왕인 전숙錢俶, 오월 국왕의 정비 손孫씨, 그리고 남당南唐 국왕의 성씨가 이李씨였기 때문이다. 『백가성』은 『삼자경三字經』, 『천자문千字文』과 나란히 '삼백천三百千'이라 불리며 중국 고대 어린이의 계몽도서로도 불리운다.

> **알아두면 재미있는 중국의 성씨 이야기**
>
> 『백가성』의 맨 끝에 소개된 성姓은 무엇일까?
> 그것은 바로 인구 10만이 되지 않는 '복福'씨이다.

(2) 중국에는 무슨 성씨가 가장 많을까?

1986년 중국과학원中國科學院 유전연구소遺傳硏究所[1]의 원의달元義達은 제3차 전국인구센서스全國人口普查와 관련된 표본자료[2]를 바탕으로 성姓에 대한 통계연구를 시작하였다. 연구 결과 姓은 12,000~13,000여 개로 나타났으며, 그중에서 100위 안에 든 성을 '신백가성新百家姓'이라 하여 1987년 5월 2일 발표하였다. 연구에 따르면 이李씨가 7.9%로 가장 많았고, 왕王씨와 장張씨가 각각 7.4%, 7.1%로 뒤를 이었다.

2006년 1월 역시 원의달 연구원이 국가자연과학기금의 지원을

---

[1] 현 중국과학원 유전발달생물학연구소中國科學院遺傳與發育生物學硏究所
[2] 1970년에 대만台灣이 출판한 책 『台灣地區人口之姓氏分佈(대만 지역의 성씨 분포)』와 중국 국가통계국國家統計局이 제공한 1982년 전국 인구 0.5%의 무작위 표본자료(57만여 명).

받아 주관한 성씨姓氏 조사가 발표됐다. 조사는 2년 동안 전국 1,110개의 현縣과 시市에서 이루어졌으며 인구는 2억 9,600만 명으로 총 4,100개의 성이 집계되었다. 조사대상인 성씨 4,100개 중 1, 2, 3위를 차지한 성씨는 이李, 왕王, 장張씨였으며, 각각 7.4%, 7.2%, 6.8%로써 3대 성씨의 총인구는 모두 1억 명을 넘지 못했다.

2007년 4월, 공안부 치안관리국公安部治安管理局의 호적 인구 분석에 따르면 왕王, 이李, 장張씨 순으로 순위가 바뀌었으며, 각각 7.25%(9,288.1만 명), 7.19%(9,207.4만 명), 6.83%(8,750.2만 명)의 점유율을 나타냈다.

2008년부터 2010년까지의 전국 13억 3,000만 인구의 성씨姓氏 데이터베이스3)를 종합 분석하여 당시 중국 최신판 '백가성'을 2013년 4월에 발표했다. 1~3위인 왕王, 이李, 장張씨는 각각 9,500여만 명, 9,300여만 명, 9,000만 명으로 전체 인구의 약 21%를 차지한다.

2019년 1월에는 중국 공안부 호정관리연구센터公安部户政管理研究中心가 '2018년 백가성'을 발표하였다. 이것은 2018년 1년 동안 공안 기관에 등록된 호적인구를 통계적으로 분석한 것이다. 성씨는 전국적으로 6,150개로 집계되었고, 23개의 성씨가 1,000만 명을 넘어선 것으로 나타났으며 1, 2, 3위 순위엔 변함이 없었다. 왕王씨,

---

3) 원의달元義達은 2008년 중화복희문화연구회中華伏羲文化研究會 화하성씨원류연구센터華夏姓氏源流研究中心와 국가공안부 산하 신분증 관리에 관한 연구부문과 합작해 중국인 이름 연구를 진행해 비교적 완벽한 전국 성씨 데이터를 얻었다. 이를 토대로 대만 행정부처 호적 성씨 전체와 홍콩, 마카오 지역 표본 데이터를 확보해 '전국 13억 3,000만 인구의 성씨 데이터베이스(2008~2010)'를 구축하는 데 성공했다.

이李씨의 호적수는 각각 1억 명이 넘는다.

　공안부 호정관리연구센터에서 2020년 1월에 발표한 '2019년 백가성'과 2021년 2월에 발표한 '2020년 백가성' 역시 연속 3년 동안 10대 성씨 순위엔 변함이 없었다. 이로써, 2007년 이전에는 李씨가 1위였다가 2007년부터 현재까지는 계속 王씨가 1위를 차지하고 있음을 알 수 있다.[2]

　중국 10대 성씨는 왕王, 이李, 장張, 유劉, 진陳, 양楊, 황黃, 조趙, 오吳, 주周씨로 2018년부터 현재까지 변함없이 유지하고 있다. 왕씨 성은 이씨 성보다 60만여 명이 많았을 뿐으로 두 성씨 간의 1위 자리다툼은 계속되고 있다.[3]

1위 성씨 출처 : baidu.com

알아두면 재미있는 중국의 성씨 이야기

　한자의 획수가 가장 적은 성姓과 가장 많은 성姓은 무엇일까?
　획수가 가장 적은 姓은 '일一'이다. 姓 '一'은 상商나라의 탕湯에서 유래하였다. 고대의 상商나라는 호號를 탕이라 하고 字는 천을天乙이라 하였는데, 후대 자손이 그 글자를 따 성姓을 '일弌'씨, '을乙'씨, '일一'씨라 칭하였다. 고대에 '弌'은 '一'의 옛날 서체였고, 후대에 '弌'과 '乙'을 아예 '一'로 약필하여 모두 한족漢族에 녹아들어 오늘날까지 대대로 전해 내려오고 있다.
　현재 산동성 덕주시山東省德州市, 강소성 곤산시江蘇省崑山市, 하남성 남양시河南省南陽市, 안휘성 회남시安徽省淮南市, 산서성

진성시山西省晉城市 등에 모두 일씨一氏가 분포하고 있다. 이 성씨는 한 획밖에 없고 인구가 너무 적어 『백가성』은 물론 『신화사전新華詞典』에조차 표기되지 않았다.

획수가 가장 많은 姓은 30획으로 이루어진 '찬爨'이다. '爨'은 '불을 지펴 밥을 짓는다'는 뜻의 성姓으로써 『백가성』안에는 없고 『천가성』안에만 있다. '爨'이라는 글자의 맨 아래는 '불火'이고, 가운데에는 '땔감林'이며, 위에는 '솥鍋'으로 오늘날의 '밥 짓기'를 의미한다. 서주西周 때 관리인 '찬관爨官'에서 유래한 것으로, 벼슬을 성姓으로 칭한 것이다. '찬관爨官'은 궁중에서 왕실 사람들을 위해 밥을 짓는 일에 종사하는 사람으로서 전문적으로 취사를 관장하였다.4

2 중국인의 '명名'과 '자字'

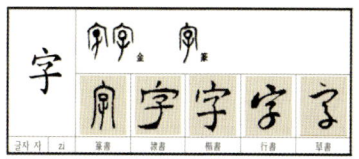

名과 字 출처 : www.google.com

『의례儀禮·상복전喪服傳』에 의하면 "子生三月, 則父名之"라 하여 아이가 3개월이 되면 부친이 이름名을 지어주었다. 많은 아이들의 이름을 아명으로 지었다가 6, 7세가 되어 공부를 시작할 즈음 정식으로 이름을 짓기도 하였다. 20세가 되면 성인관례를 행하는데 이때 자字를 지어주었다.

'명名'과 '자字'는 서로 완전히 다른 개념으로 '명'과 '자'가 있다는 것은 고대에 신분 있는 사람의 표지였다. 그러나 현대인들은 어릴 때 부모가 부르는 아명을 제외하고는 대부분 이름만 있다. 학자들이나 작가, 예술가 등은 따로 필명筆名, 호號, 예명藝名 등을 지어 자신을 나타내기도 한다.[5]

현대인은 태중에서부터 첫 번째로 갖는 것이 이름이다. 아이가 태어나면 이름을 지어 출생신고를 하고 호적에도 등록한다. 이러한 이름은 각 시대의 여러 가지 사회현상에 따라 추구하는 바가 달라서 시기별 이름을 짓는 방법도 다양하게 나타나 많은 문화적 함의를 지닌다.

(1) 고대에는 어떻게 이름을 지었을까?

동한東漢의 문자 학자 허신許愼의 『설문해자說文解字』에는 "名自命也。從口從夕。夕者, 冥也。冥不相見, 故以口自名。"이라 하여 "이름은 스스로 명명하는 것이다. '口'와 '夕'으로 이루어진 글자다. 저녁이 되면 어두워 서로를 알아볼 수 없다. 그래서 입으로 자기 이름을 상대에게 알려 주는 것이다."라고 하였다.

사람의 이름은 그 사람이 누구인지를 밝히는 것뿐만 아니라 그 이름을 지니고 있는 사람의 성격과 특성, 그리고 운명까지도 담아내는 역할을 한다는 인식이 있어 사람들은 이름을 짓는데 신중을 기한다. 좋은 글자를 골라 자녀가 건강하고 행복하게 자라기를 바라는 마음으로 이름을 짓고, 이름이 좋지 않다고 여겨지면 개명을 하는 경우도 있다.

선진시기先秦時期 노魯나라의 환공桓公이 대부大夫4) 신수申繻에게 태자의 이름을 어떻게 지을지 물어보았다. 『춘추좌전春秋左傳』에 의하면, 신수申繻가 대답하기를

許愼 출처 : baidu.com

"이름을 짓는 데는 다섯 가지가 있어야 한다. 신信이 있어야 하고, 의義가 있어야 하며, 상象이 있어야 하고, 가假가 있어야 하며, 류類가 있어야 한다.名有五, 有信, 有義, 有象, 有假, 有類." 즉, "아이의 장문掌紋을 신信으로, 아이의 덕행을 바라는 마음을 담은 길한 글자를 의義로, 용모와 비슷한 것으로 신체의 특징을 상象으로, 태어났을 때 관계되는 사물을 취해서 가假로, 아버지와 관련된 것을 유類로 하여 이름을 지어야 한다.以名生爲信, 以德命爲義, 以類命爲象, 取於物爲假, 取於父爲類."라고 대답하였다.

예를 들면, "노魯 환공은 아들5)이 태어나려고 할 때 사람을 시켜 점을 치니 태어날 아이는 남자이고, 그 이름은 우友이다.6)父魯桓公使人卜之, 曰 : 男也, 其名曰友."라 했으며, 아이가 태어나고 보니 손바닥에 '우友'자 무늬가 새겨져 있어 이름을 '우友'로 지었다. 이것은 '믿

---

4) 계급을 4가지로 나누어 경卿, 대부大夫, 사士, 서인庶人으로 구분하였다.
5) 적장자 노魯 장공莊公의 아우
6) 『사기史記』 노주공세가魯周公世家

음信'을 따른 것이다.

　주周나라 문왕文王이 태중에 있을 때 붉은 새가 단서丹書를 입에 물고 집에 머물렀다 한다. 이에 태왕太王은 상서로운 조짐으로 여겨 부족이 흥성하고 번창할 것이라고 판단하여 이름을 '창昌'이라고 지었다. 이것은 '의로움義'를 따른 것이다.

　공자孔子는 태어날 때 머리 가운데가 언덕처럼 파여서 이름을 '구丘'라고 하였다. 이는 '모양象'을 따른 것이다. 또 공자의 아들이 태어났을 때 노나라 군주 소공昭公이 공자에게 잉어鯉魚를 하사했다. 공자는 이를 영광스럽게 생각하여 아들의 이름을 리鯉로 지었다. 이것은 '차용假'를 따른 것이다.

　노魯나라 환공은 아들 적장자 장공이 태어난 날이 자신과 같다 하여 이름을 '동同'이라고 지었다. 이것은 '유사함類'를 따른 것이다.

　또한 대부 신수는 이름을 지을 때 여섯 가지 금기에 관하여도 말하였다. "나라 이름을 쓰지 않고, 관직 이름을 쓰지 않고, 산천 이름을 쓰지 않고, 질병 이름을 쓰지 않고, 가축 이름을 쓰지 않으며, 기물이나 화폐 이름을 쓰지 않는다. 주나라 사람은 생전의 이름을 신주神主로 모시고, 세상에서 이름 불림이 끝나면 그 이름을 휘諱라 하여 부르지 않는다. 그러므로 나라 이름으로 이름을 지으면 그 나라 이름을 부르지 못하고, 관직 이름으로 이름을 지으면 그 관직 이름을 부르지 못하며, 산천 이름, 질병 이름, 가축 이름 그리고 기물이나 화폐로 이름을 지으면 그것들을 부르지 못한다. … 이러한 큰 것들은 이름을 지을 수가 없다.不以國, 不以官, 不以山川, 不以隱疾, 不以畜牲, 不以器幣, 周人以諱事神, 名, 終將諱之, 故以國則廢名, 以官則廢職, 以山川則廢主, 以畜牲則廢祀, 以器幣則廢禮, … 是以大物不可以命."라고 답하였다.

이러한 신수의 이름 짓는 방법은 선진시기의 풍속을 보여준다. 중국은 봉건시대에 이름을 지을 때 피휘避諱bihui7)를 상당히 고려하였다.

한漢나라에 들어와서는 황실에서부터 일반 백성에 이르기까지 모두 외자 이름을 좋아했다. 제1대 태조太祖 고황제高皇帝 유방劉邦, 제2대 효 혜황제孝惠皇帝 유영劉盈, 제3대 소황제少皇帝 유공劉恭 등 전후 양한前後兩漢의 29명의 황제 중 제8대 효소황제孝昭皇帝 유불릉劉弗陵만이 두 글자 이름인데, 등극 후에는 피휘를 고려하여 '릉陵'을 빼버리고 외자 이름인 '불弗'로 개명하여 모두 외자 이름을 가지고 있다.

외자 이름을 취하는 유행은 후대에도 깊은 영향을 미친다. 당唐나라 20명의 황제 가운데 오로지 제2대 당태종唐太宗 이세민李世民과 제6대 당현종唐玄宗 이융기李隆基만 두 글자 이름을 취하였다. 송宋나라 역시 북송北宋과 남송南宋 18명의 황세 중 송태조宋太祖 조광윤趙匡胤만이 두 글자 이름을 가졌고 이외에는 모두 외자였다.

명明나라에 이르러서는 외자 이름이 냉대를 받는다. 명나라의 17명 황제 중에서 외자 이름은 제3대 명성조明成祖 주체朱棣 영락제永樂帝 한 사람뿐이다.

위진남북조魏晉南北朝 시대에는 두 글자로 이름을 짓는 기풍이 생겼으며, 사람들이 이름을 짓는 데에는 두 가지 특징이 있었다. 첫째

---

7) 피휘避諱 : 존중받아야 할 대상 혹은 사물의 이름을 범하지 않는다고 하여 음이나 형태가 비슷한 글자로 대신하는 것을 말한다. 때로는 획의 일부를 생략하기도 한다.

는 조사 '지之'자를 많이 사용하였다. 둘째는 부자父子, 장유長幼 간에 이름을 쓰는데 더 이상 피휘하지 않고, 이름 가운데 같은 글자가 나타나는 현상이 있었다.

진晉나라의 왕희지王羲之, 왕헌지王獻之는 부자간으로 이름에 모두 '之'자가 들어갔으며 손자 왕정지王楨之, 왕정지王靜之의 이름에도 '之'자를 사용하였다. 또한 서진西晉 진수陳壽의 『삼국지三國志』에 주석을 단 남송南宋의 문인 배송지裴松之가 있고, 북위北魏의 도사道士 구겸지寇謙之가 있다. 위진시대 사람들은 전통적인 이름의 피휘 조차 따지지 않을 정도로 '之'자를 좋아하였다.

원元나라에는 이름에 숫자를 넣는 경우가 많았다. 이름을 숫자로 지은 것은 송대宋代의 민간에서부터 보이기 시작한다. 이것은 항렬의 차례에 따라 부르기 위한 것이다. 특히 원대元代에는 한족의 서민으로 무직인 사람은 이름을 지을 수 없었고 항렬이나 부모의 연령 등을 칭호로 삼았기에 숫자 이름은 원나라 때 가장 유행했다. 원나라 말기에 반란을 일으켰던 장사성張士誠의 원래 이름은 '장구사張九四'이다. 나중에 왕이 되어 문인들에게 자신을 위하여 좋은 이름을 지어달라고 부탁하자 문인들은 그에게 '士誠'이란 이름을 지어 주었다. 전해지는 바에 의하면 이 이름은 그를 욕한 것이라고 한다. 『맹자孟子』에 나오는 '윤사尹士'가 자책하며 한 말로서 "사, 성소인야士, 誠小人也。 나는 정말 소인배, 졸장부로구나."는 '士誠, 小人也。'로 끊어 읽을 수도 있어 암중으로 장사성이 졸장부, 소인배라고 욕한 것이다.

명明나라를 건국한 주원장朱元璋은 1328년 9월 18일 원나라 안휘성 봉양현安徽省鳳陽縣에서 가난한 농부인 아버지 주세진朱世珍과 어머니 진이랑陳二娘 사이의 막내아들로 태어났으며, 아명은 중팔重

주원장 출처 : naver.com

八이었다. 주원장은 아버지 주세진이 46세, 어머니가 42세일 때에 태어난 늦둥이였다. 주원장의 아명이 중팔인 까닭도 아버지의 나이와 어머니의 나이를 합치면 88, 즉 중복으로 8이 있다 하여 붙은 이름이었다.6 주원장 증조부의 본명은 주사구朱四九로서 네 명의 아들을 두었는데 각각 주초일朱初一, 주초이朱初二, 주초오朱初五, 주초십朱初十이다. 주초일은 주원장의 조부이며, 부친 주세진을 낳았는데 주세진의 본명은 주오사朱五四였다. 주원장의 큰 형은 주중육朱重六, 둘째 형은 주중칠朱重七이다.

(2) 근대의 이름에는 어떤 특징이 나타났을까?

신중국 수립 이후 태어난 아이들의 이름에도 시대적 환경의 영향은 비교적 뚜렷하게 잘 나타나고 있다. 시대별 대표적인 이름은 각각의 서로 다른 문화적 함의를 담고 있어 그 시대의 공통적인 사회현상을 잘 반영하고 있다.

1983년 8월 6일 『諷刺與幽默fěngcì yǔ yōumò 풍자와 유모』에 실린 연대별 이름은 다음과 같다.

    1948년 이전   "賈得寶 孫發財 姚有祿 龐天佑"
                      중화민국 국민정부의 근대화 추진 시기

    1949~1950년 "鄭解放 葉南下 秦建國 向天明"
                      중국 공산당이 성립된 시기

1951~1953년 "司衛國 鄧援朝 朱抗美 靳停戰"
　　　　　　　한반도 6.25전쟁 중이던 시기

1954~1957년 "劉建設 申互助 童和平 時志方"
　　　　　　　사회주의 건설 초창기

1958~1959년 "孟躍進 潘勝天 戴紅花 王鐵漢"
　　　　　　　대약진 시기

1960~1963년 "任堅强 馮抗洪 齊移山 趙向黨"
　　　　　　　자연재해가 심하던 시기

1964~1965년 "高學鋒 錢志農 文學雷 方永進"
　　　　　　　레이펑雷鋒8)을 숭배하던 시기

1966~1976년 "董文革 張要武 房永紅 邢衛兵"
　　　　　　　문화대혁명 시기

1977~1983년 "韓振興 李躍華 宋富旺 李文明"
　　　　　　　문화대혁명이 종식된 시기

---

8) 레이펑雷鋒Léi Fēng(1940-1962)은 중국 인민해방군의 모범병사로서 호남성 장사湖南省長沙 출신이다. 아동단, 소년선봉대, 중국공산주의 청년단 등에서 봉사활동을 하였다. 1960년 인민해방군 수송대에 배속되었다가 1962년 8월 15일, 요녕성 무순遼寧省撫順에서 트럭 사고로 순직했다. 사후 모택동 등 공산당 지도자의 말을 인용한 일기가 발견되어 이상적 군인상으로 선전되기 시작해, 1963년 3월 5일에는 모택동이 직접 "向雷鋒同志學習xiàng léifēng tóngzhì xuéxí(레이펑 동지에게 배우라)" 운동을 지시하게 이른다. 이 슬로건은 문화 대혁명 중 각종 신문이나 교과서에 수없이 인용되며 우상으로 떠받들어졌다. 고향인 장사와 순직지인 무순에는 레이펑 기념관이 설립되어 있다.

중국어 전문가 진장태陳章太의 통계자료에 따르면 시대별 많이 사용된 인명용 한자 중 6위까지는 다음과 같다.

1949년 9월 이전 　　　　"英, 秀, 玉, 珍, 華, 蘭"
1949년 10월 ~ 1966년 5월 "紅, 華, 群, 文, 英, 明"
1976년 11월 ~ 1982년 6월 "華, 麗, 春, 小, 燕, 紅"

이 중에 가장 출현빈도가 높았던 인명용 한자는 중국을 상징하는 '화華'와 공산주의 이념과 혁명을 상징하는 '홍紅'이었다.

문화대혁명文化大革命 시기에 태어난 아이들의 이름은 그 시대상이 그대로 반영되어 강한 정치색이 묻어 있는 이름을 주로 사용하였다. 대표적으로 중국의 유명한 탁구선수 마문혁馬文革이 있다. 또는 문화대혁명 시기의 청소년들은 모두 '혁명革命'이라는 이름으로 고치는 것이 유행하였다. 예를 들어, 임씨 삼 남매가 있었는데, 원래 이름은 모두 세 글자였었으나 후에 일제히 '임동林東 · 임방林方 · 임홍林紅'이라는 한 글자 이름으로 고쳤다. '임동 · 임방 · 임홍' 세 명의 이름을 연결하면 바로 '동방홍東方紅9)'이 된다.

개혁개방 이후 경제가 발전하고 문화적 수준이 높아지면서 예술적이고 의미를 중시하는 새로운 이름들이 나타나기 시작했다. 정치적이고 시대 특성이 있는 이름이 줄어들었으며 외자 이름이 많아졌는데 그 이유는 다음과 같은 몇 가지 원인이 있다.

---

9) 《東方紅》은 중국 섬서성陝西省 북부지방의 민요로서 모택동毛澤東과 중국공산당中國共產黨을 찬양하는 유명한 노래이다.

첫째, 사회적, 심리적 작용이다. 5·4 이후 이름이 알려진 작가나 예술가들이 대부분 한 글자 이름이었다. 노신魯迅, 파금巴金, 노사老舍, 조우曹禺, 백양白楊, 조단趙丹, 호적胡適 등 사회적으로 지위

馬文革 출처 : zhuanlan.zhihu.com

가 높고 지명도도 높아 사람들이 모방하고 있다. 또 류청柳青, 이준李准, 양삭楊朔, 왕몽王蒙, 진충陳沖, 장유張瑜, 반호潘虹, 공설龔雪, 강문姜文, 갈우葛優 등 신중국 수립 후 유명 작가나 스타들도 대거 외자로 이름을 지었다. 어느새 외자 이름이라는 것만으로도 점잖고, 고급스러운 형식이 되어버린 것이다.

范冰冰 출처 : baidu.com

둘째, 항렬·서열 관념의 약화이다. 1자녀 정책이 시행된 후 사람들은 형제자매의 상호이름을 고려하지 않아도 되었다. 이러한 경향은 도시와 개방 지역에서 두드러지게 나타났고, 폐쇄적인 농촌에서는 훨씬 덜 영향을 받았다.

외자 이름의 아이들은 대부분 아명이 있다. 이름은 보통 외자 이름에 음을 겹쳐서 쌍음절로 바꾸는데, 예를 들면 '晶jīng'을 '晶晶jīngjīng'으로, '洋yáng'을 '洋洋yángyáng'으로, 또는 '虎hǔ'를 '小虎xiǎohǔ', '麗lì'를 '阿麗ālì'로, '華huá'를 '華仔huázǐ' 등으로 접두사나 접미사를 붙여서 짓는 경우도 있다. 그러나 인구의 증가로 인하여 광주廣州에 '梁妹liángmèi, 陳妹chénmèi'가 각각 2,400여 명, 천진天

津에 '張力zhānglì, 張英zhāngyīng'이 각각 2,000여 명, 심양瀋陽에 '王偉wángwěi, 李傑lǐjié'가 각각 3,000여 명 등 이러한 외자 이름의 중복으로 사회적 문제가 대두되기도 하였다.

(3) '90後'들은 어떻게 이름을 짓고 있을까?

그렇다면 최근 중국에서는 아기들에게 어떠한 이름을 지을까?

1990년대에 태어난 세대를 90後jiǔlínghòu라 하는데, 그들은 고전 시가나 TV 드라마, 인터넷 소설 등을 즐겨 보고 자란 세대이다. 그래서 그들은 자녀 이름을 지을 때도 드라마나 소설에 등장하는 인물의 이름으로 작명하는 것을 선호한다.

중국 공안부 호정관리연구센터公安部户政管理研究中心가 발표한 2019년도에 태어난 신생아 이름 중 가장 많이 사용된 50자를 살펴보면 '梓zǐ, 子zǐ, 宇yǔ, 泽zé, 涵hán, 晨chén, 佳jiā, 一yī, 欣xīn, 雨yǔ'가 10위 안에 들었다. 많은 아이들이 이름은 50위 안에 든 글자들을 조합하여 지어졌다.

2019年 출생하여 호적 등록을 마친 남성 신생아 중 가장 많이 사용된 이름은 '浩宇hàoyǔ, 浩然hàorán, 宇軒yǔxuān, 宇航yǔháng, 銘澤míngzé, 子墨zǐmò, 梓豪zǐháo, 子睿zǐruì, 子軒zǐxuān, 梓睿zǐruì'가 10위권에 들었으며, 여자 신생아는 '一諾yínuò, 依諾yīnuò, 欣怡xīnyí, 梓涵zǐhán, 詩涵shīhán, 欣妍xīnyán, 雨桐yǔtóng, 佳怡jiāyí, 佳琪jiāqí, 梓萱zǐxuān'이 10위권에 들었다.

'90後'들은 글자의 뜻도 중요시하지만 '듣기 좋은 한자'를 선호하는 경향이 나타났다. 이에 대하여 네티즌들은 "마치 우리 부모님 시대의 건국建國과 건군建軍 같은 느낌의 이름이야", "그들의 부모는 모두 연애소설에 중독되었다."라는 등 재미있는 반응을 보이고 있다. 그리고 서로 다르게 표기하지만 같은 발음으로 읽어 누가 누구인지 구별하는 데에도 어려움이 있다.

90後 출처 : google.com

没有若曦 若兮 若熙吗? 带中班时一个班不同姓氏出现4个若兮 若熙 若曦 若希

若曦, 若兮, 若熙는 없나요? 6세반을 담당할 때, 같은 반에 若라는 성을 가진 학생이 若兮 若熙 若曦 若稀 4명이나 있었어요.

现在一回家, 村口一堆小孩, 根本分不清哪个是紫萱, 哪个是子轩, 哪个是紫轩, 哪个是子萱, 哪个是梓萱, 哪个是梓轩 本来就脸盲, 现在更不认识了

지금 집에 돌아왔는데, 마을 입구에 아이들이 많아서 누가 紫萱이고, 누가 子轩이고, 누가 紫轩이고, 누가 子萱이고, 누가 梓萱이고, 누가 梓轩인지 모르겠다, 원래 안면인식장애가 있어서 지금 더욱 헷갈린다.

我一个朋友的女儿叫梓馨 另一个朋友的儿子叫梓轩 不是不好听 就是跟爸妈那个年代的建国 建军的名字一样的感觉..

내 친구의 딸 이름은 '梓馨'이고 다른 친구의 아들 이름 '梓轩'야. 듣기 싫은 이름은 아니지만, 마치 우리 부모님 시대의 건국建國과 건군建軍 같은 느낌의 이름이야

他们的父母都中了言情小说的毒

그들의 부모는 모두 연애소설에 중독되었다.

네티즌 반응 출처 : kr.people.com.cn

2019년 출생하여 호적 등록을 마친 신생아 중 세 글자 성명姓名을 가진 신생아 비율은 93.2%에 달했으며, 두 글자인 신생아는 4.5%, 네 글자인 신생아는 1.7%, 기타 0.6%였다. 그런데 성과 이름이 모두 네 글자인 경우가 점점 늘고 있는데 이는 엄마의 성과 아빠의 성을 모두 쓰는 아기가 늘고 있기 때문이다.

통계에 의하면 1990년 말에는 11만 8,000명에 불과했는데 지금은 110만 명 이상이 엄마 아빠의 성을 모두 사용하고 있다.

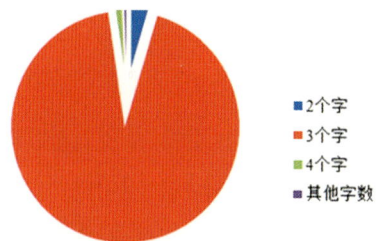

2019 年新生儿姓名学数情况 출처: sina.com

알아두면 재미있는 중국의 성씨 이야기

중국에서 가장 긴 성姓은 무엇일까?

중국에서 가장 긴 성은 17자로 된 '魯納婁於古母遮熟多吐母苦啊德補啊喜 lǔ nà lóu yú gǔ mǔ zhē shú duō tǔ mǔ kǔ a dé bǔ a xǐ'이다. 운남성 소통시 교가현雲南省昭通市巧家縣에 사는 이족彝族의 성씨로써 성씨의 의미, 기원, 유명인 등의 정보는 알려지지 않았다.

두 번째로 긴 성은 10자로 된 '伙爾川扎木蘇他爾只多 huǒ ěr

chuān zhā mù sū tā ěr zhī duō' 성씨이다. 『몽양록夢粱錄』10) 상포鯗鋪에 "집안에 매일 빠져서는 안되는 것이 있으니 땔나무, 쌀, 기름, 소금, 간장, 식초, 차이다蓋人家每日不可闕者, 柴米油鹽醬醋茶。"라는 말이 있는데 서장西藏의 소수민족인 장족藏族에서 유래되었다고 한다. 이것은 중국 과학원 성씨연구 전문가 원의달袁義達과 중화 문화 추진회 부주석인 구가유邱家儒가 2010년 공동 편찬한 『중국성씨대사전中國姓氏大辭典』에 수록되어 있다.

3 중국인의 호號

"스스로 선택할 수 없었던 것이 무엇인가?"라고 만일 누군가가 묻는다면 그 중 하나가 '이름名'일 것이다.

고대에는 '효孝'를 중시하였기 때문에 부모가 지어준 이름을 바꾸는 것이 적절치가 않았다. 그러기에 봉건사회 지식인들은 과거급제, 벼슬길, 나라와 백성의 안녕 등 오랜 세월의 풍랑과 고초를 겪고 자신의 성격, 취미, 사상 등 자신만의 독특한 견해를 수립하며 자신을 나타낼 수 있는 표현 방법으로 호號를 만들게 되었다.

호는 자호自號와 별호別號가 있다. 自號는 자신의 사상, 절개, 흥취 등을 표현하여 스스로 지은 것을 말하며, 別號는 타인이 지어준 것으로 대부분 제자나 따르는 사람들이 스승 혹은 흠모하는 사람에게 존경, 찬양, 긍정의 뜻을 담아 지어드리는 것이다. 그러므로 별호는 스스로 부를 수가 없다.

---

10) 『몽양록夢粱錄』은 중국 남송시대南宋時代 오자목吳自牧이 1274년 편찬

『사기史記·오제본기五帝本紀』에 "黃帝者, 少典之子, 姓公孫, 名曰軒轅, 號有熊。 황제黃帝는 소전少典의 아들로 성姓은 공손公孫이고 이름은 헌원軒轅이며 호는 유웅有熊이다."라고 기록되어 있다. 호는 부족의 명칭을 나타낸 것으로써 후대의 문헌 기록에서도 부족의 우두머리를 나타내는 명칭으로 사용된 것을 알 수 있다.

五柳先生 출처 : google.com

진시황은 천하를 통일한 후 황제를 따라 호를 '皇帝'라 칭하였다. 이로써 그 후의 역대 왕들은 모두 황제로 불렀다. 호號의 기원이 비록 皇帝 때부터라고 하지만 당송唐宋 이전에는 호號는 소수 상류층에게만 존재하였을 뿐 일반인들은 호號를 갖지 않았다.

현재 남아 있는 사료에 의하면 호號는 위진魏晉시대에 생성이 되었고, 송宋나라 때에 보편화되어 시문이나 시화 등에 주로 쓰였으니 명名이나 자字를 피하기 위해 칭호로써 크게 유행하여 쓰이게 되었.

가장 먼저 만들어진 호號는 우리가 익히 알고 있는 진晉나라의 저명한 시인 도연명陶淵明의 '오류선생五柳先生'인데 이 시기 호號의 의미는 그 기원과는 달리 개인적인 정서가 담겨있다.

당송唐宋시기에 이르러 號가 본격적으로 유행하기 시작한 것은 도덕 윤리를 중시하였을 뿐만 아니라 문학적으로도 절정에 달했던 시기였기 때문에 다양한 號가 역사의 전면에 등장하였다.

1. 중국인의 성씨와 이름에 관한 문화

(1) 자호自號

自號를 짓는 데에는 특별한 구속이 없이 마음대로 지을 수 있지만, 몇 가지 규칙이 있었다.

① 출생지 및 거주지 환경에 따라

도연명陶淵明이 '오류선생'이라 자호自號를 지은 것은 자신의 집 주변에 다섯 그루의 버드나무가 있었기 때문이다. 당唐나라 시인 두보杜甫가 '소릉야로少陵野老'라 지은 것은 장안長安의 남쪽 근교에 있는 두릉杜陵과 가까운 소릉 땅에 산 적이 있기 때문이다. 시선詩仙이라 불리는 이백李白의 호號는 '청련거사靑蓮居士'인데, 이는 자신의 고향이 사천성 청련四川省靑蓮이었기 때문이다. 그리고 두보, 이백과 함께 당대唐代를 대표하는 3대 시인인 백거이白居易의 호號를 '향산거사香山居士'라 지은 것은 나이 50이 넘어 항주와 소주의 자사刺使를 역임한 이후 향산香山에 들어가 시와 곡차(술)로 유유자적한 만년을 보냈기 때문이다.

소식蘇軾의 자호自號는 '동파거사東坡居士'이다. 그는 황주黃州에서 가난하고 우울한 귀양살이를 하는 동안 동쪽東 언덕坡에 있는 황무지를 일구었다. 그래서 동파東坡라는 호를 짓고 스스로를 '동파거사'라고 불렀다.

② 취향과 포부에 따라

자호自號를 짓는 사람은 대부분 문인들로서 위대한 포부와 열망을 품고 있었기에 그 비전을 나타내고자 글로써 호號를 지었다. '육일거사六一居士'는 송宋나라 구양수歐陽修의 호號로써 자신의 집에 소장되어 있는 일만 권의 책과 하夏, 상商, 주周나라 3대의 금석유문 일천 권, 거문고 한 대, 한 개의 바둑판, 한 주전자의 술, 그리고 구양수 자신을 합하여 '육일六一'이라 칭한 것에서 비롯되었다.

③ 나이, 이름, 생김새의 특징, 문학의 경지 등에 따라

신기질辛棄疾은 스스로 '육십일상인六十一上人'이라고 불렸다. '六十一'은 나이가 아니라 자신의 성姓인 '辛'자를 해체한 것이고, '上人'은 출가한 사람을 일컬은 것이다.

명대明代 4대 재자才子 중 하나인 축윤명祝允明의 자호自號는 '지산支山'이다. 그는 오른손에 손가락이 하나 더 있어서 외모의 특이함을 들어 '지산'이라 지어 자신을 조소하였다.

(2) 별호別號

별호別號 역시 특별한 제약이 없이 타인이 지어준 것으로, 여기에도 변경 규칙이 있다.

① 일화의 특징

시선詩仙 이백李白의 別號는 '적선인謫仙人'이다. '적선謫仙'은 천상天上에서 죄를 얻어 잠시 인간 세상에 내려온 신선을 말한다. 당서唐書 『이백전李白傳』에 의하면 하지장賀知章이 이백이 지은 「촉도난蜀道難」을 보고 감탄하여 "公非人世之人, 可不是太白星精耶?그대는 인간 세상에 귀양 온 신선이오?"라 한 데에서 '적선인'이라 하는 이백의 호가 유래하였다.

② 관직이나 출생지

왕안석王安石은 북송北宋의 정치가이자 사상가이며, 당송팔대가唐宋八大家 중 한 사람으로 꼽히는 저명한 문학가이다. 그는 강서성江西省 임천臨川에서 태어나 그의 호는 '임천臨川'이다.

③ 시호諡號

시호는 서주西周에서 시작된 것으로 고대 역사상 황제와 황후, 제후, 대신 등 상대적으로 높은 사회적 지위에 있는 인물들에게 생전에 행한 일에 따라 평가성 있는 칭호를 부여하였는데, 이것이 통상적인 시호이다. 서주의 청동 명문銘文에 대한 연구에 따르면, 주周 목왕穆王 때에 지위가 높거나 신분이 높은 사망자에게 시호를 붙이는 것이 일반화되었다.

738년 당唐 현종玄宗은 중국 춘추시대 노魯나라의 문신인 공자孔子를 왕으로 추봉하여 '문선왕文宣王'이라는 시호를 내렸다. 1008년 송宋 진종眞宗은 시호 '지성至聖'을 추시하여 '지성문선왕至聖文宣王'이 되었고, 원元나라에 와서는 '대성지성문선왕大成至聖文宣王'이 되었으며, 명明나라에 와서는 '대성지성문선선사大成至聖文宣先師'라는 시호가 수여되었다.

호號는 자신 또는 타인이 얼마든지 만들 수 있기 때문에 많게는 수십 개에 달하였는데, 호號가 너무 많아서 오히려 어지럽게 되었다. 그리하여 근대近代 이후 특히 건국 이래로 문인들은 호를 쓰는 기풍이 약해져 자신의 본래 이름을 사용하여 작품을 발표하게 되었다.

중국인의 호칭에 관한 언어 표현

예의를 갖춘 언어는 듣는 사람의 마음을 따뜻하게 만들고 서로의 관계를 부드럽게 만드는 윤활제 역할을 한다. 이것은 상호 간의 호칭에서 두드러지게 나타나는데, 자신을 낮추고 상대를 존중하는 것은 말하는 사람의 겸손과 수양을 실제로 보여주는 것이며 상대방에 대한 존경의 표현이기도 하다.

1 신분이 드러나는 고대의 호칭

중국인은 호칭을 매우 중요하게 여긴다. 호칭에는 존칭尊稱, 겸칭謙稱, 자칭自稱, 타칭他稱, 비칭鄙稱, 전칭傳稱, 대칭代稱, 관칭慣稱 등이 있다. 이러한 고대의 호칭은 현대사회에서는 거의 사용하지 않는다. 현대사회에서 사용되는 호칭은 사회, 문화, 환경 등의 요인으로 많은 부분이 서양의 영향을 받고 있다. 그러나 고대의 호칭 변천사에는 중국 역사와 그 시대상이 고스란히 담겨 있어서 이를 살펴봄으로써 중국 문화의 근간을 이해할 수 있다.

존칭尊稱은 경칭敬稱이라고도 하며 상대방에 대한 존경을 나타내는 말로써 사람에 따라 호칭도 다양하다. 왕을 부를 때는 '陛下bìxià, 大王dàwáng' 등으로 불렀고, 일반인에 대해서는 '先生xiānshēng, 夫子fūzǐ, 丈人zhàngrén' 등으로 불렀으며, 상대 아버지에게는 '令尊lìngzūn, 尊公zūngōng' 등으로 칭하였다.

겸칭謙稱은 겸손을 나타내는 말로 자신이나 자신의 집안사람도 낮추어 사용하였다. 일반인들이 자신을 말할 때에는 '鄙人bǐrén, 小生xiǎoshēng' 등을 사용하였으며, 자신의 아들을 '犬子quǎnzǐ'라 하여 겸허함을 표현하였다.

자칭自稱은 다른 사람 앞에서 자신을 칭하는 말로, 고대에 왕이 신하들 앞에서 자신을 '寡人guǎrén'이라 칭하고, 노인들은 스스로를 '老朽lǎoxiǔ, 老夫lǎofū' 등으로 불렀으며, 아랫사람이 윗사람 앞에서는 자신을 '小弟xiǎodì'라고 칭하였다.

타칭他稱은 다른 사람을 부르는 말이다. 신부를 거들어 주는 들러리를 '伴娘bànniáng'이라 부르며, 옛날에는 귀족의 부녀자를 '仕女shìnǚ, 夫人fūrén'이라고 칭하였는데 후대에 와서는 일반인의 아내에게도 존칭으로 사용하였다. 또 연세 드신 남자는 '老丈lǎozhàng', 젊은 남자에게는 '郎君lángjūn'으로 불렀다.

비칭鄙稱은 경멸적인 어투로 다른 사람을 부르는 말이다. 사내아이를 폄하하여 '小子xiǎozi'라 부르고, '豎子shùzi'라 하여 나이 어린 종에게 욕설로 사용하기도 하였으며, 여자를 폄하하여 '女流nǚliú' 등으로 칭하기도 하였다.

전칭傳稱은 그 사람이 가지고 있는 속성을 가리키는 말로써 특별한 기술을 가지고 있거나, 사회에 큰 공헌을 한 사람을 부르는 말로,

나무를 베는 사람을 '樵夫qiáofū', 뱃사공을 '舟子zhōuzi'라고 부르고, 나라의 걸출한 인물을 '國士guóshì'라고 불렀다.[7]

대칭代稱은 수사상 차용법에 속하는 것으로서 다른 호칭을 빌려 본래의 호칭을 대체하는 것이다. '巾幗jīnguó'는 옛날 부녀자들이 쓰던 두건이나 머리 장식으로써 '여자'를 일컬으며, '梨園líyuán'은 당唐 현종玄宗이 악공이나 궁녀에게 음악이나 무용을 훈련시키던 곳으로서 연극반을 일컫는다. 또 '俳優páiyōu'는 고대에 골계희를 연기하는 배우로서 희극배우를 일컫는다.

관칭慣稱은 사람들이 어떠한 특정한 사람을 본래의 이름이 아닌 통상적으로 부르는 이름으로 원래 이름의 간략한 표현이라고 볼 수 있다. 노장老莊은 노자老子와 장자莊子를 일컬으며, 류우석劉禹錫을 '劉郎liúláng', 맹호연孟浩然을 '孟公mènggōng' 등으로 칭하였다.

2 관계가 나타나는 현대의 호칭

중국인들은 다른 사람을 부를 때 상대방의 이름, 아명, 별명 이외에도 성씨를 활용하여 부르기도 한다. 기본적인 사항을 이해하면 더욱 쉽게 중국인과의 관계에 다가갈 수 있으며 부르는 호칭을 들어보면 서로의 사이가 친한지 아닌지도 느낄 수 있다.

- 先生xiānsheng, 女士nǚshì : 비공식적인 자리에서 상대방의 성씨 뒤에 붙여 '金先生Jīn xiānshēng, 張女士Zhāng nǚshì' 등과 같이 부르며, 상대방의 직업이나 직위를 안다면 성씨 뒤에 직업이나 직위를 덧붙여 '李

老師Lǐ lǎoshī, 王總經理Wang zǒngjīnglǐ, 劉老板Liu lǎobǎn' 등으로 부른다.
- 老lǎo / 小xiǎo + 성 : 서로의 관계가 매우 친할 때 부르는 방법으로 회사나 밖에서 알게 된 친구들을 부를 때 사용 가능한 표현이다. 나이 차이가 다소 날지라도 친한 경우에 사용하며, 부르는 사람보다 나이가 많은 경우엔 '老'를 사용하고, 나이가 적은 경우엔 '小'를 사용한다.
  예 老李, 小白
- 同志tóngzhì : 사회생활에서는 많이 사용되지 않지만 군대 안에서는 자주 사용된다. 그러나 이 단어는 '동성애자'라는 뜻도 포함되어 있어서 사용할 때 주의해야 한다.
- 朋友péngyou : 중국에서의 '朋友'란 한국에서의 '친구'의 의미뿐 아니라 사회생활 중 만나서 알게 된 사람을 포함한다. '관계關系guānxi'에 따라 친구를 부를 때도 단계가 있어서 친구라 불린다고 모두 친한 친구라는 의미가 아니다.
- 新朋友xīnpéngyou : 단순히 새로 알게 된 사람으로 이름만 알고 얼굴만 알아도 친구라 부른다. 새로운 친구라는 의미일 뿐이다.
- 好朋友hǎopéngyou : 新朋友에서 진전되어 우호적인 단계에 이른 친구를 말한다.
- 老朋友lǎopéngyou : 오랫동안 관계를 맺어온 친구라는 의미로 주변 사람들을 소개하고 關系guānxi를 맺게 하는 단계이다. 정치인들이나 기업가들 사이에서 關系를 맺었다고 하면 최소한 이 수준의 관계를 유지했다고 볼 수 있다.
- 兄弟xiōngdì : 친구를 넘어서 가족같이, 한 몸처럼 여기는 단계이다. 서로 한 가족이나 다름이 없으니 사기나 배신 등은 일어날 수 없다. 여기에서 '乾兄弟gànxiōngdì' 혹은 '把兄弟bǎxiōngdì'라고 하면 서로의 가족을 책임져 주는 관계를 말한다.[8]

모르는 사람에게 호칭할 때는 실수를 피하기 위해 청자를 직접 호칭하지 않고 우회적으로 부른다. '打擾一下Dǎrǎo yíxià 실례합니다', '請問一下Qǐngwèn yíxià 말씀 좀 묻겠습니다', '抱歉, 打擾一下Bàoqiàn, dǎrǎo yíxià 죄송합니다만 …', '請問qǐngwèn 실례합니다', '喂wèi 여보세요!' 등을 사용한다. 그러나 '喂'라는 말은 '저기요', '이봐요', '여기요' 등과 비슷하여 모르는 사람에게 실례가 될 수 있어 사용 시 유의해야 한다.9

3 유명인들의 애칭

한국의 인기 연예인 배용준을 '욘사마', 유재석을 '유느님', 방탄소년단을 '아미ARMY'라 부르듯 각 나라의 저명한 인물들에게는 그들 나름의 별명 또는 애칭이 있다. 이것은 세계적으로도 통용되어 그들이 어떤 사람인지를 보여주는 역할을 담당하기도 한다. 중국 역시 중국어 자체의 의미, 발음 등이 적용되어 독특한 애칭을 가지고 있는 사람들이 있다.

- 習大大Xídàdà : 중국 최고지도자 習近平 Xíjìnpíng의 애칭이다. 해석하면 '시 아저씨'라는 뜻이다. "要嫁就嫁習大這樣的人!Yào jià jiù jià Xídà dà zhèyàng de rén! 시집 가려면 习大大 같은 남자에게 가야한다", "習大大打老虎Xídàdà dǎ lǎohǔ 호랑이를 때려잡는 習大大"라는 찬양가도 있다. 그런데 정작 習

习大大 출처 : youtube.com

近平Xíjinpíng은 이 별명을 좋아하지 않는지 2016년부터 '習大大'라는 표현을 언론에서 검열 처분했다. 시진핑의 아내인 彭麗媛Péngliyuàn은 '彭媽媽Péngmāma펑 아주머니'라고 불리기도 한다.

- 啄木鳥Zhuómùniǎo : 한국 연예인 송혜교宋慧喬의 '딱따구리'라는 애칭이다. 중국인들에게 드라마 속의 송혜교는 말하는 속도가 무척 빠르고, 딱따구리가 나무를 쪼는 것처럼 '딱딱딱딱' 한다는 재미있는 표현에서 생긴 애칭이다.

- 大表姐Dàbiǎojiě : 미국 배우 제니퍼 로렌스의 '맏언니(큰 사촌언니)'라는 애칭이다. 2011년에 있던 아카데미 수상식 전에 중국 네티즌들은 장난삼아 제니퍼 로렌스를 수상자로 발표했고 오스카 내부의 사촌언니表姐biǎojiě로부터 들었다고 주장했다. 그런데 실제로 제니퍼 로렌스가 최우수 여배우상을 받아 생긴 애칭이다.

애칭은 간혹 부정적인 의도로 사용되는 것도 있긴 하지만 대부분은 친구끼리의 평범한 호칭이거나 사업상의 부가가치를 높여주는 수단도 있어 의도적으로 만드는 것도 있다. 애칭은 당사자의 성향이나 캐릭터 등에서 온 것으로 본명 그대로 부르는 것보다 가까운 관계라는 기분이 자연스레 생기는 효과가 있다.

주석

1 https://blog.naver.com/ware4u/221355547046
2 오택현(2020), 「百濟 姓氏의 歷史的 展開와 大姓八族」, 국내박사학위논문, 동국대학교 사학과 대학원, pp.20~32.
3 문정혜(2018), 「姓名學의 原理에 관한 硏究 / A study on the principle of the Naming theory」, 국내석사학위논문, 원광대학교 동양학대학원, pp.17~19.
4 최윤영(2004), 「『說文解字』省形字 硏究 = A study of shengxingzi in the 『Shuowen jiezi』」, 국내석사학위논문, 한양대학교 대학원, pp.57~58, 89~90.
5 https://shanghaicrab.tistory.com/16155170?np_nil_b=1
6 https://blog.naver.com/prk4183/222652497269
7 기봉(2011), 「한국어와 중국어의 호칭어 비교 연구 : 한국어와 중국어의 호칭어 비교 연구」, 국내석사학위논문, 강원대학교 대학원, p.44.
8 https://m.blog.naver.com/wooyong11/60208401042
9 강항(2018), 「중국인 학습자를 위한 사회 호칭어 = A study of the educational method on Korean and Chinese social appellation for the Chinese learners」, 국내석사학위논문, 상명대학교 대학원, p.26.

PART 03

명절

1. 중국 전통명절에 담긴 문화
2. 중국 현대기념일의 의미와 언어 표현

전통명절과 현대기념일

- 중국의 명절과 기념일에는 무엇이 있을까?
- 중국에는 어떤 전설이 있을까?
- 중국인들은 명절을 어떻게 보낼까?
- 명절과 기념일 속에 담긴 의미는 무엇일까?

중국의 오랜 역사 속에는 다양한 풍속이 있는 전통명절이 있다. 전통명절에는 그 나라와 민족이 오랜 기간에 거쳐 형성한 문화가 담겨있다. 예부터 농경 생활을 하던 중국은 계절 및 절기의 변화에 많은 역사적 요소들이 더해져 오늘날의 전통명절을 형성하였고, 그에 따라 특색 있는 문화가 생겨났다.

중국의 전통명절은 음력으로 지내는 데 비해 현대기념일은 대부분 양력으로 지낸다. 현대의 중국은 근현대사의 진행 과정에서 공산당이 주축이 되어 세워진 나라로 공산당과 민족운동의 정치적 역사와 그 과정이 반영되어 생겨난 기념일이 많다. 또한, 중국 자체의 기념일도 있지만 전 세계에서 공통으로 기념하는 날에 중국만의 특색을 더하기도 하였다.

자, 이제 중국의 6대 전통명절과 독특한 현대기념일을 알아보자.

勞動節(좌) 淸春節(우) 출처 : baidu.com

CHAPTER 1 중국 전통명절에 담긴 문화

1 새로운 한 해의 시작!

춘절春節Chūnjié은 중국에서 가장 중요하게 여기는 명절로 음력 1월 1일이다. 이는 한 해를 시작하는 첫날이기에 신년新年Xīnnián이라고도 불린다. 춘절春節은 겨울이 지나고 봄이 다가온다는 사전적 의미를 지니고 있으며 모든 신과 조상에게 오곡이 풍성하고 모든 일이 잘 풀리기를 기원하는 제사를 지내는 날이다. 오늘날에는 이러한 농제農祭의 의미가 사라지고 일 년 중 가장 성대하고 전통적 특색을 지닌 명절로 자리 잡게 되었다. 문화대혁명 시기에 춘절春節과 같은

新年快樂 출처 : baidu.com

전통 행사들은 봉건 풍습이라는 이유로 금지되어 민간에서만 유지되었다가 1980년에 이르러서 명절 휴가가 되살아나면서 지금과 같은 성대한 춘절春節 문화를 가지게 되었다.[1]

중국인은 예로부터 시작을 매우 중시했는데, "一年之計在於春, 一日之計在於晨。yīniánzhījìzàiyúchūn, yírìzhījìzàiyúchén. 한 해의 계획은 봄에 하고 하루의 계획은 새벽에 한다.", "善始善終shànshǐshànzhōng 시작이 좋으면, 끝도 좋다", "萬事開頭難wànshì kāitóu nán 모든 일은 처음이 어렵다" 같은 속담들이 바로 이러한 중국인의 심리상태를 반영하고 있다.

또한, 새해에 실수로 물건을 깨는 것은 매우 불길한 일로 여긴다. 이에 '깨진다'는 의미인 '碎suì'를 같은 발음의 글자인 '歲suì 해'로 바꿔서 "歲歲平安suìsuìpíngān 해마다 평안하기를 기원합니다"으로 말해 길함을 기원한다.

중국인들이 이렇게 중요하게 생각하는 춘절春節은 음력 12월 8일부터 다음 해 음력 1월 15일까지 계속 축제가 열린다.

(1) 제석除夕 이야기

까치설날인 제석除夕Chúxī에는 섣달 그믐날로 '석夕'과 관련된 이야기가 전해 내려온다.

옛날에 아주 고약한 '석夕'이라는 괴물이 있었다. 그 괴물은 항상 한 해의 마지막 밤에 나타나 일 년 동안 열심히 노력하여 거둔 재산을 훼손시키고 곡식이나 가축은 물론 남녀노소를 막론하고 모두 잡아먹었다. 이후 사람들은 한동안 한 해의 마지막 날 밤에는 모든 곡식과 가축을 집안에 숨겨놓고 문을 걸어 잠그며 밖에 나가지 않았다. 몇 해 동안 먹을 것을 찾을 수 없었던 석이 여러 해 동안 마을에 나타나지 않게 되자, 사람들은 석이 다시는 나타나지 않을 것이라 여겨 곡식과 가축을 숨기지 않았고 사람들도 밖에 돌아다녔다.

그러나 어느 날 석이 다시 나타나 마을 사람들을 모두 잡아먹었는데, 다음 날 아침에 보니 살아남은 사람들에게는 모두 공통점이 있었다. 그들은 모두 빨간색 옷을 입은 신혼부부이거나 붉은 폭죽을 터트리고 있었던 아이들이었다. 다시 말해 석은 빨간색과 폭죽을 무서워하여 겁을 먹고 도망친 것이다. 이후 사람들은 석이 붉은 불빛과 폭죽 소리를 무서워하는 것을 알게 되었고 해마다 빨간색 춘련春聯chūnlián을 문 앞에 붙이고 폭죽을 터트리는 放鞭炮fàngbiānpào 풍습이 생겼다고 한다.

또한, 12월 31일에는 온 가족이 함께 모여 새해를 맞이하며 저녁 식사年夜飯niányèfàn를 하고 잠을 안자고 밤을 지새우며 춘절春節을 맞이하는데, 이는 모두 석을 대비하던 데에서 비롯된 풍습이다. 또한 새해 첫날 이른 아침부터 폭죽을 터트리는 개문포開門炮kāiménpào와 아침에 서로 만나면 "밤새 무사하셨습니까?過年好guòniánhǎo"라며 안부를 묻는 것도 같은 이유에서 비롯되었다.

年夜飯 출처 : www.sina.cn

(2) 중국 설날의 다양한 풍습

春節Chūnjié과 관련된 풍습은 다양하다. 우선 음력 12월 1일부터 춘절春節을 맞이하는 大掃除dàsǎochú 대청소는 오래된 것을 버리고 새로운 것을 맞이한다는 의미인 除舊迎新chújiùyíngxīn 묵은해를 보내고 새해를 맞다으로 시작된다. 제석除夕에는 각지에 흩어져있던 가족들이 한자리에 모여 包(吃)餃子bāo(chī)jiǎozi 만두 빚어 먹기, 貼春聯 tiēchūnllián 춘련 붙이기 혹은 貼對聯tiēduìlián 대련 붙이기¹)을 하며 밤을 지새우고 새해를 맞이한다. 춘련春聯에는 새해 복을 기원하고 액운을 막아주는 의미를 담는다.

춘절春節 당일에는 이른 새벽부터 잡귀를 쫓는 풍습인 개문포開門炮kāiménpào로 시작된다. 이른 아침부터 시작된 폭죽의 잔여물 붉은 종이는 마치 레드카펫을 깔아 놓은 듯 길바닥에 빼곡히 쌓인다. 이렇게 쌓인 쓰레기는 바로 치우지 않고 춘절春節 행사가 모두 끝난 후 청소한다.

開門炮(좌) 春節(우) 출처 : baidu.com

---

1) 대련對聯이란 한 쌍의 글귀를 쓴 대구對句를 말한다.

새해 아침에는 친척과 지인을 찾아가 허리를 약간 숙이는 정도의 간단한 형식으로 세배를 한다. 세배하면서 "春節快樂!Chūnjiékuàilè! 새해 복 많이 받으세요!, 心想事成!Xīnxiǎngshìchéng ! 뜻한 대로 이루시길 바랍니다!, 萬事如意!Wànshìrúyì! 만사가 뜻대로 되길 바랍니다!, 恭喜發財!Gōngxǐfācái! 부자 되세요!"등의 拜年bàinián 새해 인사을 나누고 壓歲錢yāsuìqián 세뱃돈을 주고받는다. 세뱃돈인 壓歲錢은 행운과 기쁨을 상징하고, 귀신을 쫓아내는 붉은색 봉투紅包hóngbāo에 넣어준다. 중국에서 壓歲錢을 줄 때는 흰색 봉투에 담아 주면 안 되는데, 흰색 봉투는 죽은 사람에게 주는 것으로 죽어서 노잣돈을 넣어준다는 의미이기 때문이다.

春晚 출처 : www.nibaku.com

저녁이 되면 온 가족이 모여 중국 중앙방송국인 CCTV에서 제석除夕 저녁 8시부터 춘절春節 당일 새벽 1시까지 방송하는 春節聯歡晚會Chūnjiéliánhuānwǎnhuì 중국 중앙방송국에서 방영하는 특집 방송를 함께 시청한다. 이를 간단하게 줄여 '春晚Chūnwǎn'이라고 하는데, 1983년에 방영하기 시작하여 노래, 춤, 콩트, 무술, 무용 등의 다양한 콘텐츠로 구성되어 있다. 여기에는 유명 연예인뿐만 아니라 일반인과 소수민족까지 공연에 참여하여 중국인의 국민 TV 프로그램으로 자리 잡았다.

알아두면 재미있는 거꾸로 쓰여진 "福복"자의 유래에 대해 알아보자

到福dàofú의 유래

중국인들은 춘절春節이 되면 집집마다 대문 앞이나 기둥, 거울 등에 '복福'자를 거꾸로 붙여 놓는다. 여기에는 아래와 같은 명나라 주원장朱元璋과 황후의 고사가 전해져 온다.

주원장이 원소절元宵節에 등불놀이를 나갔는데, 어느 집 문 앞에 커다란 등이 걸려 있었다. 이 등에 맨발을 한 부인이 큰 수박을 들고 있는 그림이 그려져 있었다. 이것이 바로 '猜燈謎cāidēngmí수수께끼'라는 풍속놀이다. 그 猜燈謎에는 "女子同眠, 兩又併肩, 人挑肩擔, 月去耳邊。"라고 적혀있었다. 이 글에 숨겨진 의미는 '정말 큰 발好雙大腳'이다. 그림과 함께 풀어보면 '수박을 안고 있는 부인懷西瓜婦人'으로 결국 당시의 황후인 '淮西婦人'을 가리킨다. 속담과 그림을 종합하여 수수께끼를 풀어보면 "황후의 발은 정말 크다.淮西婦人, 好雙大腳。"라는 말이 된다.

이것을 본 주원장이 수수께끼를 풀고는 화가 나서, 이런 등을 달지 않은 집 문에 '福'자를 써 붙이게 하고 이튿날 이 '福'자가 없는 집의 사람들을 모두 죽이라는 명을 내렸다. 이 소식을 들은 황후는 죄 없는 많은 백성들이 죽는 것을 두고 볼 수 없어 모든 백성들에게 문 앞에 '福'자를 써 붙이라는 명을 내렸다. 그런데 글자를 잘 모르는 일부 백성들이 '福'자를 거꾸로 붙이는 경우가 생겨났다. 이후 '倒福dàofú거꾸로 된 복'가 '到福dàofú

> 복이 도착하다'가 되면서 이때부터 사람들은 마음씨 좋은 황후의 뜻을 기리는 마음으로 춘절春節이면 집집마다 '福'자를 써 붙였다고 한다.

2 정월 대보름, 원소절

새해 첫 보름달이 뜨는 정월 대보름을 원소절元宵節Yuánxiāojié이라 하는데 단원절團圓節Tuányuánjié이라고도 한다.2 중국의 춘절春節 행사는 원소절元宵節인 음력 1월 15일까지 계속된다. 원소절元宵節의 '원元'은 음력으로 정월元月과 둥글다는 의미가 있다. '소宵'는 옛날에 '夜yè'라고 불러 '元夜yuányè'라고도 한다. 또 등불을 달고 불을 켜는 원소절의 풍습인 등불놀이로 인해 '등절燈節Dēngjié'라고도 한다.

元宵節 출처 : baidu.com

원소절元宵節이 생긴 유래는 여러 가지가 있는데 그중에 두 가지를 소개하려고 한다.

첫 번째는 한漢나라 문제文帝의 즉위와 관련된 이야기이다. 한漢나라를 건국한 유방劉邦이 사망한 후, 그의 부인 여후呂后는 태후太后의 자격으로 모든 권력을 장악하고 자신의 친족인 여呂씨 출신들을 적극적으로 등용하여 한漢나라의 정치적 폐단이 심각해졌다. 여후가 사망하자 여씨 친족들은 권력을 잃지 않기 위해 황제를 죽이고 여씨 친족의 국가를 만들려는 모반을 계획한다. 그러나 신하들의 노력으로 여씨 일족의 반란을 성공적으로 진압하여 모반을 막을 수 있었다. 문제文帝와 백성들은 여씨 일족의 난을 평정한 것을 기념하기 위해 집마다 등燈dēng을 달아 축하하였는데, 이날이 바로 음력 1월 15일이었다. 이후 해마다 음력 1월 15일 원소절이 되면 등불을 다는 풍습이 생겼다.

두 번째는 백성들의 일상과 관련된 것으로, 예부터 중국은 농업국가로 달의 움직임에 따른 음력을 사용하였다. 음력 1월 15일은 한 해 농사가 시작되는 시기로 여러 가지를 준비하는데, 중국에서는 해충이 많은 논밭에 불을 질러 풍년을 기원하였다. 이러한 풍습은 시간이 지나면서 점차 사라지고 등불을 밝히는 것으로 대체되었다.[3]

(1) 원소 먹기

원소절元宵節의 대표적인 풍습으로는 吃元宵chīyuánxiāo원소 먹기와 鬧花燈nàohuādēng등불놀이가 있다. 원소元宵yuánxiāo는 소를 넣은 새알심으로, 온 가족이 함께 모여 물에 끓이거나 튀겨 먹는다. 원소의 소는 팥, 깨, 설탕 등 지역에 따라 다양하다. 또한 원소는 '湯圓tāngyuán'이라고도 하여 동글동글한 모양인데, 이는 가족의 화목과 단란함을 상징한다.

元宵 출처 : baidu.com

이밖에 원소절의 주요 풍습으로 舞獅子wǔshīzi 사자 춤추기, 猜燈謎cāidēngmí 수수께끼 맞추기2), 踩高蹺cǎigāoqiāo 죽마 놀이3) 등이 있다. 그중 죽마 놀이는 화려한 옷을 입고 죽마를 타면서 칼춤을 추는 등 여러 동작으로 주위의 이목을 끌며 즐기는 놀이로 발전하였다.

(2) 붉은 등과 폭죽에 얽힌 전설

원소절의 등불놀이에 관해서 전설로 전해오는 재미있는 이야기가 있다.

옛날에 천궁天宮하늘의 궁전을 지키던 새神鳥shénniǎo4) 한 마리가 길을 잃고 인간 세상을 헤매다가 한 사냥꾼의 화살에 맞아 죽었다.

---

2) 초롱등불에 수수께끼 문제를 붙여놓고 사람들에게 맞추게 하는 놀이.
3) 민간에서 유행했던 높은 나무 위의 열매를 따기 위해 대나무나 나무로 길게 다리를 만들어 걷는 놀이.
4) 신조神鳥란 봉황鳳凰의 또 다른 이름이다.

옥황상제는 이 사실을 알게 된 후 몹시 화가 나서 원소절에 인간 세상에 불을 질러 모든 인간을 불태워 죽이라고 명하였다. 인간들을 사랑하는 옥황상제의 딸은 무고한 사람들이 수난당하는 것을 볼 수가 없었다. 그래서 목숨을 걸고 이 소식을 인간들에게 알려주었고, 사람들은 머리를 맞대고 대책을 고민하기 시작했다.

이때, 한 노인이 좋은 방법을 생각해 내었다. 그것은 바로 집마다 붉은색 등을 걸고 폭죽을 터트려 불에 휩싸인 것처럼 보이도록 하는 것이었다. 사람들은 노인의 제안대로 준비하여 붉은색 등을 밝히고, 폭죽을 터트려 불꽃을 만들어 냈다. 그렇게 인간 세상이 가짜 불꽃에 휩싸인 것을 본 옥황상제는 벌을 내리지 않았고, 이후 매년 정월 대보름 원소절이 되면 집마다 붉은 등을 걸고 폭죽을 터트리게 되었다.[4]

알아두면 재미난 燈謎dēngmí의 유래에 대해 알아보자.

一時歡樂一時愁, 想起仟般不對頭。
yī shí huān lè yī shí chóu, xiǎng qǐ qiān bān bú duì tóu.
如若想得仟般到, 自解憂來自解愁。
rú ruò xiǎng dé qiān bān dào, zì jiě yōu lái zì jiě chóu.

기쁘다가도 수심에 잠기고, 수 천 번을 생각해도 틀리네.
만약 수 천 번에라도 생각해내면, 자연히 모든 수심이 풀리네.

이 시의 제목이 바로 '猜燈謎cāidēngmí(수수께끼)'이다. 어떠한 이유로 수수께끼가 생기게 되었는지 알아보자.

옛날에 성姓이 호胡씨인 부자가 살았는데, 호씨는 사람을 판단할 때 그 사람이 입고 있는 옷을 기준으로 삼았다. 좋은 옷을 입은 사람을 보면 친하게 지내려 하고, 허름한 옷을 입은 사람은 무시하였다. 그러던 어느 날 옷을 잘 차려입은 사람이 찾아와 거만하게 "10냥만 빌립시다."라고 하자 그는 아무 소리 않고 빌려줬다. 그리고 곧 왕소王少라는 사람이 와서 돈을 빌리려 하였는데, 이 사람이 입고 있는 옷이 너무 허름하여 호씨는 그에게 욕을 하고 하인들을 시켜 그를 내쫓아냈다. 왕소는 너무 화가 나 다음에 꼭 앙갚음하리라고 마음먹었다.

燈謎 출처: www.china.com.cn

머지않아 설날이 지나고 모두 원소절에 쓸 등을 만드느라 분주한 시간을 보내고 있었다. 왕소도 집에 틀어박혀 며칠 동안 심혈을 기울여 크고 멋진 등을 만들어서 들고 나왔다.

그런데 이 등에는 다음과 같은 시가 적혀있었다.

> 頭尖身洗白如銀, 論秤沒有半毫分。
> tóu jiān shēn xǐ bái rú yín, lùn chèng méi yǒu bàn háo fēn。
>
> 眼睛長到屁股上, 光刃衣裳不認人。
> yǎn jīng zhǎng dào pì gǔ shàng, guāng rèn yī shang bú rèn rén。
>
> 머리는 뾰족하고 몸은 은처럼 가늘고 하얗다. 무게로 봐서는 반푼도 안되면서, 눈은 엉덩이에 달려있어, 옷만 알아보고 사람은 알아보지 않네.

모두 이 등을 둘러싸고 저마다 한마디씩 하며 웃고 있을 때, 호씨도 다가와서 이 시를 보고는 화를 내며 "너 이 자식 감히 나를 욕해!"라고 소리치고 멱살을 붙잡고 달려들었다. 그러자 왕소가 말하길 "어르신 잘 보세요, 이건 누굴 욕하는 것이 아니라 수수께끼에요. 정답은 바로 '바늘'이고요."라고 하며 하하 웃으니, 화가 난 호씨도 더 이상 어쩌지 못하고 집으로 돌아갔다.

> 이때부터 사람들은 등에 수수께끼를 적어서 사람들에게 내보이는 풍습이 생겼고, 이를 '燈謎dēngmí'라고 불렀다.

3 개자추介子推를 기리는 청명절!

청명절清明節Qīngmíngjié은 중국 6대 명절 중 하나로 매년 4월 5일 전후로 3일간 법정 공휴일이다. 중국에서 민족의 성묘 일로 알려진 청명절은 24절기 중 춘분春分 곡우谷雨 사이의 절기이다. 봄을 답사한다는 뜻의 '답청절踏青節Tàqīngjié'이라고도 한다. 이날은 조상의 묘를 찾아가서 성묘와 제사를 지내는 풍습이 있다.

(1) 청명절의 유래와 풍습

청명절의 풍습은 오랜 역사를 거치는 동안 비슷한 시기의 다른 명절과 융합되어 오늘날까지 여러 가지 풍습이 전해진다. 대표적으로는 춘추시대에 생겨난 한식절寒食節Hánshíjié과 명明나라와 청清나라에 생겨난 식목일植樹節Zhíshùjié의 풍습들이다.

먼저 청명절과 한식절의 유래는 다음과 같다. 춘추전국春秋戰國시대 진晉나라에 문공文公이라는 군주가 있었다. 여희의 난驪姬之乱 이후 진문공과 신하 5명이 19년 동안 적의 나라로 도피해 고생스러운 생활을 하였다. 그중 개자추介子推라는 대신이 있었는데, 그는 식량이 모자란 상황에서 망설임 없이 자신의 넓적다리를 베어 진문공에게 바칠 만큼 충성스러웠다.

도피 생활이 끝난 후 진문공은 개자추를 챙기지 못했고 그를 제외한 4명에게만 높은 벼슬을 하사하게 되었다. 이후 개자추는 이를 원망하지 않고 늙은 어머니와 함께 산서성 면산山西省綿山 깊은 곳으로 들어가 은거 생활을 하였다.

진문공은 뒤늦게 개자추의 충성심을 간과한 것을 깨달아 산속에 은거 중인 그를 찾으려 하였다. 그러나 넓은 산에서 그를 찾기는 쉽지 않다. 이에 개자추 스스로 산에서

清明節 출처 : baidu.com

나오게 하려고 그가 은거 중이었던 산에 불을 질렀다. 그러나 3일 밤낮으로 불이 뜨겁게 타올랐지만 개자추의 행방을 알 수 없었다. 그렇게 불이 다 꺼진 후에 개자추는 어머니와 새까맣게 불탄 채로 발견되었고 진문공은 땅을 치며 그의 죽음을 안타까워하였다.

진문공은 뜨거운 불에 목숨을 잃은 개자추를 기리기 위해 이날은 불을 피우지 않고 차가운 음식만 먹게 하였는데, 이를 한식절寒食節이라 하였다. 그리고 이듬해 진문공은 제사를 지내다가 개자추가 죽은 자리에 버드나무가 소생한 것을 보고 그 버드나무를 '청명류'라고 이름 짓고 한식절 다음날을 '청명절'로 제정하였다.5

또한 명明나라와 청淸나라 때에는 음력 4월 이 시기가 따뜻한 봄볕과 봄비가 있는 시기로 파종하기 좋다 하여 식목일로 지정하여 나무를 심고 묘목을 재배하였다. 이러한 풍습은 오늘날까지 이어지게

되었다. 또한, 봄의 기운이 만연한 이 시기에는 가족이나 친구들과 함께 봄꽃놀이는 가는데 이것을 답청踏青tàqīng이라고 한다.

이렇듯 비슷한 시기의 한식절과 식목일, 답청의 풍습들이 섞여 오늘날의 청명절 풍습으로 자리 잡게 되었다.

그중에서 청명절에 빼놓을 수 없는 풍습이 있다면 조상들의 묘를 찾아가 산소를 돌보는 일인 성묘掃墓sǎomù이다. 중국인은 이때 지폐나 돈이 그려진 지전을 산소 앞에서 태우는데, 이는 고인이 사

掃墓 출처 : baidu.com

후 세계에서 이 돈을 사용할 수도 있다고 믿기 때문이다. 또한, 지전뿐 아니라 고인이 생전에 좋아했던 물건들을 지전 모양으로 만들어 태우기도 한다.

이 밖에도 그네 타기盪秋千dàngqiūqiān와 연 날리기放風箏fàngfēngzheng 등을 하는 풍습이 있다. 중국인들은 연風箏을 날리며 한 해의 행운을 빌기도 하고, 연을 날린 후 선을 잘라 나쁜 기운을 날려 보내기도 한다.

청명절에는 이 시기에 전국적으로 가장 많이 재배되는 봄 채소인 청명초清明草를 활용하여 청명채清明菜라는 음식을 먹는다. 지역마다 각기 다른 조리방법과 재료들로 다채로우며 그 이름도 지역별로 다르게 부른다.

(2) 온라인 대리 성묘 문화

최근에는 바쁜 직장인이나 외지에 나가 일하는 사람 등 조상의 산소를 직접 찾아가는 게 어려운 사람들을 위해 代理掃墓業務dàilǐ sǎomù yèwù성묘 대행 서비스라는 신종사업이 생겨나 흥행하고 있다. 성묘 대행 가격은

代理掃墓業務 출처 : baidu.com

RMB 100~5000元으로 매우 다양하고 대행 업무는 묘비 손질, 향 피우기, 국화 올리기, 추모사 낭독, 참배 등 성묘에 대한 모든 것이 그 대상이다. 그리고 일련의 과정은 사진과 동영상으로 촬영해 가족에게 전달된다. 급변하는 사회에 맞춰 변해가는 전통명절의 새로운 모습이라고 할 수 있다.

4 굴원을 추모하는 단오절

우리나라와 마찬가지로 중국에서도 음력 5월 5일은 단오절端午節Duānwǔjié이다. 중국의 단오절은 춘절春節Chūnjié, 중추절中秋節Zhōngqiūjié과 함께 중국의 3대 명절에 속하며 다양한 행사를 진행한다.6

단오절은 重午節Chongwǔjié, 端陽節Duānyángjié이라고도 불리는데, 단오의 단端은 처음, 첫 번째를 뜻하고, 오午는 다섯五의 뜻으로 초닷새初五日라는 뜻이다. 또 五月五日이 午月午日로 午가 두 번 겹치어 중오重午라고도 부른다.

(1) 단오절에 담긴 이야기

단오절의 유래는 춘추春秋시기 초楚나라 회왕懷王 때 굴원屈原이라는 인물에게서 찾을 수 있다. 그는 충신으로 현자를 천거하고 능력 있는 자에게 관직을 주며 나라를 부유하게 하고 군대를 강성하게 하였다. 또한 제齊나라와 동맹을 맺고 진秦나라에 저항하

端午節 출처 : baidu.com

는 정책 합종설合縱說을 강력히 제창하였다. 그러나 간신들의 강한 반대에 부딪쳤고, 그 뒤 굴원은 간신들의 모함을 받아 원沅(지금의 귀주성貴州省)과 상湘(지금의 호남성湖南省)으로 유배되었다. 굴원은 유배 기간에 유명한 부賦와 시詩를 많이 써냈다. 그 중「이소離騷」는 초사楚辭 가운데에서 으뜸으로 꼽히는 부賦이다. 또한 여러 자연 현상과 역사 고사 등을 묻고 도가道家의 색채를 담아낸 시「천문天門」과 민간 제사 노래이며 음악, 가사, 무도가 혼합되어 이루어진 시「구가九歌」가 그의 대표 작품이다.

이후 기원전 278년 초楚나라 수도가 진秦나라에 의해 함락되었다는 소식을 듣고 인생의 마지막 작품인「회사懷沙」을 쓴 뒤 음력 5월 5일에 돌을 안고 멱라강汨羅江5)에 투신해 생을 마감하였다.

그의 죽음을 알게 된 백성들은 애통한 마음으로 배를 띄워 굴원

---

5) 멱라강汨羅江은 중국 강서성江西省에서 발원하여 동정호洞庭湖에 흘러드는 강이다.

의 시신을 찾아 나섰으나 그의 시체조차 찾지 못했다. 이에 강에 사는 물고기들이 그의 시신을 훼손하지 않기를 바라는 마음에서 나뭇잎에 밥을 싼 粽子zòngzi를 강에 뿌렸다. 그 뒤 매년 음력 5월 5에 굴원의 영혼을 위로하기 위해 粽子를 만들어 먹고 용의 모습을 한 배龍船를 타고 시합하는 賽龍船sàilóngchuán 등의 풍습이 생겨났다.

屈原 출처 : baidu.com

(2) 한국과 중국의 단오절 풍습

단오는 음력 5월 5일, 1년 중 가장 양기陽氣가 왕성한 날로 모내기를 끝내고 풍년을 기원하는 기풍제祈豊祭이자 본격적으로 여름을 대비하는 날이기도 하다.

한국의 단오절 풍습으로 창포물에 머리 감기가 있다. 창포물로 머리를 감으면 머리카락이 빠지지 않고 윤기가 난다고 해서 옛 여성들이 아름다움을 유지하기 위해 행했던 풍습이다. 또 여름을 시원하게 지내라는 의미로 부채를 선물하거나 그네타기, 씨름 등의 민속놀이를 한다.

五彩線 출처 : baidu.com

중국 단오절의 대표적인 문화행사는 강에서 용 모양의 배를 타고 하는 경주인 '용주경도龍舟競渡lóngzhōujìngdù'가 있다. 이를 '賽龍船 sàilóngchuán'라고도 하는데, 오吳나라 주처周處의 『풍토기風土記』에 언급된 것이 시초이다. 이날은 용주경도 외에 맛있는 음식을 즐길 수 있는 축제가 열린다. 이는 천 년이 넘는 역사를 지니고 있으며 굴원을 기리기 위해 예부터 전해온 풍습이다. 또한 찹쌀과 대추, 고기, 밤, 땅콩 등 다양한 재료를 대나무 연잎에 싸서 쪄낸 음식인 粽子zòngzi를 먹는 날이다.[7]

이 밖에 오색실을 손목에 팔찌처럼 착용하여 단오절을 기준으로 첫 비가 내리는 날에 팔찌를 끊어서 바다나 강에 흘려보내면 액운도 함께 흘려보낼 수 있다는 의미의 오채선五彩線[6] 풍습이 있다. '장명선長命線'이라고도 하여 장수를 기원한다. 오채선 안에는 반드시 초록, 흰색, 붉은색, 검은색, 노란색이 포함되어야 한다. 이는 각 색이 음양오행의 목木, 금金, 화火, 수水, 토土를 대표하고 동, 서, 남, 북, 중앙에서 나오는 신비한 기운을 내포하고 있기 때문이다.

우리나라와 중국의 단오절 모습은 다르지만, 풍년을 기원하기 위

---

6) 오채선五彩線은 다섯 가지 색의 실(끈)이라는 뜻으로, 여러 가지 색깔의 실을 꼬아 만든 팔찌를 말한다.

한 마음, 액운을 떨치려는 마음은 같다는 것을 알 수 있다.

5 후예와 상아의 전설이 있는 중추절

음력 8월 15일은 중추절中秋節 Zhōngqiūjié이다. 이 중추절은 춘절, 청명절, 단오절과 함께 중국 4대 전통명절로 불리우는데, 고대 시가에서 가장 많이 등장하는 명절이다.

예부터 달은 중국 사람들에게 특별한 의미를 지닌다. 중추절에 뜨는 둥글고 밝은 달은 사람들이 한 자리에 모이는 화합과 단결의 상징인 '團圓tuányuán'을 의미한다. 그래서 중추절中秋節을 團圓節Tuányuánjié이라고도 한다.

中秋節 출처 : dpm.org.cn

(1) 중추절에 담긴 유래

옛날 하늘에 열 개의 태양이 있어 그 열기가 너무 강하여 땅에서 연기가 나고 바닷물은 말라붙어 백성들이 더 이상 살아갈 수 없게 되었다. 그때 활을 잘 쏘는 후예後羿가 등장하여 곤륜산崑崙山[7] 꼭대기에서 불필요한 아홉 개의 태양을 쏘아 떨어뜨렸다. 그 후 후예는 백성들의 존경과 사랑을 받았고 많은 사람이 그의 제자가 되기 위해 그를 찾아왔다.

---

7) 곤륜산崑崙山 : 중국 전설 속에 나오는 산.

얼마 후 후예는 아름답고 선량한 상아嫦娥라는 여인을 부인으로 맞아들였다. 그는 그녀와의 결혼 후, 제자를 가르치고 사냥하는 시간 외에는 늘 부인과 함께하였고 이 아름다운 한 쌍의 부부는 많은 사람의 부러움을 샀다.

어느 날, 후예는 곤륜산에 올라갔다가 서왕모西王母[8])를 만나 한 번만 먹으면 신선으로 변하여 영원히 살 수 있는 불사약不死藥을 얻었다. 서왕모는 그에게 이 약을 먹으면 그 즉시 하늘로 올라가 신선이 될 수 있다고 하였다. 그러나 후예는 부인과 이별하고 싶지 않았기에 불사약을 부인에게 주며 잘 보관하게 하였다.

상아는 이 약을 집안에 잘 숨겨 두었는데, 후예의 제자 중 욕심 많고 심술궂은 봉몽蓬蒙이라는 자가 그 약의 존재를 알게 되었다. 며칠 후 후예는 제자들을 데리고 사냥을 나갔고, 나쁜 마음을 먹은 봉몽은 핑계를 대고 집에 남게 되었다. 후예가 제자들과 함께 떠난 것을 확인한 후, 봉몽은 보검을 들고 방에 들어와 상아를 협박하여 불사약을 내놓게 하였다. 상아는 나쁜 사람이 불사약을 얻게 되는 것을 막으려 어쩔 수 없이 그 약을 꺼내 모두 자신이 삼켜버렸다. 그렇게 약을 먹은 상아는 갑자기 몸이 가벼워지더니 창문 밖 하늘로 날아가게 되었다. 하지만 사랑하는 남편을 잊을 수 없어 땅과 가장 가까운 달에 올라 신선이 되었다고 한다.

저녁에 후예가 집에 돌아오니 시녀들이 울면서 낮에 있었던 일을 알려주었다. 그는 놀라고 화가 나서 검을 들고 봉몽을 찾았지만 이

---

8) 서왕모西王母는 곤륜산의 요지에 살며 불로불사不老不死의 영약을 가졌다고 하는 고대 신화 속의 여인을 말한다.

미 도망가고 없었다. 비통함에 쌓인 그가 가슴을 두드리며 하늘을 향해 부인 상아의 이름을 불렀다. 이때 후예는 평소보다 유난히 밝은 달 속에 움직이는 그림자를 보았는데 그 모습이 상아라는 것을 알아차렸다.

後羿与嫦娥 출처 : baidu.com

후예는 상아가 평소에 좋아했던 화원에 즐겨 먹었던 과자, 과일 등을 차려 놓고 달 속의 궁전月宮에서 자신을 그리워하고 있는 그녀를 위해 제사를 지냈다. 백성들도 그녀가 달에 올라가 신선이 된 사실을 들은 후, 각자 달 밑에 음식을 차려놓고 복을 빌게 되었다. 이때부터 중추절에 달을 보고 제사 지내는 풍속이 민가에서 전해 내려오기 시작했다.

(2) 달에 심어진 목서나무 꽃

중국은 중추절中秋節이 되면 가족들이 모두 함께 모여 월병月餅 yuèbǐng을 만들어 먹거나 가족과 지인들에게 선물로 나누어 준다. 월병은 중추절의 가장 대표적인 먹거리로 '달 모양을 닮은 떡'을 말한다. 둥근 달 모양에서 유래된 이름으로 가족들의 단결과 원만함을 기원한다.

月餠 출처 : baidu.com

　근래에 들어 월병도 현대적인 모습으로 변화하였는데, 유명 커피 브랜드 또는 명품 브랜드에서 월병을 상품으로 출시하기도 한다. 또는 유명 식품, 음료 회사들의 모양으로 새로운 형태의 월병이 유행하고 있다.

　중추절에 가장 대표적인 놀이는 '달맞이'이다. 달맞이하는 방법은 두 가지인데, 먼저 향초를 피우고 여러 가지 둥근 과일과 월병을 놓고 달에 제사를 지낸다. 또는 가족들이 함께 모여 둥근 달을 감상하며 소원을 빌기도 한다.

　이 밖에 노란색 꽃잎의 나무인 桂花guìhuā 목서나무 꽃의 꽃잎으로 담근 술을 마시기도 한다. 桂花로 담근 술은 귀화주桂花酒라고 하는데 향기가 짙고 달달한 맛이 일품이다.

桂花酒 출처 : baidu.com

　중국 사람들은 달에 桂花guìhuā 꽃이 심겨 있다고 믿었다. 민간에서 전해오는 전설에 의하면 옛날에 오강吳剛이라는 사람이 큰 잘못을 해서 옥황상제로부터 벌을 받게 되었다. 옥황상제는 그에게 달에 있는 桂花를 도끼로 베게 하였다. 그러나 桂花의 키가 오백 자나 되었고 오강이 도끼로 桂花를 찍을 때마다 상처 난 곳에서는 새살이 금세 돋아났다. 그의 처절한 도끼질은 아직도 계속되지만 桂花는 베어 넘어지지 않고 영원히 그대로 남아 있다는 이야기다.

6 장수를 기원하는 중양절

중양절重陽節ChóngyángJié은 음력 9월 9일로 춘절, 원소절, 청명절, 단오절, 중추절과 함께 중국 6대 전통명절 중 하나이다.

重陽節 출처 : baidu.com

(1) 높은 곳을 오르는 비장방費長房 이야기

예부터 중국인들은 하늘과 땅, 낮과 밤 등 모든 자연 현상에 음阴과 양陽의 기운이 깃들어 있다고 여겼다. 숫자에도 음, 양이 있는데 홀수는 양의 숫자, 짝수는 음의 숫자로 여겼다. 그중 양의 기운이 가장 큰 숫자는 9인데, 9가 두 번 겹치는 9월 9일을 양의 기운이 강하다 하여 이날을 길한 날로 여겼다. 춘추春秋시기부터 중요한 날로 정하여 중구重九라 하였으며, 이것이 오늘날의 중양절이 된 것이다.

중양절에는 산수유 꽃을 머리나 소매에 꽂거나 몸에 지니고 높은 곳에 오르는 등고登高라는 풍습이 있다. 산수유를 몸에 지니면 악귀를 쫓아내고 재난을 피할 수 있다고 믿었다.

登高 출처: baidu.com

또한 한漢나라 때에는 중양절 시기인 9월을 국화꽃이 활짝 피어서 국화의 달이라고도 불렀다. 그래서 만개한 국화꽃을 감상賞菊花 shǎngjúhuā하거나 국화주를 마시는飲菊花酒yǐnjúhuājiǔ 풍습이 있다.

여기에는 예부터 전해오는 전설이 있었는데, 이 전설은 남북조南北朝시기 양梁나라의 시인 오균吳均이 쓴 지괴소설『속제해기續齊諧記』에 나온다. 여남汝南(지금의 하남성 평여현河南省平輿縣)에 환경桓景이라는 청년이 비장방費長房을 찾아가 수년간 어려움을 견디며 유학을 하고 있었다. 비장방은 동한東漢시기의 방사9)이다. 어느 날 비장

---

9) 방사方士 또는 도사道士라고도 한다.

방이 환경에게 9월 9일에 고향에 큰 재난이 있으니 어서 돌아가 가족들을 구하라고 하였다. 가족을 구할 방법으로 산수유 꽃을 몸에 지니고 높은 곳에 올라가 국화주를 마시라고 하였고, 환경은 비장방의 말대로 고향에 돌아갔다. 그는 가족과 함께 산수유 꽃을 몸에 지니고, 높은 산에 올라, 국화주를 마시고 나서 해가 떨어진 후에 집으로 돌아왔다. 그때 산 아래의 모든 가축이 한 마리도 남김없이 죽어 있었다. 그 후부터 중양절이 되면 산수유 꽃잎을 지니고 높은 곳에 올라 국화주를 마시는 풍습을 지키게 되었다고 한다.

(2) 현대적 의미의 99 중양절 문화

강한 양陽의 기운을 뜻하는 九月九日jiǔyuèjiǔrì는 '길다, 오래다'의 뜻을 가진 '久jiǔ'와 발음이 같다. 이는 장수를 바라는 의미를 내포하고 있으며 1989년 중국 정부에서는 중양절을 경로절敬老節 jìnglǎojié로 지정하여 현재도 매년 음력 9월 9일은 경로절의 의미를 담고 있다. 그리하여 지역마다 노인을 대상으로 하는 다양한 행사를 열어 의미를 더욱 확대하였다.

이외에 높은 산을 오르는 대신 '높다'라는 의미를 가진 '高gāo'와 같은 발음인 '糕gāo떡'을 먹으며 만사형통을 기원한다. 또한 '연날리기放風箏fàngfēngzheng'도 길함과 행운을 띄운다는 의미로 해석되어 높이 날면 날수록 좋고 행운도 크다 하여 중양절에 주요한 민속풍습의 하나로 꼽힌다.

알아두면 재미난 당나라 왕유王维의 시

九月九日憶山東兄弟

獨在異鄉為異客,
dú zài yì xiāng wéi yì kè,

每逢佳節倍思親。
měi féng jiā jié bèi sī qīn。

遙知兄弟登高處,
yáo zhī xiōng dì dēng gāo chù,

遍插茱萸少一人
biàn chā zhū yú shǎo yī rén

홀로 타향에서 외지인이 되니,
매번 명절을 맞을 때마다 고향에 대한 그리움이 배가 되는구나.
멀리 있는 형제들이 높은 산에 오를 것인데,
산수유 꽃잎을 머리에 꽂은 사람 한 명이 비는구나.

출처 : baidu.com

중국 현대기념일의 풍습과 언어 문화

1 여성의 날(3·8 婦女節)

중국에서 3월 8일은 여성의 날로 '三八婦女節 sānbāfùnǚjié'라 한다. 3월 8일은 세계 여성의 지위 향상을 위한 날로, 1908년 3월 8일 미국의 여성 노동자들이 열악한 작업장에서 화재로 숨진 여성들을 기리며 궐기한 것을 기념하는 날이다.

당시 노동자들은 근로여건 개선과 참정권 보장 등을 요구하였고

抗日戰爭 출처: baidu.com

이후 유엔은 1975년을 세계 여성의 해로 지정하고 1977년 3월 8일을 특정해 세계 여성의 날로 공식화하였다.8

(1) 三八婦女節는 어떻게 퍼졌을까?

지금은 중국 여성의 권익이 높아졌지만 농업 국가였던 중국에서는 예부터 여성의 지위가 매우 낮았다. 남녀불평등의 문제가 매우 심각한 수준이었으며, 1922년부터 세계(국제) 여성의 날을 기념하기 시작하여 여성단체들의 활동이 시작되었다. 1949년 12월 중국 정부의 최고 기관인 중앙인민정부정무원中央人民政府政務院에서 3월 8일을 특정해 부녀자의 날을 기념일로 지정하고 부녀자들에게 반나절의 휴가를 주기 시작하였다. 그리고 모택동이 1955년 여성연합회에서 발표한 남녀평등을 주장하는 글을 읽고 "婦女能頂半邊天 fùnǚnéngdǐngbànbiāntiān10)"이라며 여자도 남자 못지않게 영향력을 발휘할 수 있다는 의미의 구호를 외쳐 전국적으로 여성해방을 강조하

三八婦女節 출처 : baidu.com

---

10) 婦女能頂半邊天 fùnǚnéngdǐngbànbiāntiān : 하늘의 반은 여성이 떠받치고 있다.

였다. 모택동의 이 구호는 아직도 많이 사용되고 있다.

또한 三八婦女節가 점점 확산되어 지금은 여왕, 여신의 의미인 女王節nǚwángjié, 女神節nǚshénjié등으로 표현되고 있다.9

(2) 중국 三八婦女節 만의 독특한 행사

중국 부녀자의 날에 여성 근로자들은 공식적으로 하루를 쉬거나 반나절만 근무한다. 마트나 온·오프라인 쇼핑몰에서는 세일을 뜻하는 打折dǎzhé라는 팻말을 내걸고 여성 고객을 대상으로 대대적인 할인 행사를 진행한다. 특히 이날은 여성용품들이 일 년 중에 가장 저렴하게 판매되는 날이기도 하다. 병원에서도 할인이 적용되고 회사에서는 보너스가 나온다.

大肚子媽媽 출처 : baidu.com

또한 이 날에는 여성단체의 주관으로 공공장소에서 어린아이와 남성들을 대상으로 '大肚子媽媽dàdùzimāma'라는 일일체험을 진행한다. 이는 옷에 동그란 박을 넣고 임산부의 고충을 헤아려 보도록 하기 위한 이벤트이다. 학교에서도 아이들에게 이날에 대해 가르치고 체험하게 하며, 남편들은 아내에게 보너스를 보내거나 선물을 통해 이날의 주인공인 여성들을 축하해준다. 여기서 부녀자란 18세 이상의 여성을 말하지만, 중국 어머니의 날과 구별되어 있다. 또한, 요즘 젊은 여성들에게는 부녀자의 날의 하루 전날인 3월 7일을 '女生節nǚshēngjié'이라고 해서 젊은 미혼여성과 여학생을 위한 이벤트를 준비한다.

알아두면 재미난 三八婦女節 축하 메시지

三八婦女節가 되면 남성들이 여성들에게 다음과 같은 축하 메시지를 전한다.

三八節到, 短信給力, 祝福送到, 願你開心。放下工作, 扔掉家務, 樂子享受。
Sānbājié dào, duǎnxìn gěilì, zhùfú sòngdào, yuànnǐ kāixīn. Fàngxià gōngzuò, rēngdiào jiāwù, lèzi xiǎngshòu.
3.8절이 돌아오면, 메시지를 보내, 축복을 전하고, 당신이 즐거워지길 바랍니다. 회사 일은 내려놓고, 집안일도 벗어 던지고, 느긋하고 여유롭게, 자신만의 시간을 즐기세요.

又是一個三八節, 你又是在享受全世界給你的福利。沒有太陽, 花朵不會開放, 沒有婦女也沒有愛, 沒有母親, 既不會有詩人, 也不會有英雄。
Yòushì yígè Sānbājié, nǐ yòushì zài xiǎngshòu quánshìjiè gěi nǐ de fúlì. méiyǒu tàiyáng, huāduǒ búhuì kāifàng, méiyǒu fùnǚ yě méiyǒu ài, méiyǒu mǔqīn, jì búhuì yǒu shīrén, yě búhuì yǒu yīngxióng.
또 3.8절이네요. 전 세계가 당신에게 주는 혜택을 누리세요. 햇볕이 없으면 꽃이 피지 못하고, 여성이 없으면 사랑도 없고, 어머니가 없으면, 유명한 시인도 태어나지 못하고, 세계적인 영웅도 탄생하지 못합니다.

2 근로자의 날(5·1 勞動節)

매년 5월 1일은 국제 근로자의 날로, 근로자의 권익과 복지를 향상하고 안정된 삶을 도모하기 위하여 제정한 날이다. 세계 여러 나라에서 근로자의 연대와 단결을 과시하는 국제적 기념일로 정하여 80여 국이 함께 이날을 기념하고 있다. 중국에서도 노동절勞動節이라고 하여 3일을 법정 공휴일로 정하고 있다.

Haymarket affair 출처 : baidu.com

(1) 중국의 근로자의 날 유래

국제 근로자의 날International Worker's Day은 'May day', 'Workers day'라고도 불리며 1800년대 근로자들에 의해 시작되었다.

자본주의의 발달과 함께 성장한 독점기업은 국가권력과 결탁하여 근로자들의 노동력을 착취하였다. 이에 근로자들은 자신의 권익을 보호하기 위해 1869년 노동기사단을 결성한 후, 1886년 5월 1일에 미국노동조합총연맹을 설립해 8시간 노동제를 요구하며 총파업에

돌입하였다. 이 과정에서 경찰의 발포로 어린 소녀를 포함한 노동자 6명이 사망하였다. 다음날 이에 격분한 시카고 노동자 30여만 명이 경찰의 만행을 규탄하기 위해 시카고 헤이마켓Haymarket 광장에 집결하여 집회를 열었고 경찰과의 유혈사태가 벌어졌다.

이후 프랑스 혁명 100주년과 만국박람회를 기념하여 프랑스 파리에서 개최된 1889년 제2인터내셔널International[11])에서 미국 노동자의 8시간 노동을 위한 상황을 보고 받았다. 그리고 1890년 5월 1일 노동자 단결의 날로 정하여 8시간 노동쟁취를 위해 세계적인 시위를 결의하였다. 이후 전 세계 80개국 이상에서 노동자의 연대와 단결을 과시하는 국제적 기념일로 정하여 이날을 기념하고 국경일로 지정하고 있다.

중국은 5월 1일을 노동절勞動節Láodòngjié 혹은 五一節Wǔyījié라고 한다. 중국의 노동절은 1918년 중국 인민 노동절 행사로부터 시작되어, 혁명 지식인들이 상해, 소주 등 지역에서 사람들에게 노동절을 소개하는 전단지를 통해 세상에 알려지게 되었다.

勞動節 출처 : baidu.com

---

11) 제2인터네셔널은 사회주의계 근로자 및 사회주의 단체의 국제적 조직을 말한다.

1920년 5월 1일에 베이징, 상하이, 광저우 등 공업 도시의 노동자들이 거리에 나와 시위와 집회를 벌였다. 이대소李大釗는 중국 현대 문학 잡지인 『신청년新青年』에 五一節를 소개하는 글을 실었고 베이징北京에서 몇몇 청년들은 노동자들을 위해 「5월 1일 노동자선언五月一日勞工宣言」을 발표하며 이를 알리고자 하였다.

1949년 신중국이 설립되면서 5월 1일을 법정 노동절로 공식 지정되었는데, 당시에는 하루의 휴일을 지정하여 극장이나 광장에서 각종 행사를 열었다. 이후 1999년부터는 국경절, 춘절과 함께 노동절이 중국의 3대 황금연휴로 손꼽히며 7일의 연휴로 지정되어 아주 큰 기념일이 되었다. 그러나 2007년부터는 3일로 축소되었는데 주말이 포함하여 5일의 연휴가 되기도 한다.

중국의 노동절 시기에는 중국의 각 지역뿐만 아니라 중국과 가까운 거리의 한국, 일본, 동남아 국가들까지도 연휴를 맞아 여행을 온 중국 여행객들로 떠들썩해진다.

(2) 한국의 근로자의 날

우리나라는 일제 강점기였던 1923년 조선노동총연맹의 노동자들이 노동시간 단축, 임금 인상, 실업 방지를 주장하며 행사를 개최한 것으로 시작되었다. 1945년 해방 이후에는 조선노동조합 전국평의회의 주도하에 노동절 기념행사가 열렸다.

1958년 대한 노동조합 총 연맹한국노총의 전신 창립일인 3월 10일을 노동절로 정해 행사를 치러오다가 1963년 노동법 개정과정에서 그 명칭을 '근로자의 날'로 바꿔 기념하기 시작하였다.

노동절 출처 : naver.com

1964년 미국처럼 5월 1일을 법정 기념일로 정하고, 명칭은 '근로자의 날'로 유지되고 있다.

3 청년의 날(5·4 青年節)

青年節 출처 : baidu.com

1919년 제국주의와 봉건주의를 반대하는 청년들에 의해 신민주주의 혁명인 5·4운동이 시작되었다. 5·4운동을 일으킨 베이징北京의 학생들을 기념하는 날로 지금은 매년 5월 4일에 14세에서 28세까지의 청년들에게 반나절의 휴가를 주는 법정 기념일로 규정되어 있다.

5·4운동은 1919년 5월 4일 중국 베이징의 학생들이 일으킨 항일운동이자 반제국주의, 반봉건주의 혁명운동이다. 5·4운동은 제국주의와 봉건주의를 반대하는 애국 운동에 그치지 않고, 1917년 문학

혁명과 그 이후의 신문화운동의 경험을 더해 과학과 민주주의를 제창하는 문화 운동의 요소를 띤 광범위한 민중운동으로 발전하는 계기가 되었다.

당시 학생들은 '애국·진보·민주·과학'을 5·4운동의 핵심으로 외쳤으며 이것이 신민주주의 혁명의 시작점이 되었다. 베이징에서 시작하여 전국적으로 확산되었고 결국 굴욕적인 파리강화조약을 무효화하는 데에 큰 역할을 하였다.

五四精神 출처 : baidu.com

1949년 12월 23일, 중국 인민 정부에서 민족의 독립과 해방, 나라의 번영과 부강을 위하여 살신성인殺身成仁한 그들의 용감한 희생정신과 적극적인 노력을 기념하기 위하여 이날을 5·4청년절로 지정하여 기념하고 있다. 처음에는 청년의 나이를 정확히 명시하지 않은 14세 이상의 청년들이라고 명시하였으나 2008년 4월에 14세에서 28세로 규정하여 3억 명이 넘는 젊은 청년들을 위한 문화행사나 복지혜택을 제공하고 있다.

5·4 청년절에는 16세~18세를 대상으로 하는 성인식 문화행사를 개최한다. 이는 '인민소양교육활동'이라 하여 중화인민공화국에서 성년이 되면 갖추어야 할 기본적인 소양을 교육하고 국가를 부르고 공산당원들과 선배들에게 축복의 메시지를 받으며, 성년이 된 것을 선포하는 의식을 전개한다. 또한 성년 기념 앨범과 성년증을 수여한다. 또한 14세~28세의 나이에 직장을 다니는 사람은 반나절의 유급휴가를 받는다.

4 어린이날(6·1 兒童節)

중국의 어린이날은 6월 1일이며 중국어로 兒童節ÉrtóngJié, 六一兒童節LiùYī Értóngjié, 國際兒童節Guójì Értóngjié라고도 불린다. 이 날은 중국뿐만 아니라 여러 나라가 어린이 날로 지정하여 기념하고 있는 국제 어린이 날이다.

兒童節 출처 : baidu.com

(1) 어린이날의 유래

국제 어린이날은 체코의 리디체Lidice란 마을에서 독일 나치에 의해 저질러진 아동 학살에 그 기원을 두고 있다. 1942년 나치의 고관이 암살당하는 사건이 발생하자 나치는 그 보복으로 프라하 부근의 작은 마을인 리디체를 타깃으로 그 마을의 갓난아이, 어린아이, 부녀자 할 것 없이 모두를 학살하였다. 이날이 바로 1942년 6월 1일이었다. 사실 이 마을은 암살사건과는 아무런 관련이 없었다. 말 그대로 무고한 양민들이 영문도 모르고 학살당한 참담한 사건이었다.10

그 후 1949년 11월 국제여성연합회가 모스크바에서 이사회를 열어 제2차 세계대전 당시 사망한 어린이들을 애도하고 그들의 권리를 보호하기 위해 6월 1일을 국제 어린이날로 제정하였다.

중국은 1931년 상하이중화자유협회上海中華慈幼協會에 의해 최초로 어린이날이 건의되었다. 당시 민국 정부 교육부에서 어린이날 기념방법을 제정하여 1932년 4월 4일을 제1회 중국 어린이날로 지정하였지만, 중화인민공화국이 설립된 후에는 국제 어린이날과 통합하도록 하였다. 그리하여 1950년 6월 1일 제1회 어린이날 기념식이 개최되었다. 그러나 홍콩과 대만은 초기에 제정된 어린이날의 영향으로 지금도 여전히 4월 4일을 어린이날로 기념하고 있다.

61兒童節 출처:7788.com

(3) 중국 어린이날 문화

중국은 어린이날이 법정 공휴일이 아니라 만 14세 이하 어린이들에게만 하루 휴가를 주는 것으로 규정되어 있다. 그러나 이날을 기념하기 위해 중국에서는 다양한 행사들이 열리고 자체적으로 휴가를 주는 회사도 있다.

중국 정부는 소외 계층이나 장애가 있는 어린이들을 위한 자선행사를 진행하며 학교에서는 학예회나 운동회, 소풍 등의 다양한 행사를 개최한다.

또한, 가정에서는 우리나라와 마찬가지로 외식을 하거나 부모님으로부터 어린이날 선물을 받는다. 중국의 어린이들도 일 년 중 이 날을 손꼽아 기다린다. 특히, 1980년부터 시행된 산아제한정책인 계획생육計劃生育12)으로 인해 어린이들은 소황제小皇帝로 불리고 있으며, 이날 더욱 특별한 대접을 받는다. 예로부터 농경민족으로서 다산을 큰 축복으로 여기고 인구가 힘이라는 생각을 가지고 있었던 중국인들이 1가구 1자녀 정책으로 하나뿐인 아이를 위해 온 가족들이 분에 넘치는 사랑을 쏟아 붓기 때문이다. 그리하여 중국에서는 어린이날을 다른 말로 '6·1 소비의 날'이라고 부른다. 이날을 전후로 중국인들이 아이를 위해 엄청난 소비를 하기 때문이다. 매년 어린이날이 다가오면 아동복, 학용품, 도서, 장난감까지 어린이 관련 산업 매출액이 급증하여 키즈경제 붐을 일으키기 때문이다. 중국의 어린이 산업은 불황이 없다는 말이 나올 정도로 키즈 산업은 거대한 소비 잠재력을 가지고 있다. 중국인들의 생활수준 향상과 한 자녀에 대한 과도한 애착이 키즈 산업 소비의 주요 동력이라 할 수 있다.

61兒童節 출처 : baidu.com

이러한 현상은 80後, 90後로 대표되는 80년대와 90년대 태어난 소황제들이 지금은 부모가 되어 중국의 소비 주역으로 활동하고 있는 것이 주요 요인이라 할 수 있다. 이들은 유학파, 정보화로 대변되

---

12) 계획생육計劃生育은 중국의 출산정책을 말하며 1980년부터 도시 거주자를 대상으로 '한 자녀 정책'이 시행되었다. 최근 중국은 두 차례에 걸쳐 출산정책을 완화하였고, 2015년부터는 두 자녀 출산이 전면적으로 허용되고 있다.

는 자유분방한 세대로서 게임과 동영상을 즐기고 중국의 기성세대와는 다른 성격을 지니고 있다. 중국의 소황제 부모들은 유행에 민감하고 소유욕이 강해 거금을 주고 명품을 구매하는데 주저함이 없으며 자기들의 소황제들을 위해서 과감한 소비를 하고 있다.

지금 중국 가정은 '4+2+1'로 구성되어 있다고 할 수 있는데, 외조부모 4명, 부모 2명 아이 1명이라는 뜻이다. 그리하여 심지어 이 날 손주와 함께 보내기 위해 조부모와 외조부모 간에 아이 쟁탈전이 벌어지기도 한다는 웃지 못 할 에피소드도 종종 발생한다.

비록 2015년 10월, 35년 간 지속되어 온 1가정 1자녀 정책이 역사 속으로 사라지게 되었으나 젊은 세대들은 양육비와 교육비 등의 경제적 부담으로 인해 여전히 둘째 출산을 기피하고 있다.

소황제 VS 어둠의 아이들

중국인들은 1979년에 결정된 1가정 1자녀 정책으로 외동딸, 외동아들을 위해 온 가족들이 분에 넘치는 사랑을 쏟아 부었다. 이 결과 어린 자녀들은 집안에서 황제처럼 성장하게 되는데, 이들을 소황제小皇帝라고 부른다.

61兒童節, 출처 : baidu.com

반면, 산아제한 정책으로 인해 호적이 없는 아이들이 있기도 하다. 이들은 자녀가 이미 있음에도 전통적인 사상으로 대를 잇기 위해서나 일손 확보를 위해 여러 명을 출산하였으나, 법률로 인하여 공식적으로 아이를 호적에 못 올리는 경우이다. 이들은 중국에 살고 있으나 중국 국민으로 인정받지 못하며, 어둠의 아이黑孩子hēiháizi이라고 불린다. 이들은 출생신고조차 하지 못하고, 교육의 기회도 없이 성장하고 있다. 통계조차 내지 못하는 실정이라 전국에 몇 명이나 되는지도 알 수 없다.

5 군인의 날(8·1 建軍節)

8월 1일 건군절은 중국 인민혁명군사위원회에서 중국인민해방군中國人民解放軍의 건군을 기념하고자 규정하였다. 중국에서는 이 날을 建軍節Jiànjūnjié 혹은 八一建軍節Bāyī Jiànjūnjié이라고 한다.

이날은 법정 기념일로 현역 군인들에게 반나절 휴가가 주어진다. 또한 회사, 단체, 국가기관 등에서 건군절을 기념하는 각종 문화행사를 개최한다. 대표적으로는 각 성省이나 자치구, 직할시에서 일반인을 대상으로 진행하는 국방교육 홍보 행사가 이루어진다.

8·1건군절은 1933년 7월 11일 중국소비에트공화국 임시중앙정부가 6월 30일에 건의하여, 8월 1일을 중국공농홍군中國工農紅軍의 성립 기념일로 지정하였다. 중국공농홍군은 1927년 8월 1일 남창南昌 봉기 이후 탄생한 중국 공산당 산하의 군대이며, 중일 전쟁과 제2차 국공 내전 중에는 팔로군八路軍, 신사군新四軍으로 일컬어지다가 1947년에 중국인민해방군中國人民解放軍으로 개칭되었다.

建軍節 출처 : baidu.com

    1933년 8월 1일 서금瑞金13)에서 처음으로 8·1기념일을 거행하였다. 그리하여 남창은 군기를 떠오르게 한 곳이며, 서금은 81건군절을 탄생시킨 곳이라고 할 수 있다.
    1949년 6월 15일 중국인민혁명군사위원회가 八一bāyī를 중국인민해방군 군기의 로고로 지정하였고 중화인민공화국 성립 후 중국인민해방군 건군 기념일로 명칭을 변경하였다. 중국인민해방군은 2023년 8월 1일에 건군 96주년을 맞이하였다.

6 건국의 날(10·1 兒童節)

    10월 1일은 중화인민공화국 건국 기념일로 중국에서 國慶節Guóqìngjié, 國慶日Guóqìngrì, 十一Shíyī, 國慶黃金周Guóqìnghuángjīnzhōu라고 불린다.

---

13) 서금瑞金 : 중국 강서성의 만부 복건성과의 경계에 있는 작은 도시로 1934년 11월 장정이 비롯될 때까지의 혁명의 근거지였음.

(1) 국경절 유래

1949년 10월 1일 중화인민공화국 중앙인민정부를 설립 후 베이징 천안문광장에서 성대한 경축 행사를 거행했다.

1949년 10월 9일 중국 인민정부 협상 회의 제1차 전국위원회가 제1회 회의를 개최하여 국경절을 기존의 10월 10일에서 중화인민공화국이 설립된 10월 1일로 변경하는 의견을 제시하였다. 이에 국경일 변경안을 검토하게 되었고 중앙인민정부에서 투표를 진행하게 되었다.

이후 1949년 12월 2일 중앙인민정부 위원회 제4회 회의에서 10월 1일을 국경절로 변경하는 안이 채택되어 1950년 10월 1일부터 중화인민공화국의 건국기념일 변경되었다.

1950년부터 매년 10월 1일은 중국의 모든 민족이 함께 경축하는 성대한 국경절을 지낸다.

國慶節 출처 : sohu.com

(2) 국경절 문화

① 대형화단 大型花壇

매년 국경절에는 천안문광장 중심에 지름 50m 높이 15m의 대형화단을 배치한다. '조국에 축복을'이라는 의미의 문구 '祝福祖國 zhùfúzǔguó'을 화단의 중심에 놓고, 모란꽃, 목련꽃, 부용꽃, 월계수 등으로 가장자리를 메우고 있다. 또 화단의 평면 부분에는 길상吉祥과 평안함을 의미하는 여의如意14)의 무늬로 구성되어 있으며, 꽃바구니의 몸체 표면에는 중국의 매듭 문양과 중국의 꿈이라는 의미의 中國梦 Zhōngguómèng 글자가 새겨져 있다. 이 대형화단은 매년 국경절 전날 배치한다.

國慶節 출처 : xinhuanet.com

② 모택동 주석 초상화 主席畫像

천안문광장 벽면에 걸려있는 높이 9m 폭 4.6m, 액자를 포함한

主席画像(왼쪽 수정 전, 오른쪽 수정 후) 출처 : sohu.com

---

14) 여의如意 : 장식물의 일종.

무게는 1.5톤에 달한다. 아시아 전체에서 가장 큰 초상화이다.

천안문에 걸린 모택동 주석의 초상화는 일 년에 한 번, 국경절 행사가 시작되기 전에 초상화를 수정 또는 보정하는 작업을 진행한다. 1949년부터 2018년까지 총 8번의 초상화가 교체된 바 있다. 초상화는 화가 왕국동王國棟의 작품이다.

③ 열병식閱兵儀式

신중국 설립 후 중국 인민 정부 협상 회의에서는 국경절에 진행하는 열병식閱兵儀式yuèbīngyíshì을 가장 중요한 행사 중 하나로 손꼽는다. 중요한 해나 기념해야 할 기념일이 있는 해에는 어김없이 성대한 열병식을 거행하였다.

1949년부터 1959년 사이에 11번, 1984년 국경절 35주년 때, 1999년 국경절 50주년 때, 2009년 국경절 60주년, 마지막으로 작년 2019년 10월 1일 국경절 70주년 기념으로 거대한 열병식을 치렀다.

閱兵儀式 출처 : sohu.com

④ 국기 게양식升旗儀式

매년 국경절 아침 6시 10분에 중화인민공화국 국기 게양식을 진행한다. 매년 국기 게양식을 직접 현장에서 참여하는 관중만 약 11만 명이다.

升旗儀式 출처 : www.huaban.com

⑤ 황금연휴國慶長假

1999년부터 국경절은 대륙의 '黃金周'라 불리우는 황금연휴이다. 국경절의 법정 공휴일은 3일이지만, 앞뒤로 있는 주말을 조정하여 연이어 7일 간의 연휴를 갖는다. 이후 2014년부터 중국 국무원에서 10월 1일부터 7일까지를 휴일로 규정하고 그 전주 일요일과 그다음 주 토요일을 영업일로 변경하였다.

國慶長假 출처 : www.huaban.com

이 기간에는 중국 대륙 내에 민족대이동이 있을 뿐만 아니라 주변국까지도 많은 사람들이 이동한다. 또한 많은 중국인이 국경절과 춘절 기간이 결혼식을 올리기에 가장 적합한 시기라고 여긴다. 왜냐하면 이 두 시기는 1년 중 가장 긴 연휴 기간으로 전국 각지에 흩어져있던 온 가족들이 모이기 때문이다.

7 현대적으로 재해석 된 칠석절(7·7 七夕節)

매년 음력 7월 7일은 중국 전통명절인 칠석절七夕節Qīxījié이다. 칠석절은 중국 한漢나라 시대부터 시작되었다. 전설에 의하면 매년 음력 7월 7일 밤에 견우와 직녀가 하늘의 오작교에서 만나는데, 이는 견우와 아름답고 총명하며 마음씨도 곱고 손재주까지 뛰어난 선녀 직녀의 사랑 이야기다. 한漢나라 시대부터 시작된 칠석절은 여성들이 하늘에 있는 직녀에게 아름다움과 지혜로움, 그리고 선녀와 같이 뛰어난 손재주를 달라고 기도한다. 그래서 기술을 구걸한다는 의미인 乞巧節qǐqiǎojié이라고도 한다.

七夕節 출처 : baidu.com

2006년 5월 20일 중국은 칠석절을 제1기 국가 무형문화유산 명단에 등재하였고, 지금의 칠석절은 중국의 발렌타인데이로 불리며 많은 젊은이의 사랑을 받고 있다.

(1) 칠석절의 유래와 풍습

전설에 의하면 하늘의 천제 손녀인 직녀는 베를 잘 짰다고 한다. 그녀는 매일 하늘에서 노을을 짜고 지내곤 하였는데, 그녀는 점점 지루한 일상생활이 싫어졌다. 이윽고 그녀는 천제 몰래 속세인 인간 세상으로 내려갔다. 인간 세상으로 내려온 그녀는 우연히 만난 견우와 사랑에 빠지게 되었고 곧 그와 결혼하였다. 견우는 농사를 짓고 직녀는 베를 짜며 아이들도 낳고 행복한 나날을 보내고 있었다. 얼마 후 이 일이 하늘의 천제에게 알려졌고 몹시 화가 난 천제는 직녀를 다시 천궁으로 데리고 가버렸다.

그 후, 천제는 견우직녀에게 헤어지기를 명하였고 매년 7월 7일 오작교에서 단 한 번만 만날 수 있도록 허락하였다. 견우와 직녀의 굳은 사랑은 까치와 제비까지 감동하게 했고, 천만 마리의 새들이 날아와 무지개다리를 만들어주어 견우와 직녀가 은하의 만남을 도왔다.

훗날 매년 음력 7월 7일은 견우와 직녀가 서로 만나는 날이 되었다. 여성들은 달빛 아래서 별을 바라보며 견우성과 직녀성을 찾아 그들의 만남을 볼 수 있길 기대하였다. 또 직녀와 같은 마음과 손재주, 그리고 아름다운 결혼을 할 수 있기를 하늘에 기도하면서부터 지금의 칠석절이 생겨났다.

七夕節 출처 : baidu.com

직녀는 베를 잘 짜고 손재주가 뛰어났다고 전해져 이와 관련된 풍습이 생겼는데, 바늘귀에 실 꿰기, 거미줄에 거미 올려놓기, 바늘 던지기, 솜씨 겨루기, 밀이나 녹두, 완두 등의 곡식을 물에 담가 두었다가 칠석 당일 빨강 및 파랑 색실로 묶기, 책과 옷 말리기, 견우와 직녀에게 제사 지내기 등이 있다. 요즘은 견우직녀의 전설에 사랑을 상징하는 의미가 부여되면서 자신의 사랑이 이루어지길 기원하는 풍습도 생겨났다. 또한 이런 풍습들은 일본, 한국, 베트남, 싱가폴 등으로 전파되어 가족들이 함께 모여 즐기는 중요한 명절로 자리 잡았다.

(2) 한국의 칠석절 문화

한국 문학가 최남선은 『조선상식朝鮮常識』에 칠석은 원래 중국의 풍습이었는데 훗날 한국에 전래되었으며, 고려 31대 공민왕은 칠석에 몽골 왕후와 함께 견우와 직녀 성에게 제사를 지내고 백관들에게 녹봉을 나누어 주었다고 하였다.

한국 칠석의 가장 대표적인 풍습은 여성들이 자신들도 직녀처럼 현명하고 좋은 솜씨를 가지고 베를 더 잘 짤 수 있게 해 달라고 기도하는 것이다. 당일 새벽 여성들은 참외, 오이 등 야채와 과일들을 탁자에 올려놓고 절을 하면서 베를 짜는 솜씨가 더 좋

七夕節 출처 : xinhua.com

아지게 해 달라고 빌었다. 또 제단에 정화수를 올려놓고 가족과 지인들의 평안을 기원하는 제사를 지내기도 하였으며 일부 지방에서는 풍작을 기원하는 제사를 지내기도 하였다. 한국은 칠석 음식도 매우 중요하게 여겼으며 전통 음식으로는 국수, 메밀 부침개, 떡 등이 있다.

알아두면 유용한 일본의 칠석절 문화

일본 역시 매년 양력 7월 7일에 칠석절을 지낸다. 일본에서의 칠석절은 사랑을 이루어달라고 기도를 하는 날이 아니라, 여성들이 좋은 손재주를 갖게 해 달라고 비는 날이다. 일본은 한국보다 칠석절을 더 중시하는데, 일본 각지에

七夕節 출처 : xinhuanet.com

서 매년 여름 칠석제七夕祭를 개최한다. 일본인들은 이날 전통 의상을 입고 노래하고 춤을 추며 흥겨운 시간을 보낸다.

8 Single's day(11·11 光棍節)

광곤절光棍節Guānggùnjié[15])은 중국의 젊은 사람들이 지내는 일종의 기념일로 솔로들을 위한 날이다. 광곤光棍은 빛나는 막대기라는 뜻이며, 양력 11월 11일은 막대棍子 같은 모양의 숫자 1이 4번 겹치는 날이기에 광곤절光棍節이라 한다. 또는 11이 두 번 겹쳐 雙十一 Shuāngshíyī라고도 한다. 이날은 매출액을 기준으로 전 세계에서 가장 큰 소비가 있는 날이다.

光棍節 출처 : baidu.com

광곤절은 현대에 새로 생긴 일종의 기념일로 대략 90년대 초반부터 지내기 시작하였다. 그 유래로는 여러 종류가 있지만, 대표적인 것은 중국 남경에 있는 고등학교에서 솔로를 위로해주고 챙겨주던 데에서 비롯되었다고 본다. 이날 솔로들을 위해 파티를 열고 선물을 교환하는 풍습은 중국 전역 젊은이들에게 빠르게 전파되었다.

중국의 전자상거래업체 알리바바는 이를 광고로 활용하여 쇼핑의

---

15) 한국에서는 중국어 발음 'Guānggùnjié' 그대로 읽는 '광군제' 또는 '빼빼로데이'로 알려져 있다.

날인 购物節Gòuwùjié로 변화 발전시켜 오늘날의 광곤절은 대대적인 쇼핑의 날이 되었다. 2017년에는 하루 만에 미국의 블랙프라이데이 매출을 뛰어넘으며 세계인들의 주목을 받고 성장하였다. 지금은 매출액을 기준으로 전 세계에서 가장 큰 소비가 있는 날이다.

주석

1 호정준(2017), 「중·한 설날 세시풍속 비교 연구」, 국내석사학위논문 선문대학교 대학원, pp.9~12.
2 LI HONGZHOU(2020), 「한·중 명절 전통놀이 언어 문화 비교 연구 – 정월 대보름과 원소절을 중심으로」 국내석사학위논문, 충북대학교, p.15.
3 http://chinafocus.mk.co.kr/m/view.php?category=&no=180
4 https://m.blog.naver.com/PostView.naver?isHttpsRedirect=true&blogId=chinacreator&logNo=221218927287
5 https://blog.naver.com/nanjing79/221245987024
6 尚秉和(1986), 『歷代社會風俗事物考』, 臺灣 : 商務印書館, 6版, p448.
7 장정룡(2006), 「단오절 龍舟文化의 연원과 실제」, 『중앙민속학』, (11), pp.100-101.
8 https://blog.naver.com/kjjoa/222667736110
9 김수현 외(2020), 『용어로 보는 중국문화 이야기 다락방』, 경기 고양 : 학고방, pp.250-251.
10 http://www.efnews.co.kr/news/articleView.html?idxno=84829

PART 04
색채

색깔 출처 : pexels.com

1. 색채에 대한 중국의 전통
2. 언어 표현에 나타난 색채

색채에 대한 중국 전통적인 인식

- 중국인들은 어떠한 색깔을 좋아할까?
- 중국인들은 어떠한 색깔을 싫어할까?
- 중국에서 각각의 색깔이 가지는 의미는 무엇이 있을까?
- 색채어와 관련된 언어 표현은 무엇이 있을까?

어떠한 색을 보기 위해서는 반드시 빛이 필요하다. 한 사물에 빛이 비추어지면 그 사물은 일정한 색을 띠게 되고, 우리는 그 색을 지각하여 언어로 표현할 수 있다. 그러나 우리는 어떠한 색을 지각하여 언어로 표현할 때 그 표현 방식이 서로 상이할 수 있음에 주목해야 한다. 즉, 같은 색을 지칭함에도 한국인과 중국인의 표현 방식이 상이할 수 있고 그 색에 내포되어 있는 상징성 또한 다를 수 있다는 것이다. 언어는 한 사회를 이루는 문화의 결정적인 요소이며 인간의 사고와 밀접하게 연관이 있기 때문에, 색과 관련된 표현을 살펴보는 것으로 해당 언어를 사용하는 사람들의 문화와 사상을 엿볼 수 있다. 이처럼 색을 나타내는 어휘, 즉 색채어는 본래의 색을 나타내는 원초적인 의미 외에도 해당 사회 혹은 국가의 역사와 문화라는 배경 안에서 다양한 상징성을 내포하고 있다. 그렇기에 색채어에 내포되어 있는 상징성을 이해하는 것은 해당 국가의 문화와 역사, 생활양식 등을 이해하는 하나의 방법이 될 수 있다.

중국의 색채어 역시 중국인의 문화와 사상이 반영되어 있다. 각 색깔마다 상징적인 의미를 지니고 있으며, 시대에 따라 그 의미도 변화하고 확장되었다. 예를 들어, 중국 역대 왕조는 서로 다른 색깔을 선호하였다. 하夏나라는 푸른색青色을, 상商나라는 하얀색白色을,

주周나라는 붉은색赤色·紅色을, 진秦나라는 검은색黑色을, 한漢나라 이후 수隋·당唐·송宋·원元·명明·청淸나라 모두 붉은색을 숭배하였다.[1] 이처럼 각 왕조마다 다른 색을 선호하였던 이유는 무엇일까? 그리고 중국어의 색채어 안에는 중국의 역사와 문화, 생활방식, 관념, 습관 등이 어떻게 내포되어 있을까? 먼저 중국의 전통적인 사고인 음양오행陰陽五行에 근거한 색채 의미와 그와 관련된 중국의 언어 표현 및 상징성에 대해 알아보도록 하자.

다양한 색깔(좌), 중국 문화와 색깔(우), 출처 : pexels.com

CHAPTER 1 색채에 대한 고대 중국인들의 인식

중국은 고대부터 색채와 관련된 고유의 인식이 존재하는데, 이는 '음양오행설陰陽五行說'과 관련이 깊다. 이 음양오행은 혼돈의 우주인 '태극太極'에서 음陰과 양陽으로 분리되며 오행五行으로 나무, 금, 불, 물, 흙의 요소가 정해진다. 그리고 오행은 오색五色과 하나로 연결된 우주로 보아서 각각 푸른색青色, 하얀색白色, 붉은색紅色, 검은색黑色, 황색黃色을 의미한다. 다시 말해, 중국인들에게 있어서 이 다섯 가지 색은 그 자체로서 지니는 의미와 음양오행과 연상작용을 일으켜 파생적 의미를 갖는다.[2] 또한 고대 중국인들은 색채를 공간과도 연관시켰는데, 이를 오방五方이라고 한다. 즉 동東쪽을 푸른색青色, 남南쪽을 붉은색紅色, 서西쪽을 하얀색白色, 북北쪽을 검은색黑色, 중앙中을 황색黃色으로 표현하기도 한다.

이처럼 중국인들에게 색채는 오행과 오색, 그리고 오방으로 연결되어 그 안에 많은 의미를 담고 있다. 그리고 이들은 오행설에 따라, 원색과 사물은 상생相生하여 서로를 보완해주기도 하며 혼합색은 사물이 상극相剋하여 서로를 배격하기도 한다.[3] 이러한 관념 하에서 중국어의 색채는 존귀와 비천, 정통과 비정통의 의미를 담고 있다.

그러면 중국의 색채에는 구체적으로 어떤 의미가 있는지 살펴보도록 하자.

1 황색

중국에서는 색채와 오행을 연결하는데, 오행의 토土는 '흙'을 의미하고 황색黃色과 관련이 있다. 황색은 동서남북을 아우르는 중앙의 색이자 만세불변 토지의 색이다.

황룡 출처 : google.com

이는 중국의 문명 발원지인 황하黃河Huánghé와 관련이 깊다. 중국인들은 황룡黃龍Huánglóng이라고도 불리우는 황하 유역에 살면서 황토를 경작하며 황미黃米huángmǐ를 먹고 황하물을 마시면서 중국 문화의 기틀을 형성하였다. 이처럼 황색은 만물의 기초인 '토지'를 상징하면서 중국인과 결코 떨어질 수 없는 색깔이자 중화민국中華民國을 대표하는 색이 되었다.

또한 고대의 오방五方 동, 남, 서, 북, 중앙 가운데 황색은 '중앙'을 나타내는데, 이는 한漢민족의 시조 가운데 헌원씨軒轅氏로 불리우는 황제黃帝가 늘 황색의 옷을 입고 황색 면류관을 썼다는 전설에서 기원하여 제왕의 색이 되었다.

1. 색채에 대한 고대 중국인들의 인식   125

알아두면 쓸모 있는 중국 색깔 이야기

황제 출처 : baidu.com

한漢민족의 시조인 황제黃帝는 누구일까? 황제는 중국 전설 속의 고대 임금으로 성은 공손公孫, 이름은 헌원軒轅이다. 그는 복희씨伏羲氏·신농씨神農氏와 함께 삼황三皇이라 불리우며 헌원의 언덕에서 출생하였기에 호는 헌원씨軒轅氏이다.

『한서漢書』에 따르면, 그는 중국을 통일해 국가를 세운 최초의 군주이며, 배와 수레를 만들어 백성들이 천하를 돌아다닐 수 있게 하였다. 또한 그는 문자, 의복, 거울 등의 문물을 만들어 중국 문명을 창시한 인물이라고 숭배받고 있다. 그는 염제炎帝와 치우蚩尤를 물리친 후, 신농씨神農氏를 대신해 연맹의 우두머리가 되었으며 그의 후손이 중국의 최초 왕조인 하夏나라를 세웠다고 한다.

수隋나라 이후 황제 대부분이 황룡포黃龙袍huánglóngpáo를 입었으며, 당唐나라 고조 이연李淵Lǐyuān 이후로는 일반 백성은 물론 신하들 또한 황색의 옷을 입을 수 없었다.[4] 이처럼 황색은 황제만의 색채로서 '신성함, 존엄, 숭배' 등의 뜻을 지니게 되었는데 이와 관련된 어휘로는 다음과 같다.

- 黃屋huángwū : 황제가 타는 마차
- 黃榜huángbǎng : 천자의 조서
- 黃門huángmén : 궁궐문, 관서
- 黃袍huángpáo : 천자의 옷

> **알아두면 쓸모 있는 중국 색깔 이야기**
>
> 황색은 황제를 상징하는 색으로 한漢나라부터 청淸나라에 이르기까지 모든 군주가 황색 도포를 입었다. 하지만 실제 중국의 역대 왕조에서 각각의 황제들이 선택한 황색은 조금씩 차이가 있다. 예를 들면, 수隋나라와 당唐나라의 황제가 입은 황색 도포는 '붉은 황색赤黃'이었으며, 송宋나라 황제의 도포는 '연한 황색淡黃'과 '갈색 계통의 황색赭黃'이었다. 그리고 청淸나라 황제의 도포는 '밝은 황색明黃'이었다.5

황색은 영원히 변하지 않는 황금을 뜻하기도 하여 '부귀, 영화, 존귀' 등을 상징한다. 그리하여 황제가 거주하는 궁전은 모두 황색 유리 기와를 사용하였으며, 궁내의 옥좌와 장식, 가마 등 모두 황색이었다. 한漢나라 때 황제를 보좌하던 관서를 '黃門huángmén'이라고 불렀다. 그리고 귀족들 역시 황금으로 장식한 장신구와 황금색 도구를 즐겨 사용함으로써 화려하고 아름다움을 나타내고자 하였다. 이러한 의미에서 파생된 어휘로는 다음과 같다.

- 黃金時間huángjīnshíjiān : 가장 좋은 시간(golden hour)
- 黃金時代huángjīnshídài : 황금시대(매우 좋은 시대)
- 黃金周huángjīnzhōu : 황금주일
- 黃道日huángdàorì : 길일

동한東漢 시기, 황색은 '황제'와 '노자老子'를 숭배하는 의미를 지니고 있었다. 그래서 도교의 도사들이 입는 도포와 도관 모두 황색이었다. 도교에서는 황색 종이 위에 잡귀를 물리치는 주문을 그려 넣어 제사에 사용하였다. 그리고 불교의 고승들이 입는 법복과 불당의 장식 역시도 황색이었다.

고대에는 황색 종이를 사용하여 정부의 문서임을 나타내기도 하였고 한 가문을 대표하는 호적을 만들기도 하였다. 또한 황색 종이는 역사책의 발간에도 이용되어 옛날 중국의 책력을 '황력黃曆 huánglì'라고도 하였다.

하지만 황색이 항상 긍정적인 의미만을 나타내는 것은 아니다. 황색이 황제의 색으로 상징되면서 일반 서민들에게는 선망의 색이 되었고 이는 선망을 넘어 도저히 넘을 수 없는 경계를 의미하기도 하였다. 그리하여 '실패, 계획을 실현할 수 없음'을 나타내는 의미로 사용되기도 하였다.

- 那笔買賣黃了。Nà bǐ mǎimài huáng le : 그 장사는 실패하였다.
- 这門親事就黃了。Zhè mén qīnshì jiù huáng le : 이 혼사는 깨졌다.
- 去歐洲旅游黃了。Qù ōuzhóu lǚyóu huáng le : 유럽여행은 물 건너갔다.

경극의 분장에서 황색은 보통 용맹하고 노련하며 사납거나 잔혹한 성격의 인물로 표현한다.

19세기 이후, 제국주의 중국 침략이 시작되면서 서양에서 유입되어 온 음란물, 통속소설, 잡지 등의 표지가 황색이었는데, 이 영향으로 황색은 '저급한 것'이라는 의미를 갖게 되었다. 이에 더 확장되어 황색은 '반동, 색정, 음란' 등의 부정적

경극(노란색)
출처 : baidu.com

인 의미로 파생되어 사용된다. 이처럼 황색을 통해 부정적인 의미를 나타내고 있는 어휘는 다음과 같다.

- 黄色書刊huángsèshūkān : 음란 출판물
- 黄色小說huángsèxiǎoshuō : 음란 소설
- 黄色電影huángsèdiànyǐng : 음란 영화
- 黄色舞廳huángsèwǔtīng : 성인 유흥업소
- 黄貨huánghuò : 황금제품/위조품 또는 가짜 물건

현재 컴퓨터와 인터넷 네트워크를 매개로 하여 유포되고 있는 음란물을 '電腦黃毒diànnǎo huángdú' 또는 '網絡黃毒wǎngluò huángdú' 라고 한다. 현재 중국에서도 이러한 음란물을 단속하고자 '掃黃辦公室sǎohuáng bàngōngshì'을 설치하여 전문적으로 음란물을 소탕하고자 노력하고 있다. 이렇게 음란물을 처리하는 작업을 '掃黃工作 sǎohuáng gōngzuò'라고 한다.[6]

2 붉은색

붉은색은 중국인들이 가장 선호하는 색으로 고대에는 적색赤色 chìsè, 주색朱色zhūsè, 주홍색朱紅色zhūhóngsè으로 불렸다. 붉은색은 '태양'과 '불'을 연상하게 하여 '광명, 따뜻함'의 이미지를 가지고 있다. 이러한 의미에서 더욱 확장되어 붉은색은 '행복, 경축, 기쁨, 정열, 성공, 행운' 등 긍정적인 의미를 지니고 있다.

붉은색과 중국 문화 출처 : freepik.com

- 朱門zhūmén : 귀족의 저택
- 紅貨hónghuò : 보석류

당唐나라 유명한 시인 두보杜甫의 시에서 "朱門酒肉臭, 路有凍死骨zhūmén jiǔ ròu chòu, lù yǒu dòng sǐ gǔ 부유하고 권세가 있는 집에서는 술과 고기의 썩는 냄새가 진동하고, 길에는 얼어 죽은 시체가 즐비하구나"라는 구절에서도 '朱門'은 부유하고 권세가 있는 집을 의미한다. 중국 건축 문화에 있어서 권문사대가의 건축물에는 주홍색의 색을 입혔는데, 이는 권력과 재물을 상징한다.7 그리고 고대 중국의 행정 기관의 건물 혹은 사무용품은 모두 붉은색과 관련이 있다. 가장 대표적인 것이 베이징北京에 있는 자금성紫禁城Zǐjinchéng으로, 자금성의 문과 벽은 모두 붉은색이다. 또한 과거에 황제가 각지에서 올라온 상소문을 확인하고 '朱砂紅zhūshāhóng'으로 자신의 의견을 적는 것을 '朱批zhūpī'라고도 하였다. 이때부터 붉은색으로 채점을 하는 문화가 시작되었다.

과거 봉건사회에서 정3품 이내의 고위 관리들은 짙은 붉은색의 옷을 입었다. 그리고 그 밑으로 정6품까지는 짙은 자주색 옷을, 말단 관리들은 청색이나 검은색 관복을 입었다. 즉, 붉은 계통의 옷을 입었다는 것은 고위직으로 '출세했다'는 행운과 경사를 의미한다. 이와 관련된 표현으로는 '大紅大紫 dàhóngdàzǐ'가 있는데, 이는 '붉은색 옷과 자주색 옷을 입고 총애를 받아 높은 자리에 올라 크게 출세하였다'는 뜻이다. 그리고 붉은색은 황제의 최측근을 의미하는데, 지금도 지도자에게 신임을 받는 사람을 '紅人 hóngrén'이라고 부른다.

중국 결혼식과 붉은색 1
출처 : pixabay.com

중국에서 결혼을 '紅喜事 hóngxǐshì'이라 하는데, 결혼할 때의 장식품은 대부분 붉은색이다. 신부는 붉은 드레스를 입고 붉은 면사포를 머리에 쓴다. 신랑은 붉은 리본으로 단장하고

중국 결혼식과 붉은색 2
출처 : istockphoto.com

가슴에 커다란 붉은색 꽃을 달아서 '경축, 행복, 즐거움'을 상징한다. 결혼식이 열리는 집에서는 '기쁨'을 상징하는 '喜'를 겹친 '囍 xǐ'로 장식하며, 손님들에게는 붉은색의 팥이 들어간 찐빵을 대접한다. 손님들 역시 축의금이나 결혼 선물을 준비할 때에는 붉은색의 종이나 천으로 포장하여 선물하는데, 이를 '紅包 hóngbāo'라고 한다.

아이를 출산하는 것도 큰 경사 중 하나로 '有喜 yǒuxǐ'라고 한다. 임산부는 붉은 계란을 먹고 붉은색 요대를 메어 태어날 아이에게 행운이 가득하기를 기원한다. 그리고 신생아를 '赤子 chìzǐ'라고 하는

데, 이는 아이가 막 태어났을 때 붉은색을 띠고 있어 '피, 생명'을 의미하기 때문이다. 그리하여 신생아가 태어나면 붉은색의 '産衣chǎnyī'를 입혀 아이가 건강하게 자라기를 기원한다. 이는 인생에서 가장 중요한 출생, 결혼, 출산의 3대 경사에서 모두 붉은색을 사용하여 길함을 나타내는 것이다.

신생아와 붉은색 출처 : pixabay.com

붉은색은 피를 상징하는 것에서 출발하여 '전투, 혁명'이라는 의미까지 내포하기도 한다. 이는 사회주의 체제를 나타내주는 중국의 특징이라고 할 수 있다.

- 紅色hóngsè : 혁명적
- 紅心hóngxīn : 사회주의 혁명에 대한 충성심
- 紅軍hóngjūn : 중국노동적군中國工農紅軍
- 紅領巾hónglǐngjīn : 붉은 삼각건, 홍소병(문화대혁명 시기의 소년선봉대)
- 思想紅sīxiǎnghóng : 혁명사상이 투철하다.

중국의 전통 명절 '春節Chūnjié'가 되면 집마다 대문에 붙이는 '對聯duìlián'과 '福fù'을 거꾸로 붙여 큰 복이 들어오기를 기원한다. 그리고 창문에는 붉은색 실을 걸고 문에는 붉은 전지 장식을, 대문에는 붉은색 등을, 밤에는 붉은색 초를 밝히며 붉은 폭죽을 터뜨린다.

이 외에도 붉은색은 '사업의 번창 및 발전, 순조로움, 성공, 원만함' 등을 의미한다. 그리하여 개업을 축하하거나 전시회의 개막, 준공식

중국 춘절과 붉은색 출처 : freepik.com

등에서 붉은색의 비단을 묶은 뒤 리본을 자른다. 이처럼 붉은색을 통해 긍정적인 의미를 나타내는 어휘는 다음과 같다.

- 紅利hónglì : 보너스
- 紅運hóngyùn : 행운
- 紅火hónghuǒ : 번창하다
- 開門紅kāiménhóng : 좋은 출발, 출발이 좋다. 시작이 좋다.
- 滿堂紅mǎntánghóng : 전면적인 승리(성공)를 거두다, 좋은 성과를 거두다.
- 紅到底hóngdàodǐ : 끝까지 승리하다, 마침내 성과를 거두다.

알아두면 쓸모 있는 중국 색깔 이야기

중국에서 좋은 시작과 더불어 마침내 성과를 거두게 되는 일련의 과정을 나타내는 '開門紅', '滿堂紅', '紅到底'를 한꺼번에 일컬어 '三紅sānhóng'이라고 한다.

그런데 이 '三紅'에는 또 다른 의미가 있는데, 이는 바로 중국의 암흑기인 문화대혁명文化大革命과 관련이 있다. 첫 번째로는

> 무산계급이 세운 정권이라는 뜻의 '紅色政權hóngsèzhèngquán', 두 번째로는 혁명을 일으킬 수 있는 무장 역량을 나타내는 '紅色長城hóngsèchángchéng', 그리고 마지막으로 혁명저인 사령부를 뜻하는 '紅色司令部hóngsèsīlìngbù'를 나타내기도 한다.

그리고 순조롭거나 성공 또는 환영을 받는다는 의미에서 파생된 어휘도 있다.

- **紅大人**hóngdàrén : 유명 인기인
- **很紅**hěn hóng : 인기 있다.
- **走紅**zǒuhóng : 잘 나간다. 인기가 많다.
- **紅星**hóngxīng : 인기 스타

성공하여 중요한 지위에 올라가면 남들의 부러움과 질투를 받게 되는데, 이처럼 붉은색으로 질투의 의미를 나타내는 어휘도 있다.

- **眼紅**yǎnhóng : 질투하다
- **紅眼病**hóngyǎnbìng : (병적으로) 시샘, 질투하다.
- **紅極一時**hóngjíyìshí : 어떠한 사건이나 인물이 일정 기간에만 유행하고 인기를 얻다.(인기가 오래가지 못한다)
- **紅脸**hóngliǎn : (화가 나거나 부끄러워) 얼굴을 붉히다.

경극의 분장에서는 붉은색의 가면은 충성스럽고 용감하며 강인한 품성의 인물을 상징한다. 그리하여 역사적으로 용맹한 인물들의 얼굴 분장은 대부분 붉은색으로 표현된다.

붉은색은 피의 색깔과 같기 때문에 악귀를 쫓으며 복을 부른다는 '驅邪招福qūxiézhāofú'의 의미를 가지고 있다. 그리하여 많은 중국인들은 12년마다 돌아오는 자신이 태어난 해인 '本命年běnmingnián'에는 악운이 집안에 든다는 민간신앙을 대부분 믿고 있다. 그래서 악운을 쫓기 위해 집안에 붉은색 물건을 걸어두거나, 붉은색 속옷과 양말을 신고 다닌다.

경극(붉은색)
출처 : baidu.com

王老吉
출처 : baidu.com

이처럼 중국인들의 붉은색에 대한 애정은 많은 중국 기업 이미지에서도 나타난다. 중국의 1000대 기업 중 30% 기업의 이미지는 모두 붉은색이다. 대표적인 성공사례로 붉은색 바탕의 디자인을 통해 중국 소비자들에게 긍정적인 이미지를 전달한 음료 '王老吉wánglǎoji'를 들 수 있다. 그렇기 때문에 중국 비즈니스에 있어서 중국인에게 선물할 때에는 붉은색 포장지 또는 황금색 포장지를 사용하는 것이 좋다.

3 푸른색

'푸르다'라는 표현을 들은 한국인들은 일반적으로 '초록'과 '파랑'이라는 색채를 동시에 떠올린다. 그래서 '하늘이 푸르다'라고 함과 동시에 '초원이 푸르다'라고도 표현한다. 그렇다면 중국인들은 푸른색을 통해 어떠한 색채를 떠올릴까? 중국에서는 음양오행설에 근거하여 '青'을 기본 색채어로 분류하고, 단어조합의 능력이 강하고 안정적인가에 따라서 다시 '녹색綠色lǜsè'과 '파란색藍色lánsè'으로 구분한다. 다시 말해 푸른색에 대하여 한국어는 녹색과 파란색 모두를 의미할 수 있는 반면, 중국어는 이보다 더 넓은 범위로 남색을 포함하기도 하며 문맥에 따라서는 흑색까지도 지칭할 수 있다.[8]

녹색과 중국 문화
출처 : baidu.com

파란색과 중국 문화 출처 : baidu.com

중국에서의 청색은 성장하는 모든 식물과 푸르름을 상징하였기에 고대 중국인들에게 환영받던 색이다. 청색은 '푸른 풀青草qīngcǎo'이나 '푸른 하늘青天qīngtiān'에서의 '青'은 자연의 푸르름을 의미한다. 또한 '젊은 성인 남자와 여자青春男女qīngchūnnánnǚ, 신체적·정신적으로 성장한 성인 남녀青年qīngnián'와 같이 '젊음'을 상징하기도 하고, '신선한 과일과 채소青果qīngguǒ'와 같이 '신선한 상태'를 의미하기도 한다. 다시 말해, 중국어에서 청색은 '자연, 젊음, 희망, 신선함, 평화, 평안, 안전'등의 의미를 지니고 있다.

보다 구체적인 예를 들어 살펴보도록 하자. 푸른색의 이미지 중 녹색은 '청명, 깨끗한 상태'를 의미하는데, 그 예로 '青山綠水 qīngshānlǜshuǐ'를 들 수 있다. 이는 깊은 산골짜기에 흐르는 맑은 물이라는 의미로, 푸른색이 '맑다, 깨끗하다'라는 이미지를 나타낸다. 이는 곧 자연적인 상태를 나타내는데, 이후 농업이나 환경의 의미까지 확대되었다.

- 綠色革命lǜsè gémìng : 농업기술 개혁 운동
- 綠色商品lǜsè shāngpǐn : 친환경 제품
- 綠地事業lǜdì shìyè : 자연 보호를 위해 나무를 심는 사업

녹색이 '자연적'이라는 의미를 내포하게 되면서 중국인들은 검고 윤택한 머릿결을 '綠髮lǜfà'라고 부르게 되었다. 이는 '綠'이 '자연적'이라는 의미를 갖게 되면서 중국인에게 있어서 가장 자연스러운 머리 색으로는 검은색이기에 '綠'이 검은색의 의미까지도 내포하게 되었을 것이라 추측할 수 있다. 또한 '青衣qīngyī'는 고대에 어린 하녀를 일컫는 말인데, 실제로는 푸른색의 옷이 아니라 검은색의 옷을 뜻하기도 한다. 이를 바탕으로 중국인들은 푸른색을 통해 검은색까지도 지칭하고 있음을 알 수 있다.

녹색은 대자연을 대표하는 색이라는 점에서 '건강하다, 생명' 등의 의미를 지니고 이에 더 나아가 '안전, 희망, 평화, 진정, 안심' 등을 상징하기도 한다. 그 대표적인 예로 안전통행의 신호를 녹색으로

표시한다. '푸른 신호등을 켜다開綠灯kāilǜdēng'는 교통 표지로서 통행 가능의 의미 외에도 상사가 부하에게 어떤 허가나 조건을 완화해 주는 의미를 가진다. 고대 민간에서는 학문의 운수를 주관하는 신이 있다고 믿었는데, 그가 바로 '문곡성文麯星Wénqǔxīng'이다. 문곡성이 녹색의 옷을 입고 있었기에 녹색은 '희망'과 '행운'의 의미를 지니게 되었다.

그러나 녹색 역시 부정적인 의미로 사용될 때가 있다. 조정에서 7품 이하의 하급 관리는 푸른색의 '青衫qīngshān'을 입게 하였다. 그래서 녹색은 신분이 낮고 비천하거나 불명예스럽다는 의미를 갖게 되었다. 그리고 송宋나라 시기 역시 녹색 옷은 지위가 낮은 사람들의 복장이었다. 원元나라 시기, 기녀는 반드시 보라색 의복을 입고 기생집에 종사하는 남성들은 모두 녹색 두건을 착용해야 하는 규정이 있었다. 명明나라 건국 후에는 기생에 대한 규정이 더욱 엄격해져서 기생집에 종사하는 남성 또는 기생의 가족들까지도 녹색 스카프碧綠巾bìlǜjīn나 녹색 모자를 착용하고 길 한 가운데로 통행하지 못하도록 하였다. 시간이 흐른 뒤에도 녹색 모자는 여전히 기생집의 남성을 상징하게 되었고 녹색 모자綠帽子lǜmàozi를 착용하면 배우자 또는 애인이 바람피운다는 의미로 자리 잡게 되었다. 이러한 특징은 문학 작품에서도 나타나는데, 명明나라 시기 낭영郞瑛의 『七修类稿』에서도 이와 같은 맥락의 내용을 발견할 수 있다.

吴人稱人薑有淫者为綠頭巾。
Wúrén chēng rén jiāng yǒu yín zhē wèi lǜtóujīn.
오나라 사람들은 부인이 음란하면 '녹색 두건'이라 불렀다.

그리고 경극 분장에서 녹색 가면을 이용하여 무모하고 흉악스럽고 난폭한 인물을 묘사한다.

그렇다면 푸른색의 이미지 중 파란색이 가지는 이미지는 어떠할까? 보통 파란색은 녹색과 마찬가지로 자연을 대표한다. 구름 한 점 없이 맑은 하늘을 가리켜 '深藍的天空shēnlánde tiānkōng'이라 하고, 아주 깨끗하고 맑은 바다를 가리켜 '深藍的大海shēnlánde dàhǎi'라고 한다. 이는 푸른색이 주는 이미지가 맑고 깨끗하다는 것에 기인하여 밝은 미래에 대한 계획 또는 힘찬 미래를 뜻하기도 한다. 예를 들어, '청사진藍图lántú'은 건설 또는 미래에 대한 계획이 있어 긍정적인 결과를 기대할 수 있다는 뜻으로 확장되어 사용된다. '청출어람青出於藍qīngchūyúlán'은 푸른색이 쪽에서 나왔지만 그보다 더 푸르다는 뜻으로, 제자가 스승을 능가하는 경우를 말할 때 사용한다. 푸른색은 솔직하고 공명정대함의 의미를 내포하기도 한다. 그 대표적인 예가 송宋나라의 포증包拯Bāozhěng인데, 그는 공정하고 청렴결백하여 '포청천包青天Bāoqīngtiān'이라고 불리었다.

경극(녹색)
출처 : baidu.com

4 검은색

검은색은 고대 중국인들에게 '존귀, 엄중함, 정직함, 사려 깊음' 등의 긍정적인 의미를 상징한다. 그리하여 하夏나라와 진秦나라 때에는 검은색을 숭배하였으며, 이 시기의 관복·예복·제복 모두 검은색이었다. 검은색은 '鐵色tiěsè'와 비슷한데, 철의 강함에서 비롯되어 위엄 있고 장엄하며 굳은 의지를 상징한다. 이는 곧 권위와 권력의 상징으로 표현되기도 한다. 그리고 불교가 중국에 전래되고 불자佛子는 검은색 승복을 입었는데, 이로써 검은색은 '침묵, 엄숙'을 상징하면서 엄숙하고 장엄한 이미지를 갖게 되었다. 또한 검은색은 아무것도 보이지 않는 '밤'을 뜻하기도

경극(검은색)
출처 : baidu.com

하는데, 빛이 없는 밤에는 어떠한 실체를 명확하게 파악하기 힘들기 때문에 공포를 느끼기도 하고 더 나아가 신비함을 연상하기도 한다. 그리하여 검은색은 두려움과 신비함의 이미지를 동시에 내포하고 있다. 경극에서도 검은색의 인물은 강직함, 공평무사함을 나타내는데, 일반적으로 정직하고 사심이 없고 의지가 굳은 용맹한 성격의 인물을 묘사한다.

선진先秦시대에는 범죄자들의 이마 또는 얼굴에 낙인을 찍거나 글자를 쓴 다음 먹물을 덧칠하였다. 그리하여 범죄자의 얼굴에 영원히 지울 수 없는 치욕을 남긴 것이다. '먹칠하다, 체면을 손상시키다 抹黑mǒhēi'는 이러한 의미에서 파생되었으며, 이후 검은색은 명예스럽지 못하다는 뜻을 지니게 되었다.

검은색은 광명과 상반되는 이미지로 '암흑, 사망, 간악, 음흉, 공포' 등의 부정적인 이미지를 갖고 있다. 문화대혁명 시기에는 검은색이 정치적으로 반혁명, 반동의 뜻과 연결되어 당시 비판받았던 모든 대상에 '黑'을 붙여 표현하였다. 이러한 의미에서 파생된 어휘는 다음과 같다.

- 黑幫hēibāng : 반동조직이나 구성
- 黑會hēihuì : 불법적인 비밀 모임
- 黑手hēishǒu : 검은손 또는 수단
- 黑心hēixīn : 흑심, 나쁜 마음
- 黑車hēichē : 불법 택시
- 黑貨hēihuò : 세금을 내지 않거나 밀수한 물건
- 黑市hēishì : 가짜 물건을 파는 시장, 암시장
- 黑孩子hēiháizi : 호적에 등록되지 않은 아이

5 흰색

흰색 출처 : freepik.com

　흰색은 '素色sùsè'라고도 하는데, 이는 구름이나 눈처럼 백옥과 같은 색이기 때문에 고대로부터 중국인들은 흰색을 '고결함, 순결함, 영롱함, 순수함, 고매함, 우아함' 등의 긍정적인 의미로 여겨왔다. 맑고 깨끗하다는 의미로 '맑고 사심이 없다清白無邪 qīngbáiwúxié', '선녀白鶴仙子báihè xiānzǐ' 등의 어휘가 파생되었다.

　흰색은 하얗기 때문에 '밝음'이라는 의미로부터 '대낮'이라는 시간적 개념으로 확장되어 사용하는데, 해가 떠 있는 밝은 낮을 의미하는 '白天báitaīn'이 대표적이다. 이렇게 '밝다'라는 의미에서 더 확

장되어 '옳다' 또는 '밝혀지거나 드러나다'라는 추상적인 의미까지도 표현한다.

- 你怎麼黑白不分呢？Nǐ zěme hēibái bùfēnne? : 너는 어떻게 옳고 그름을 분별하지 못하니?
- 這件事真相大白了。Zhèjiàn shì zhēnxiāng dàbáile. : 이번 일의 진상이 밝혀졌다.

흰색의 긍정적인 이미지는 동물을 대함에 있어서도 드러난다. 중국인들은 흰 사슴, 흰 학, 흰 늑대, 흰 제비, 흰 기러기 등의 흰색의 동물들이 상서롭다고 여겨 숭배하였다.

반면 한漢나라부터 송宋나라 시기까지 일반 백성들은 흰색 옷을 입었기 때문에 흰색은 '신분이 낮거나 비천하다, 우매하거나 간사하다, 얻을 것이 없다' 등의 부정적인 이미지도 가지고 있다. 고대에는 학식이 낮거나 지위가 낮은 사람을 '백정白丁báidīng'이라고 하였고, 가난한 사람들의 집을 '아무 색칠도 하지 않은 집, 초라한 평민의 집白屋báiwū'이라고 하였다. 그리고 과거에 급제하지 못한 사람을 '白身báishēn'이라 하면서 흰색이 '저급함, 무지함, 무능'의 의미까지 내포하고 있음을 알 수 있다.

- 白衣báiyī : 벼슬이 없는 사람
- 白痴báichī : 백치, 바보
- 白板天子báibǎn tiānzǐ : 자리만 차지하고 있는 무능한 사람
- 白面書生báimiànshūshēng : 글만 읽고 세상일에 경험이 없는 자
- 白字老先生báizìlǎoxiānshēng : 글자를 잘못 쓰는 사람, 제대로 교육받지 못한 사람

알아두면 쓸모 있는 중국 색깔 이야기

> 우리나라에서도 중국과 마찬가지로 타인의 죽음을 슬퍼하는 마음을 담아서 조의금弔意金을 하얀 봉투에 담아 보낸다. 즉, 한국과 중국은 모두 하얀색을 통해 '죽음'이 연상할 수 있다. 그런데 여기에서 중국과 한국의 색깔에 대한 문화적 차이가 있다. 한국에서는 지인의 결혼을 축하할 때 역시 하얀색 봉투를 사용하지만, 중국에서는 빨간색 봉투를 사용한다.

음양오행설에 근거하면 흰색은 서쪽의 색이며, 이는 곧 가을을 뜻한다. 가을에는 나무들이 겨울을 나기 위해 모든 나뭇잎을 떨어뜨리는데, 이는 곧 '죽음' 또는 '쇠락, 연로하다'의 의미로 파생되었다. 예를 들면 '백발의 노인白髮báifà', '부부가 함께 늙어 백년해로하다. 白頭偕老báitóuxiélǎo' 등이 있다. 흰색이 가지는 '쇠락'의 의미가 확장되어, 흰색은 죽음을 의미하기도 하여 금기시되는 색 중 하나이다. 예로부터 가족 구성원 중 한 사람이 사망하면 다른 가족들은 모두 흰 상복을 입고 영정을 흰색 방에 모셔두었다. 출상할 때에도 흰색의 기를 들고 흰 종이돈을 뿌리며 고인을 기리었다. 그래서 민간에서는 경조사를 '紅白事hóngbáishì'라고 하는데, 여기에서 붉은색은 결혼을, 흰색은 장례를 뜻한다.

중국 장례와 상복 출처 : baidu.com

흰색이 죽음을 뜻하면서 '흉하고 나쁘다'라는 의미를 상징하게 되고, 이는 또 '쇠퇴하다, 부패하다, 거역하다, 낙후되다' 등의 부정적인 의미로 파생되었다. 특히 흰색은 붉은색과 상반되어 '紅旗hóngqí'가 프롤레타리아 사상을 나타내는 반면, '白旗báiqí'는 부르주아 반혁명을 상징하여 비판하기도 하였다. 여기에서 더 나아가 전쟁에서 패한 쪽이 백기를 들고 투항하는 것과 같이 '헛수고, 실패, 아무런 효과나 성과가 없다' 등의 어휘로 파생되었다.

- 說白話shuōbáihuà : 빈말하다, 되는대로 지껄이다
- 瞎白話xiābáihuà : 허튼 소리하다, 함부로 말하다
- 白忙báimáng : 쓸데없이 분주하다.
- 白幹báigàn : 헛수고하다
- 白費力báifèilì : 헛되이 힘을 쓰다

흰색은 모든 빛을 반사하며 아무런 색도 없는 무채색을 가리킨다. 이러한 특성에서 흰색은 '무첨가' 혹은 '공백'의 의미를 갖는다.

- 空白kòngbái : 공백
- 白卷báijuàn : 백지의 답안
- 白地báidì : 농작물 심지 않은 땅
- 白手báishǒu : 아무것도 가진 것이 없는 빈손
- 白開水báikāishuǐ : 끓인 맹물

이처럼 흰색이 '무첨가' 또는 '공짜, 무보수'의 의미로 '白吃一頓飯báichī yídùnfàn밥 한 끼 얻어먹다, 거저 때우다'라는 표현은 일상생활에서 자주 활용된다.

CHAPTER 2 언어 표현에 나타난 색채

　문화를 뜻하는 영어 단어 'culture'는 라틴어 '경작하다'를 뜻하는 'colore콜로레'에서 비롯되었다.9 농경 사회에서 논과 밭을 경작하는 일은 일상생활의 중요한 부분으로 의·식·주와 밀접하게 관련이 있다. 곧 '문화'는 우리의 일상생활과 밀접한 관계를 맺고 있는 것이다.
　우리의 일상은 보통 타인과 언어로 의사소통하며 이루어진다. 하지만 언어에는 의사소통의 기능 이외에도 아주 복잡한 성격을 띠고 있다. 다시 말해, 언어는 그 언어를 사용하는 공동체 혹은 사회의 약속에 따라 화자의 생각과 느낌을 전달한다. 이는 곧 같은 사물 혹은 표현일지라도 공동체 혹은 사회마다 전달되고 받아들여지는 바는 달라질 수 있다는 것을 의미한다. 언어 역시 '문화'의 한 영역으로서, 우리의 삶과 매우 밀접하게 연관되어 있다. 그렇다면 중국인의 색채 인식이 그들의 문화 안에서 어떻게 반영되고 있을까?
　언어는 기존 사회의 관념을 반영하는 지속성과 끊임없이 변화하는 사회의 변화성 모두를 지니고 있다. 그렇기 때문에 언어 표현에 담긴 중국인의 인식을 면밀하게 살펴보기 위해서는 지속성과 변화성을 모두 살펴볼 필요성이 있다. 그리하여 오랜 기간 축척되어 만들어진 성어成語와 현대 사회의 다양한 변화와 행동 양식을 반영하고 있는 신조어新詞에 담긴 중국인의 색채에 대한 인식을 살펴보자.

1 역사의 시선으로 바라본 색채

중국어의 성어는 숙어熟語의 한 일종으로 간결한 표현이지만 중국 문화가 충실하게 반영되어 있다. 이는 오랜 기간에 걸쳐 고정화된 형식으로 중국인의 사고와 문화가 고스란히 드러나 있기 때문이다.

> **알아두면 쓸모 있는 중국 이야기**
>
> 앞서 성어成語는 숙어熟語의 한 일종이라고 하였다. 그 외 숙어는 관용어慣用語, 헐후어歇後語, 속담諺語 등을 포함한다.
> 많은 사람들이 '성어'라고 하면 고사성어故事成語와 사자성어四字成語를 동일시하는 경우가 있다. 그러나 고사성어는 글자 그대로 어떠한 사건을 중심으로 '이야기'를 담고 있으며 반드시 네 글자가 아닌 경우도 있다. 그러나 사자성어는 반드시 네 글자로 이루어진 한자 성어를 말하는 것으로 이야기를 내포하고 있는 경우와 그렇지 않은 경우를 모두 포함한다. 한 마디로, 성어成語가 가장 큰 범주에 속하며 그 하위 범주에 사자성어가, 그리고 그 하위 범주에 고사성어가 포함된다고 할 수 있다.[10]

성어는 일반적으로 4음절을 기본 형식으로 하고 오랜 기간 동안 중국인들이 사용해 온 정형화된 표현 형식이라고 할 수 있다. 그렇기 때문에 성어 안에 제시된 색채 표현으로 중국인들의 전통적인 사고를 엿볼 수 있을 것이다.

(1) 권력을 상징하는 황색 옷?!

앞서 우리는 중국에서 황색은 황제의 색으로 '부귀, 영화, 존귀' 등의 긍정적인 의미를 내포함과 동시에 '실패, 음란' 등의 부정적인 의미를 가지고 있음을 확인하였다. 그렇다면 중국의 성어에서는 이러한 의미를 어떻게 나타내고 있을까?

먼저 황색 옷이 권력을 나타내게 된 이유를 알아보자. 이는 송宋나라의 태조 조광윤趙匡胤의 이야기로 『송사宋史·태조본기太祖本紀』에 기록되어 있다.

- **黃袍加身**huángpáojiāshēn : 황포를 몸에 걸치다, 권력을 장악하다.

조광윤은 여러 전투를 통해 공을 세워 주周나라 세종世宗의 신임을 받았다. 그리하여 조광윤은 전전도점검殿前都點檢이라는 요직을 맡아 군대를 통솔하여 병권을 장악하게 되었다. 그리고 세종이 세상을 떠난 후, 그의 일곱 살 아들 시종훈柴宗訓이 그 뒤를 이어 왕위에 올랐다.

그 후 960년, 북한北漢과 요遼나라가 연합하여 주나라를 침입하였다. 조광윤은 명을 받아 대군을 거느리고 도성 변경에서 20리가 떨어진 진교역陳橋驛에 장막을 치고 전투에 임할 준비를 하였다. 일부

장수들이 모여 전투 준비를 하던 도중, 누군가 이런 말을 하였다.

"지금 황제가 너무 어려 사리분별이 어려운데, 우리가 지금 목숨을 바쳐 공로를 세운다 한들 황제가 그걸 알아줄까? 그럴 바에는 지금 실질적인 권력을 쥐고 있는 조광윤을 황제로 세우는 것이 더 낫지 않겠어?!"

그 자리에 있던 장수 모두가 이 말에 동의하였고 머지않아 이 소문은 전 진영에 퍼졌다. 그리고 많은 군사들이 조광윤이 머물고 있는 곳으로 달려갔고, 다음 날 아침 조광윤이 일어나 옷을 입으려 하자 여러 장수가 미리 준비한 황포를 그에게 입혔다. 그리고 모두 무릎을 꿇고 엎드려 만세를 외쳤다. 그 후, 조광윤은 황제가 되어 국호를 송宋으로 고치고 도성을 개봉開封으로 정하였는데 역사상에서 이를 북송北宋이라 부른다.

이처럼 황포는 황제를 상징하고, 황제는 권력을 상징하여 천자가 됨을 이르게 되었다. 황색이 권력을 상징하게 되면서 '출세하다, 높은 관직에 오르다'라는 뜻을 내포하여 사용하기도 한다.

권력 출처 : freepik.com

- 飛黃騰達 fēihuángténgdá : 신마神馬처럼 빨리 뛰다, 벼락출세하다. 빠르게 높은 관직에 오르다.

당唐나라의 문인 한유韓愈는 아들이 학문에 힘쓰기를 바라는 마음으로 시를 지었는데, 그 시가 바로 '부독서성남符讀書城南'이다. 시에 등장하는 비황飛黃은 『산해경山海經』의 「해외서경海外西經」

편에 등장하는 백민국白民國의 승황乘黃이라는 전설 속의 동물 신마神馬를 비유한 것이다. 즉 한유는 아들이 신마처럼 빨리 뛰어 높은 관직 또는 직위에 오르기를 기대하며 시를 지었다.

이처럼 황색은 높은 관직과 신분을 나타낸다. '怀黃佩紫huáihuáng-pèizǐ'에서 알 수 있듯이, 황금으로 주조한 관인을 품고 자색 끈을 허리에 맴으로써 높은 관직에 위치하고 있음을 나타내었다.

이 외에도 중국인은 운이 좋거나 상서로운 날이라는 뜻으로 '黃道吉日'라는 말을 사용한다. '黃道'는 고대 중국에서 별자리를 통해 길흉을 점칠 때 사용하던 용어이다. 길신吉神으로 여겨지는 청룡靑龍, 명당明堂, 금궤金匱, 천덕天德, 옥당玉堂, 사명司命이 해의 경로와 일치하면 모든 일이 뜻대로 잘 풀린다고 여겼다. 중국에는 이와 관련되어 아래와 같은 전설이 있다.

- **黃道吉日huángdàojírì** ; 어떠한 일을 처리함에 있어서 좋은 날짜를 나타낸다.

당唐나라 선종宣宗 시기, 길일吉日이라는 청년이 살았다. 그는 공부하면서 '진陳'이라는 성을 가진 여성을 알게 되었고, 그녀를 연모하게 되었다. 길일은 20살이 되어 중매인을 통해 그녀의 가문에 가서 청혼을 하였고, 진씨의 부모도 길일의 총명함과 성실함을 보고 그의 청혼을 흔쾌히 승낙하였다.

길일은 그의 청혼이 받아들여진 것을 매우 기뻐하며, 자신의 절친한 친구 황도黃道에게 이 사실과 결혼식 날짜를 알렸다. 그러나 길일의 말을 들은 황도는 이렇게 말했다.

"안돼! 그날은 마침 황제가 미녀를 데려가는 날이야. 그러니 너는 그녀를 데리고 며칠 동안 성 밖으로 도망가는 것이 좋을 것 같아!"

그러나 길일은 황도의 권유를 듣지 않았고 그대로 결혼식을 진행하였다. 마침내 결혼식 당일, 신부가 가마에 오르기도 전에 황제의 병사가 뛰어난 미모의 진씨를 보고 그녀를 잡아가려 하였다. 길일은 신부를 빼앗기지 않으려 노력하다가 땅에 쓰러졌으나 황도의 도움으로 신부를 되찾았을 수 있었다. 그러나 싸움 도중 상처를 입은 황도는 피를 많이 흘려 목숨을 잃고 말았다.

그로부터 몇 년 후, 길일은 과거에 합격하였다. 하루는 선종 황제가 또 군마를 민간에 보내 아름다운 여인을 뽑으려 하자, 길일은 이를 막았고 선종은 크게 노하여 그를 처형하였다. 그 후, 백성들은 길일의 공적을 기리기 위해 황도의 묘 옆에 함께 묻어주었고, 모든 혼사는 황도와 길일의 묘에 가서 치루었다. 이로부터 '黃道吉日'는 어떠한 일을 처리함에 있어서 좋은 날이라는 의미를 갖게 되었다.

하지만 황색이 '실패, 계획을 실현할 수 없다' 등의 부정적인 의미를 내포하는 바와 같이 성어에서도 황색이 부정적인 의미를 나타내는 경우가 있다.

- 黃粱一夢huángliángyímèng : 꿈처럼 덧없는 부귀공명, 허황된 일 또는 꿈

당唐나라 때, 루생卢生이라는 사람은 과거에 응시해 낙방하였다. 이에 풀이 죽은 루생은 한 여관에 투숙하였다. 그때, 여관 주인은 기장쌀로 밥을 짓고 있었는데 마침 여옹呂翁이라는 도사가 여관에 찾아왔다. 여옹은 우울해하는 루생을 발견하고 그 이유를 물었다. 그러자 루생은 과거에 낙방하였음 고백하였고, 이를 들은 여옹은

베개 하나를 꺼내 루생에게 건네주면서 다음과 같이 말하였다.

"이 베개를 베고 자면 원하는 대로 꿈이 이루어질 수 있다!"

루생은 그의 말이 못 미더웠지만 베개를 가지고 돌아와 여옹이 준 베개를 베고 잠이 들어 꿈을 꾸게 되었다. 꿈에서 루생은 아름답고 부유한 여성과 결혼해 많은 재물을 얻게 되었다. 그의 삶은 점점 호화스러워졌으며, 진사에 입문하여 관리가 되어 많은 업적을 쌓았다. 그러나 이러한 루생을 시기 질투한 내신들로 인해 강등되어 추방당하기도 하였지만, 결국 황제는 루생의 결백함을 인정하고 그를 다시 조정으로 불러들여 재상으로 임명하였다. 그렇게 루생은 꿈속에서 한껏 부귀영화를 누리고 80세의 나이로 생을 마쳤다.

그때, 루생은 기지개를 피며 꿈에서 깨어났고 주위를 둘러보자 여관 주인이 짓고 있던 기장밥도 익지 않았다. 그 후, 많은 사람들은 허황된 꿈과 실현 불가능한 욕망을 비유하여 '黃粱一夢'이라고 하였다.

(2) 사랑의 상징, 붉은색?!

중국인에게 있어서 빨간색은 '광명, 행복, 경축, 기쁨, 성공, 행운' 등의 긍정적인 의미를 지니고 있다. 그렇다면 성어에서도 이러한 의미가 반영되어 있을까?

먼저 빨간색은 태양의 색으로 따뜻함 또는 자연 그대로를 상징하여 아름다운 경치를 표현한다. '花紅柳綠huāhóngliǔlǜ'처럼 울긋불긋한 꽃나무가 무성한 상태를 묘사하거나 '万紫千紅wànzǐqiānhóng'처럼 다양한 꽃이 만발하여 울긋불긋한 모양 또는 경치가 매우 아름다운 모양을 묘사할 때 붉은색을 사용한다. 이처럼 경치의 아름다움을 나타내는 것에서 확장되어 아름다운 외모를 지칭하기도 한다. '紅粉青蛾hóngfěnqīngé'는 본래 붉은 연백분과 푸른 눈썹을 의미하는데, 이는 여성이 화장할 때 사용하는 연백분의 붉은색과 눈썹먹으로 푸르게 그린 눈썹을 말한다. 이 표현은 당唐나라 시인 두보杜甫의 시「戱贈趙使君美人」의 한 구절에서 비롯되었는데, 곱게 단장한 미인 또는 미녀를 상징한다. 또한 이외에도 '唇紅齒白chúnhóngchǐbái'처럼 붉은 입술과 하얀 치아로 아름다운 용모를 상징하는데, 이처럼 붉은색은 빼어난 외모를 상징한다.

붉은색은 '경축'의 의미로 남녀 간의 애정을 표현하는 데에 사용되기도 한다. 당唐나라의 전기소설『속현괴록續玄怪錄』에는 월하노인月下老人이 등장하는데, 눈에 보이지는 않지만 인연은 붉은색의 끈으로 이어져 있어서 언젠가는 맺어지게 된다는 이야기를 담고 있다. 이처럼 붉은색의 끈은 남녀 사이를 잇는 인연의 실이 되어 사랑을 상징하기도 한다.

붉은실 출처 : freepik.com

- 紅丝暗系hóngsīànxì : 월하月下노인은 인간의 인연을 관장하여 붉은색의 끈으로 부부의 연을 맺게 해 준다.

당唐나라 초기, 위고韋固라는 청년이 여러 곳을 여행하다가 송성宋城(지금의 하남성河南省)에 이르렀다. 그날 밤, 그는 밝은 달빛 아래에서 한 노인이 자루에 기대어 커다란 책을 뒤적이고 있는 것을 발견하였다. 그리하여 위고는 노인에게 다가가 물었다.

"무슨 책을 그리 열심히 보고 계신지요?"

그러자 노인은 이렇게 대답하였다.

"이것은 세상 혼사가 적힌 책으로, 여기에 적혀 있는 남녀를 이 자루 안에 있는 붉은색 실로 묶어 놓으면 어떠한 일이 있어도 인연이 되어 반드시 맺어지게 된다오."

위고는 노인의 대답을 듣고 궁금함이 생겨 물었다.

"그렇다면 제 배필은 어디에 있을까요?"

위고의 물음에 노인은 웃으며 말했다.

"자네의 배필은 바로 근처에 있다네. 바로 저기 애꾸눈의 여인이 안고 있는 아이가 자네의 배필일세."

노인의 대답을 들은 위고는 자신을 모욕하려 한다고 여기고 화를 냈다. 집으로 돌아온 후에도 한참 동안 분을 참을 수 없었던 위고는 결국 하인을 시켜 그 여자아이를 죽이기로 마음을 먹었다. 명령을 받은 하인은 곧장 달려가 여자아이를 칼로 찌르고 곧장 달아났다. 위고는 다시 노인을 찾아가 책의 내용이 바뀌었는지 확인하고 싶었으나 노인은 흔적을 감추어 찾아볼 수가 없었다.

시간이 흘러 위고는 상주(相州)의 관리가 되었고, 그 고을 태수 왕태의 어린 딸과 결혼하게 되었다. 그러나 왕태의 딸에게는 미간에 상처 하나가 있었는데, 위고는 왕태에게 이 상처는 어쩌다 생긴 것인지 물었다. 그러자 왕태는 이렇게 대답하였다.

"14년 전 송성에 있던 어느 날, 유모가 아이를 안고 시장에 갔는데 어떤 사람이 와서 칼로 찔렀다네. 다행히 아이의 생명에는 지장이 없었지만 이마에 이런 상처가 남고 말았지."

위고는 왕태의 말에 매우 놀랐다. 14년 전 노인이 말했던 예언대로 자신의 배필이 바로 그 여자아이였다는 것을 깨달았기 때문이다. 위고는 한동안 말을 잇지 못하다가 아내와 왕태에게 월하노인을 만났던 이야기를 해주었다. 그러자 왕태와 아내는 모두 놀라며 인간이 하늘의 뜻을 어찌할 수 없다는 것을 깨닫게 되었다. 그리고 위고는 아내의 이마에 상처를 낸 것에 대해 자책감을 느끼며 죽는 순간까지 아내를 사랑하고 아끼는 좋은 남편이 되었다고 한다.

이와 같은 의미를 지닌 성어가 있는데, 바로 '赤绳系足chishéngxìzú'이다. 그 뜻은 위고의 이야기와 마찬가지로 월하노인의 붉은 끈과 관련되어 '붉은 끈으로 다리를 매다'라는 의미이다. 이는 부부 간의 인연은 하늘에서 정한 것이라는 의미로 사용된다.

이외에도 '紅豆相思hóngdòu xiāngsī'와 같이 붉은색을 통해 애절한 사랑과 그리움을 나타내기도 한다. '紅豆'는 빨간색 콩이라는 뜻으로 '팥'을 지칭하는데, 중국에서는 팥이 남녀 간의 사랑을 상징하며 서로 그리워한다는 의미로 사용된다. 팥이 남녀 간의 애틋한 사랑을 상징하게 된 데에는 아주 슬픈 이야기가 얽혀 있다.

- **紅豆相思**hóngdòu xiāngsī : 남녀 간의 사랑과 사모의 정을 이르는 말

옛날 한漢나라에 금슬이 좋은 부부가 살고 있었다. 그러나 전쟁이 잇달아 일어나자 남편은 국경을 지키도록 강제 징집되었고, 남편이 떠난 후로 그의 아내는 매일 남편이 무사히 돌아오기만을 노심초사 기다렸다.

그러던 어느 날, 함께 국경으로 떠났던 사람들이 하나둘씩 돌아오기 시작하였다. 그러나 정작 남편은 돌아오지 않았고 남편을 향한 아내의 그리움은 점점 커져갔다. 아내는 마을 앞에 있는 한 나무 아래에서 밤낮을 가리지 않고 남편을 기다리며 슬피 울었다. 결국 아내는 남편을 그리워하다가 피눈물을 흘리며 목숨을 잃고 말

았다. 그렇게 아내의 피눈물은 땅속으로 스며들어 나무뿌리까지 닿았고 그때부터 그 나무에는 붉은 열매가 맺혔다. 그 열매는 반은 붉고 반은 검은색으로 수정같이 맑고 밝았다. 그래서 사람들은 그것을 아내의 피와 눈물의 결과라고 여기며, '팥'을 '相思子xiāngsīzǐ'라고 불렀다. 이로써 '팥'은 남녀 간의 그리움을 상징하는 단어가 되었다.

이러한 슬픈 이야기로 인하여 중국에서는 '팥'이 순결하고 아름다운 사랑의 상징물로 여겨진다. 그리하여 중국에서는 사랑하는 사람에게 고백할 때 팥을 보내기도 하는데, 이를 '紅豆寄情hóngdòu jìqíng'이라고 한다.

紅豆 출처 : baidu.com

그리고 '팥'은 남녀 간의 사랑을 상징하는 것에서 더 나아가 그리움으로 대상을 확장시켜 표현하기도 한다. 중국 고전 문학 작품에서는 '팥'을 이용하여 그리움을 나타내기도 하는데, 대표적으로는 당唐나라의 유명한 시인 왕유王維를 들 수 있다. 왕유는 「相思」라는 시를 통해 그리움을 나타내고 있는데, 이는 남녀 간의 애정이 아니라 친구를 그리워하는 우정을 나타낸다. 또한 중년에게는 청년 시절의 향수를, 해외 중국 교포들에게는 고국에 대한 그리움을 '팥'을 통해 표현하기도 한다.

알아두면 쓸모 있는 중국 이야기

「相思」

王維 왕유

紅豆生南國
hóng dòu shēng nán guó
남쪽에서 자라는 홍두나무

春來發幾枝
chūn lái fā jǐ zhī
봄이 오니 몇 가지에서 꽃이 피었네요.

願君多采擷
yuàn jūn duō cǎi xié
원하노니 그대여 많이 따 주세요.

此物最相思
cǐ wù zuì xiāng sī
이것이야말로 가장 서로를 그리워하는 것이니

(3) 파란색이 청렴 정치를 뜻한다고?!

중국에서 푸른색은 '자연, 젊음, 희망, 신선함, 평화, 평안, 안전'의 의미를 지니고 있다. 그렇다면 성어에 담긴 푸른색은 어떠한 의미를 지니고 있을까?

- 雨过天青 yǔguòtiānqīng : 비 온 뒤 막 갠 것처럼 상황이 호전됨을 비유한다.

본래는 비가 온 후 맑게 갠 푸른 하늘을 뜻하지만, 의미가 확장되어 좋지 않았던 상황이 호전되었음을 나타낼 때 푸른색을 사용한다. 여기에서 더 나아가 밝은 미래와 출세의 의미까지 푸른색으로 나타내게 되었다.

- 青雲万里 qīngyúnwànlǐ : 위대한 미래를 비유한다.
- 青雲直上 qīngyúnzhíshàng : 관운이 좋아 곧장 높은 직위에 오르다. 입신출세하다.

날씨가 구름 한 점 없이 맑은 것을 빗대어 정치를 함에 있어서도 청명함을 상징하는데, 이는 당唐나라의 유명한 문장가 한유韓愈가 자신의 벗에게 보낸 편지에서 등장하는 말이기도 하다.

- 青天白日 qīngtiānbáirì : 날씨가 좋다. 정치 청명을 상징한다.

한유에게는 절친한 벗 최군崔群에게 자신이 있는 곳으로 어서 돌아와 주기를 바라는 글을 썼는데, 그것이 바로 『여최군서與崔群書』이다.

최군은 인품이 매우 훌륭하다고 소문이 나 있었는데, 어떤 사람들은 최군의 이런 인품에 대해 의심을 갖고 이런저런 소문을 퍼뜨렸다. 바로 군자라도 좋은 감정과 나쁜 감정이 있는 법인데, 모든 사람들이 최군에게 있어서는 마음으로 복종한다고 하니 어떻게 그렇게 훌륭한 사람이 있을 수 있겠는가 하는 소문이었다.

그러자 한유는 이러한 소문에 대해 반박을 하면서, 봉황과 지초芝草가 상서롭다는 것은 모두가 다 아는 사실이며 푸른 하늘과 밝은 태양이 맑고 밝음은 노예조차도 알고 있다고 하며 최군의 훌륭한 인품에 대하여 말하였다. 즉, 최군의 뛰어난 인품에 대해서 푸른 하늘에서 빛나는 태양처럼 맑고 밝음과 같다고 이야기한 것이다.

이렇게 최군의 훌륭한 인품을 푸른 하늘과 밝게 빛나는 태양에 빗대었는데, 이에 세상에 아무런 부끄러움이 없다는 것, 즉 정치를 함에 있어서도 남을 속이지 않고 정직하게 행한다는 것을 나타내게 되었다. 이와 같

푸른 하늘 출처 : freepik.com

은 뜻은 우리나라의 속담 "청천백일은 소경이라도 밝게 안다"에서도 찾아볼 수 있다. 이는 아무리 앞이 보이지 않는 장님일지라도 맑게 갠 하늘은 알 수 있다는 뜻으로 누구든지 명백하게 알 수 있는 사실을 비유적으로 나타낸다. 그리고 이렇게 공명한 정치를 한다는 것에서 확장되어 '혐의가 풀리어 무죄가 됨'을 나타내기도 한다.

중국인은 녹색을 통해서 '자연·건강·생명·안전·희망·평화·진정·안심' 등을 나타낸다. 성어 가운데에서도 '水綠山靑shuǐlǜshānqīng' 처럼 녹색을 통해 자연의 아름다움을 표현하기도 한다. 이처럼 녹색은 자연을 상징하는데, 이는 곧 생명을 상징하며 자손을 낳는다는 의미를 갖기도 한다.

- **綠葉成蔭**lǜyèchéngyìn : 푸른 잎이 그늘을 만든다, 여성이 결혼하여 많은 자녀가 있음을 의미한다.

당唐나라의 시인 두목杜牧은 현성玄城의 보좌관으로 있을 때 태수의 초청으로 호주湖州를 방문하게 되었다. 그렇게 여행을 하다가 열두세 살 정도의 예쁜 소녀를 만나게 되었는데, 그 소녀의 자태가 매우 아름다워 한눈에 반하게 되었다. 그리하여 두목은 소녀의 어머니와 10년이 지난 후에 소녀와 결혼하기로 약속을 하였다.
　두목은 다른 곳을 여행하면서도 꽃처럼 아름답고 귀여웠던 그 소녀를 떠올리며 그리워했다. 그렇게 14년이라는 시간이 흘러, 두목은 호주湖州의 자사刺使로 임명되어 꿈에 그리던 그 소녀를 만날 생각에 들떠 있었다. 그렇게 그녀의 집으로 찾아가 문을 두드렸지만 두목 앞에 나타난 것은 꿈에 그리던 소녀가 아니라 노부인이었는데, 바로 14년 전에 소녀와의 결혼을 약속했던 어머니였다. 두목이 소녀를 찾자 노부인은 딸은 이미 시집갔다고 말하였다. 두목은 약속을 지키지 않은 노파를 원망하였지만, 노부인은 결혼을 약속했던 것은 10년 후였지만 지금은 이미 14년이라는 시간이 흘러버렸음을 강조하였다. 그래서 딸은 이미 시집을 가서 두 아들을 낳고 잘살고 있으니 두목에게 그냥 돌아가라고 말하였다.
　두목은 꿈에 그리던 소녀와의 결혼이 무산되어 매우 슬펐다. 그리하여 당시의 슬픔을 표현하고자 시를 한 수 지었는데, 그것이 바로 「恨詩chàngshī」이다. 이 시에서는 늦게 찾아가니 꽃다운 시절을 다 지나고 이미 결혼하여 아이들을 거느리고 있는 현실을 봄에 비유하고 있다. 즉, 봄을 찾는 시기가 늦었더니 이미 꽃은 다 지고 열매만 주렁주렁 열려있다고 비유하여 자신의 슬픔을 표현하였다. 그리하여 이 시의 마지막 구절인 '綠葉成陰'은 여자가 이미 출가하여 많은 자녀를 둔 것을 비유하게 되었다.

　위의 이야기는 당唐나라 시인들의 일화 및 평론을 수록한 『당시기

녹색과 생명 출처 : freepik.com

사『唐詩紀事』 56권에 수록되어 있는 이야기로, 우거진 푸르른 나뭇잎이 그늘을 만들 듯 많은 자손이 있음을 나타낸다. 이는 녹색을 통해 '생명'을 상징하는 대표적인 예라고 할 수 있다.

하지만 녹색은 '음란'을 상징하듯 성어에서도 녹색을 통해 방탕한 생활 또는 화류계의 번화한 모양을 나타내기도 한다.

- 燈紅酒綠dēnhóngjiǔlǜ : 주색에 빠진 방탕한 생활 또는 유흥

(4) 부정정치는 검은색?!

보통 검은색은 저녁이 되어 캄캄하고 아무것도 보이지 않는 것을 연상하게 한다.

- 起早摸黑qǐzǎomōhēi : 아침 일찍 일어나고 밤늦게 자다, 정신없이 바쁘게 일하는 모습을 말한다.
- 黑燈瞎火hēidēngxiāhuǒ : 칠흑 같다, 컴컴하다.

그리하여 성어에서는 검은색을 통해 '암흑, 사망, 간악, 음흉, 공포, 부패, 혼란' 등의 의미를 나타낸다. 특히 검은색은 하얀색과 대비되는 색으로 시비是非를 나타냄에 있어서 '오류, 옳지 못함, 잘못됨'을 의미한다.

- **顚倒黑白**diāndǎohēibái : 흑백이 전도되다, 고의로 사실을 왜곡한다.

초楚나라의 시인 굴원屈原은 간신들의 모함을 받아 유배지에서 세상이 자신을 알아주지 않음을 한탄하며 멱라수汨羅水 강에 몸을 던졌다. 그가 죽기 전에 비참한 심정을 담아 지은 작품이 바로 「회사懷沙huáishā」인데, 이 시에는 흰 것이 변하여 검은 것이 되고變白以爲黑兮, 위가 거꾸로 되어 아래가 되었다倒上以爲下는 표현으로 간신배가 활개 치는 세상을 한탄하였다.

굴원은 흑과 백이 뒤집힌 것을 비유하여 옳고 그름이 바뀌어 있는 부조리한 상황을 나타내고자 하였다. 이러한 표현은 반백위흑 反白爲黑fǎnbáiwèihēi, 흑백혼효黑白混淆 hēibái hùnxiáo, 혼효흑백混淆黑白hùnxiáohēibái 등으로 다양하게 나타내고 있다. 이처럼 검은색이 '잘못됨'을 의미하게 되면서 그 의미가 '불법, 불공정'이라는 의미로까지 확장되어 사용한다.

흑백전도 출처 : freepik.com

- **昏天黑地**hūntiānhēidì : 사방이 컴컴하다, (생활이) 방탕하고 퇴폐적이다.

이는 탐관오리의 탐욕으로 인해 고통 받는 백성들을 묘사 및 풍자한 글이다. 관리가 처음 부임하여서 하늘이 놀라고 땅이 움직이는 듯하게 백성들을 수탈하며, 부임 후 얼마 지나면 가렴주구苛斂誅求의 수탈로 초토화, 암흑천지로 변함을 나타내고 있다. 그리고 어사가 떠날 때가 되어서는 쓸쓸하고 황폐한 적막강산이 되어버린다는 뜻이다. 즉, 검은색이 가지는 깜깜한 이미지를 통하여 탐관오리들의 부패한 정치를 나타내고 있다.

> **알아두면 쓸모 있는 중국 이야기**
>
> 검은색이 이렇게 부패한 정치를 뜻함은 명明나라의 문인 낭영郎瑛의 『칠수유고七修類稿』에서도 확인할 수 있다.
>
> **御史初至則日驚天動地**
> yùshǐ chū zhì zé rì jīng tiān dòng dì
> 어사가 임명받아 처음 부임할 때에는 하늘이 놀라고 땅이 움직인다.
>
> **過幾月則日昏天黑地**
> guò jǐ yuè zé rì hūn tiān hēi dì
> 몇 개월 지나고 나면, 천지가 어둡고 캄캄해진다.
>
> **去時則日寞天寂地**
> qù shí zé rì mò tiān jì dì
> 어사가 떠날 때에는 하늘과 땅이 쓸쓸하고 고요하다.

(5) 순수하고 순결함의 상징, 하얀색!

중국에서 하얀색은 '순결함, 영롱함, 순수함'의 의미를 지니는데, 성어에서도 동일하게 나타난다.

- **白玉無瑕** báiyùwúxiá : 흠이 없는 새하얀 옥처럼 결점이 전혀 없는 사람을 이르는 말

사마천司马迁이 태사령으로 근무할 때, 한무제漢武帝 이부인의 맏형 이광리李廣利가 가족을 통해 선물을 보내왔다. 사마천의 딸 매연妹娟이 선물상자를 열어보니, 그 안에 아름다운 옥벽玉璧이 담겨져 있었다. 그 옥벽은 희고 수정같이 맑으며 정교한 문양이 아름답게 조각되어 있었는데, 매연은 이를 보고 감탄을 금치 못하였다.

"너무 아름다워, 정말 희귀한 보물이야!"

사마천 역시 옥벽을 보며 딸에게 말하였다.

"그래, 이렇게 둥글고 반들반들하니 정말 백벽무결白璧无瑕하고 값어치를 매길 수 없는 보배이구나!"

매연은 아버지가 이렇게 칭찬하시는 것을 보고 매우 기뻐하며 옥벽에서 손을 떼지 못했다. 그런 딸은 보고서 사마천은 말하였다.

"하얀 옥의 가장 귀한 점은 오염되지 않고 얼룩이 없다는 것이지? 사람 역시도 그래야 한단다. 나처럼 평범하고 지위가 낮은 벼슬아치는 평생을 일하여도 이렇게 귀한 보물을 살 수 없는데, 어떻게 이 옥벽을 그냥 받을 수 있겠니? 부귀빈천은 내 뜻대로 할 수 없겠지만 품행만은 이 하얀 옥처럼 바르게 해야 한단다. 예로부터 공로가 없으면 녹을 받지 않는 것처럼, 이 아름다운 옥벽은 우리가 받을 수 없을 것 같구나."

아버지의 말을 들은 딸은 고개를 끄덕이며 이광리가 보낸 옥벽을 내려놓고 이를 다시 되돌려 보냈다고 한다. 이러한 사마천의 교묘한 뇌물 거부는 후세에 아름다운 만고의 미담으로 남겨졌다.

이처럼 중국에서는 순백의 옥에 얼룩이나 반점이 없다는 특징을 들어 결점 없이 완벽하거나 사람이 일을 함에 있어서 청렴하고 정직하게 행함을 나타낸다.

- 一淸二白 yīqīngèrbái : 아주 깨끗하여 오점이 없다.

오늘날의 사천성 성도成都에는 청백강구 靑白江區 가 있는데, 이는 근처에 청백강靑白江이 있어 그 이름이 붙여졌다.

북송北宋 가우嘉祐(약 1058년)에는 조변趙抃이라는 사람이 청두에 부임하면서 청백강靑白江을 지나게 되었다. 그때, 조변은 청백강의 물이 너무나 맑아서 바닥까지 훤히

백옥 출처 : freepik.com

보이고 마실 수 있을 정도로 깨끗한 것을 보았다. 그리고는 주위의 훌륭한 경치를 보고서 이렇게 말하였다.

"아니, 강물에 정말 많은 것들이 혼재되어 있지만 이렇게 맑고 깨끗할 수가! 그래! 이 강물처럼 나도 맑고 깨끗하게 청렴한 생활을 하며 초심을 잃지 않고 살아야겠다!"

이렇게 맑고 깨끗한 삶을 살겠다고 다짐한 조변은 실제로 송사宋史에서 포증包拯과 함께 청렴하고 공정한 관료로 칭송받고 있다. 그는 사사로운 정에 구애받지 않는 관료라는 뜻의 '철면어사鐵面禦史 tiěmiànyùshǐ'라고도 불리운다.

하얀색이 가지는 색채의 기본 특징으로 인하여 노인의 백발을 가리키며 나이가 많음을 나타내기도 한다.

- 龐眉皓髮 pángméihàofà : 희끗희끗한 눈썹과 흰 머리털
- 黃童白叟 huángtóngbáisǒu : 노란 머리의 아이와 흰 머리의 노인(어린이와 노인)

하얀색이 노인을 상징하게 되면서 시간이 빨리 지나간다는 뜻으로 사용되기도 한다. 장자莊子의 『지북유知北遊』에는 다음과 같은 이야기가 있다.

- 白駒過隙báijūguòxì : 인생은 마치 흰말이 달려가는 것을 문틈으로 보는 것처럼 시간이 빨리 지나감을 비유한다.

공자孔子가 노자老子에게 크고 넓은 '도道'에 대해 가르침을 청하였다. 그러자 노자는 다음과 같이 말하였다.

"'도道'에 대해 간략하게 말하면 먼저 인간의 삶은 매우 짧은데, 하늘과 땅 사이에 사는 그 시간이 흰말이 좁은 틈을 지나 순식간에 지나가는 것과 같습니다. 삶은 삶이고 죽음은 죽음이자, 삶은 죽음이고 죽음은 삶입니다. 다시 말해, 세상 만물은 항상 변하기 때문에 이에 너무 얽매이지 않아야 합니다. '도道'를 이해하는 키워드는 만물이 운행하며 다함이 없음을 깨닫는 것입니다."

노자는 '도道'를 설명함에 있어서 사물은 모두 자연의 변화에 따라 생겨나서 다시 변화에 따라 죽는 것이라 하며, 인간의 삶이 유한하고 짧음을 설명하였다. 여기에서 '白駒'는 하얀색의 준마를 가리키는데 이는 곧 태양을 상징한다. 곧 하얀 말이 빠르게 달려가는 것을 문틈으로 보는 것과 같이 세월과 인생 역시 빠르게 지나감을 나타내는 것이다. 이처럼 하얀색은 시간이 빠르게 지나감을 상징하게 되어 유한한 시간 속에 살아가는 인간의 한계, 즉 죽음의 의미로까지 확장되었다.

- 素車白馬sùchēbáimǎ : 장례식에 사용되는 마차, 장의차

2 현대의 시선으로 바라본 색채

인류 사회가 발전함에 따라 새로운 사물과 개념이 끊임없이 생겨난다. 이러한 새로운 현상을 나타내기 위해서 적합한 어휘를 만들거나 기존의 어휘에 새로운 의미를 부여하기도 한다. 이를 신조어라고 하는데, 보통 신조어는 사회생활의 새로운 현상을 표현한다. 또는 경제·정치·문화·과학 기술 등의 다양한 분야와 관련된 현대 사회의 문화와 직접적인 연관이 있다. 그러므로 신조어를 통해 현대 사회의 특징을 살펴볼 수 있다.

다음으로 신조어 안에 나타난 색채어를 살펴보고 기존의 색채 관념과 어떠한 차이점이 있는지를 살펴보자.

(1) 사회에 흐르는 황금물결[11, 12]

황색은 황제의 색으로 '부귀·존귀·영화' 등을 나타낸다. 신조어에도 이러한 의미를 담아 결혼함에 있어서 조건이 매우 좋은 남녀를 지칭하는 어휘가 생겨났다.

- 黃金剩男 huángjīnshèngnán : 뛰어난 외모, 우월한 경제력을 지닌 미혼 남성.[13]
- 黃金剩女 huángjīn shèngnǚ : 뛰어난 외모, 우월한 경제력을 지닌 미혼 여성.

'黃金剩男'은 부유한 독신 남성인 골드 미스터, 즉 '鑽石王老五 zuànshí wánglǎowǔ'의 또 다른 명칭이다. 골드 미스터가 되기 위해서는 다섯 가지 조건이 필요한데, ① 자신의 사업을 갖고 있거나 막대한 유산을 물려받아 금전적 여유가 있어야 하며, ② 뛰어난 외모의 소유자여야 하며, ③ 고학력이나 해외 유학파여야 하며, ④ 문

황혼 이혼 출처 : freepik.com

제를 해결함에 있어서 적극적인 태도로 임해야 하며, ⑤ 쉽게 자신을 잘 드러내지 않는 성격이어야 한다. 사회가 발전함에 따라 경제적으로는 여유로워졌지만 결혼에 있어서는 다소 신중함을 보이는 현대 중국 청년들의 모습을 잘 나타낸 신조어라고 할 수 있다.

또는 황색을 '黄昏', 즉 석양의 어스름한 색을 빗대어 노인을 나타내기도 한다.

- **黄昏散** huánghūnsàn : 노년 부부의 이혼

이는 '黄昏离 huánghūnlí'라고도 하는데, 이는 부부가 자녀들을 다 성장시킨 후 늦은 나이에 이혼하는 사회현상을 가리키는 신조어이다. 이는 사회가 발전함에 따라 여성의 사회 진출이 활발해지고 경제적인 독립을 할 수 있게 된 것과 평균 수명이 늘어남에 따라 제2의 인생을 살고자 하는 희망에서 비롯된 사회 현상이다.

이 외에도 중국에서 노란색은 '음란'의 이미지가 있는데, 신조어에도 이러한 의미가 부여된 어휘가 있다.

- **黃流**huángliú : 성性과 관련하여 불법적인 행위가 만연하여 이를 소탕하려 노력하였지만 제거되지 않는 현상

'黃流'는 '黃色浊流huángsè zhuóliú'라고도 불리우는데, 보통 음란물이 계속하여 유통되는 것을 의미한다.

(2) 야근에 지친 붉은 눈의 사람들

붉은색과 관련된 신조어를 살펴보게 되면 기존의 의미와 비슷하게 적용된 경우와 전혀 다른 의미로 확장되어 사용되는 경우가 있다.

먼저 기존의 의미와 비슷한 경우로, 붉은색이 '경고'의 의미를 지닌 신조어를 들 수 있다. 최근 세계적으로 환경오염과 관련된 현상이 화제로 대두되고 있다. 중국에서도 미세먼지와 관련된 신조어로 붉은색을 사용하여 '경고'의 의미를 전달하고 있다. 이외에도 강력범죄를 저지른 사람들을 수배하기 위한 표현으로 붉은색을 사용하고 있다.

- **紅警**hóngjǐng : '초미세먼지 적색경보雾霾紅色预警'의 줄임말.
- **紅通令**hóngtōnglìng : '적색 지명수배령紅色通缉令'의 줄임말

최근 중국에서도 미혼 남녀가 크게 증가하면서 결혼과 관련된 사업이 발전하고 있다. 그러면서 남녀 간의 인연을 맺어주는 월하노인 月下老人을 활용한 신조어도 나타났다.

- 紅娘哥hóngniánggē : 이는 인터넷 사이트 '珍爱'의 설립자 李鬆을 가리키는데, 2010中國互聯網高層年会에 참가하여 '紅娘hóngniáng남녀 간의 사랑을 맺어주는 중매인'의 이미지를 나타낸 것에서 비롯되었다.

이 외에도 붉은색이 가지고 있는 '왕성함, 인기 있음'을 나타내는 인터넷 신조어도 생겨났다.

- 網紅wǎnghóng : '網絡紅人'의 줄임말, 인터넷상에서 유명세를 얻는 인기인
- 網紅經濟wǎnghóng jīngjì : 인터넷에서 유명 인사가 개업하거나 홍보 대표를 맡아 특정 상품을 홍보 및 판매하여 팬들로 하여금 구매하게 하는 사회 경제 현상

하지만 신조어에서는 기존의 붉은색이 지니는 의미와 다르게 표현되기도 한다. 예를 들어, '紅眼hóngyǎn'은 기본적으로 '빨갛게 충혈된 눈'을 의미하지만, '샘을 내다, 질투하다'라는 의미도 확장되어 사용되었다. 그러나 신조어에서는 기존의 '빨갛게 충혈된 눈'이라는 본래의 의미를 강조하여 밤늦게까지 야근하는 현대인들의 모습을 나타내기도 한다.

- 紅眼動車hóngyǎn dòngchē : 야간에 운행하는 열차
- 紅眼高鐵hóngyǎn gāotiě : 야간에 운행하는 고속철도
- 紅眼客車hóngyǎn kèchē : 야간에 운행하는 장거리 여객 버스

이 신조어들은 '紅眼航班hóngyǎn hángbān'에서 비롯되었는데, 이

는 심야부터 새벽까지 운항하여 다음 날 새벽에 목적지에 도착하는 여객기를 뜻한다. 1959년 미국에서 처음 등장한 야간 항공편에 탑승한 승객들은 수면이 부족하여 토끼처럼 빨간 눈으로 비행기를 타고 내리기 때문에 '紅眼'이라는 단어가 붙게 되었다.[14] 그러다가 중국에서도 야근을 많이 하는 회사원들이 늘어나게 되면서 위와 같은 신조어가 만들어졌다.

야간비행 출처 : freepik.com

(3) 빨간색의 여사친?! 파란색의 남사친?!

중국에서 청색은 '젊음'을 상징하는데, 이러한 의미가 신조어에도 반영되어 나타난다.

- **青春样範兒**qīngchūn yàngfànr : 스스로의 발전을 위해 적극적으로 노력하고, 몸과 마음이 건강하고 개성과 활력이 있는 청춘의 모습
- **青椒**qīngjiāo : 청년 교사에 대한 애칭

'青春样範兒'은 2010년에 제기된 새로운 신조어로 개성 있고 활력 넘치는 청년을 상징한다. 또한 '青椒'는 야채 피망을 나타내는

단어이지만, 젊은 청년 교사를 나타내는 인터넷 용어로 사용된다. 이 단어는 35세 미만 전문직으로 고소득과 안정적인 배경을 갖고 있는 청년 교사를 애칭하는 말이다. 이 두 신조어를 보면 청색을 통해 젊은 청년들의 긍정적인 부분을 잘 나타내고 있다.

그러나 청색을 통해 현대 청년들의 부정적인 면을 나타내기도 한다.

- 灰青春huīqīngchūn : 의기소침하고 낙담하고 의욕이 없는 등의 회색 감정의 청춘
- 宅青zháiqīng : 집에서 인터넷으로 쇼핑 및 오락 등만을 즐기며 야외 활동을 하지 않는 청년

현대 중국 사회 역시 젊은 청년들의 취업난과 경제적인 부담감이 점점 늘어나고 있는 추세이다. 그리하여 많은 청년들이 아무리 노력하여도 바뀔 것 같지 않은 암담한 현실 앞에 무기력하고 의욕을 잃어버리고 있다. 또한 이전에는 어떠한 물건이 필요할 경우 집 밖으로 나가야만 그 물건을 살 수 있었으나, 현대에는 인터넷으로 물건을 쉽게 주문할 수 있게 되었다. 그래서 많은 청년이 밖으로 나가지 않고 집 안에 머무르며 쇼핑 및 여가 생활을 즐기게 되었다. 이러한 청년들의 새로운 사회현상을 반영한 신조어가 만들어지게 되었다.

중국어에서 청색은 녹색綠色과 파란색藍色을 모두 포함한다.

먼저 녹색은 '안전, 희망, 행운'의 의미가 있어 미래에 대한 희망을 나타내는데, 신조어에도 이러한 의미가 반영되어 있다.

- 綠牌專業lǜpáizhuānyè : 유망한 고용 전망을 가진 전공[15]

이는 취업률이 매우 높으며 임금이 지속적으로 상승하고 실업자 수가 매우 낮은 학과나 전공을 가리키는 신조어이다. 이와 반대로 경고의 의미를 지닌 붉은색을 사용하여 취업 전망이 매우 낮은 학부나 전공을 '紅牌

宅青 출처 : freepik.com

專業hóngpáizhuānyè'라고 하며, 그다음으로 임금이 낮고 취업하는 데에 어려움이 있는 학과나 전공을 '黃牌專業huángpáizhuānyè'라고 한다. 이는 각각의 색채가 가지는 의미를 활용하여 현대 사회 현상을 잘 나타낸 예라고 할 수 있다.

녹색은 생명을 나타내는 색으로 '환경보호'라는 의미를 나타내기도 한다.

- 綠色出行lǜsè chūxíng : 환경보호에 부합하는 외출 방식
- 綠游lǜyóu : '綠色旅游lǜsè lǚyóu'의 줄임말
- 綠V客lǜVkè : 적극적으로 절약과 환경보호를 제창하고 행동으로 옮기는 사람
- 綠色食品lǜsè shípǐn : 친환경의 식품
- 綠色能源lǜsè néngyuán : 그린 에너지, 청정 에너지, 대체 에너지

온난화로 인해 세계 곳곳에서 자연재해가 일어남과 동시에 환경보호에 대해 관심을 갖는 사람 역시 많아지고 있다. 중국에서도 환경보호에 대한 의식이 날로 높아져 가고 있음을 신조어를 통해 알 수 있다. '綠色出行'의 경우에는 환경오염을 줄일 수 있는 외출 방

식을 나타내는데, 대표적인 예로 도보·자전거 타기·대중교통 이용하기·택시 합승 등이 있다. 그리고 여행을 할 때에도 환경보호 정보를 제공하는 관광지, 여행사, 숙소, 가이드를 스스로 선택하고,

환경보호 출처 : freepik.com

야생동물을 보호하며 쓰레기를 함부로 버리지 않는 '綠游'가 유행하고 있다. 또한 환경보호와 관련된 내용을 제창하고 행동으로 옮기는 사람들을 지칭하는 신조어도 있다. 바로 '綠V客'인데, 'V客'는 영어 'witkey'의 음역 표현으로 인터넷에서 자신의 지식, 능력을 활용하여 문제를 해결해 주거나 이를 통해 돈을 버는 사람들을 말한다. '綠'는 '환경보호'를 의미하며 환경보호와 관련된 활동을 장려하는 사람들을 가리켜 '綠V客'라고 한다.[16]

중국어에서 파란색은 자연의 푸르름을 상징하는데, 이는 신조어에도 반영되었다.

- APEC藍lán : APEC 회의 기간 북경의 파란 하늘

2014년 베이징北京에서 APEC 회의가 열렸는데, 이 회의 기간 동안 베이징 근교의 좋은 대기질을 유지하기 위해 도로를 제한하고 오염 기업들을 폐쇄하는 등의 노력을 기울였다. 그 결과 APEC 회의 기간 동안 베이징의 상공에는 파란 하늘이 드러났는데, 이러한 사실을 바탕으로 인터넷에서 사용하는 신조어가 만들어지게 되었다.

- **小藍莓**xiǎolánméi : 상하이 엑스포의 자원봉사자들에 대한 애칭

이는 2010년 상하이 엑스포가 진행되면서 안내센터의 자원봉사자들이 단체로 파란색과 흰색의 유니폼을 입었다. 그런데 그들의 유니폼이 블루베리처럼 보였기 때문에 자원봉사자를 가리켜 '小藍莓'라고 하였고, 일부에서는 '스머프藍精灵lánjīnglíng'라고도 부르기도 하였다.

이외에도 '藍颜知己lányánzhījǐ'라는 신조어도 있는데, 이는 남자가 마음을 터놓고 대화를 나눌 수 있는 여자 사람 친구를 가리키는 '紅颜知己hóngyánzhīzi'에서 비롯되었다. '藍颜知己'는 반대로 여자의 친한 남자 사람 친구를 가리키는 신조어이다.

(4) 뱃속이 새카만 그녀!?

고대 중국에서는 검은색을 통하여 범죄자들을 나타내었다. 이러한 고대의 문화가 반영하여 현대에서는 비교적 낮은 지위이거나 직장에서 부당한 대우를 받고 차별을 당하는 사람들을 나타내는 신조어가 생겼다.

직장 내 괴롭힘 출처 : freepik.com

- **職場小黑人**zhíchǎng xiǎohēirén : 직장에서 항상 차별을 받고 낮은 지위에 놓인 사람을 가리키는 말

검은색은 광명과 반대되어 '사악하다'는 뜻을 지니고 있는데, 신조어에도 이를 반영하여 나타내기도 한다. 보통 검은색을 통하여 겉으로는 드러나지 않지만 악한 마음을 가지고 있음을 나타낸다.

- 腹黑女 fùhēinǚ : 겉으로는 온화하고 선량한 듯 보이지만 마음이 악랄한 여성
- 高端黑 gāoduānhēi : 완곡한 조롱이나 비웃음
- 遭黑 zāohēi : 공격 또는 부정적인 평가를 받다

'高端黑'은 '高级黑 gāojíhēi'라고도 하는데, 겉으로 악의를 나타내지는 않지만 완곡한 방법으로 상대에 대한 부정적인 평가를 표현하는 사람 또는 이러한 언행을 나타내는 신조어이다.

검은색은 빛이 없다는 것에서 정치적으로 부패하거나 어떠한 불법적인 행위를 나타낼 때 사용한다. 이러한 의미는 신조어에 가장 많이 반영되어 있다.

- 晒黑 shàihēi : 사회의 어두운 사례를 인터넷에 폭로하다
- 晒黑族 shàihēizú : 사회의 어두운 면을 인터넷상에서 폭로하는 사람
- 暗黑网络 ànhēi wǎngluò, 黑暗網絡 hēiàn wǎngluò : 특정 집단만을 위하여 은밀한 방식의 네트워크로 불법적인 정보를 전파하는 것
- 黑金池 hēijīnchí : 뇌물 수수자에게 현금을 바꾸어 주는 등의 편의를 제공하는 기관이나 장소
- 黑洋工 hēiyánggōng : 불법으로 고용된 외국인 노동자

위의 신조어를 보게 되면 검은색을 통해 사회의 부조리 또는 어두운 면을 나타내는 것을 알 수 있다. 이는 곧 '불법적인' 의미로

확장되어 사용하게 된다.

그러나 신조어에서 검은색을 통해 이처럼 부정적인 의미만을 나타내지는 않는다. 미국에서는 추수감사절이 지나고 11월 마지막 주 목요일을 'Black Friday'라고 한다. 이를 중국어에서는 그대로 음역하여 신조어를 만들었다.

- 黑五 hēiwǔ : '黑色星期五 Black Friday'의 줄임말

알아두면 쓸모 있는 색깔 이야기

그런데 왜 'Black Friday'이라 부르게 된걸까? 그 기원에 대해서는 이견이 있지만, 일반적으로는 장부를 기록하는 잉크에서 비롯되었다고 본다. 기업에서 장부를 기록할 때 수익이 생기는 경우 검은색 잉크를 이용하고, 결손이 나는 경우에는 붉은색 잉크를 이용한다. 전자를 흑자黑子라 하고 후자를 적자赤字라고 한다. 이러한 점에 기인하여 11월 말에는 추수감사절 직후이며 크리스마스를 앞두고 있기에, 사람들의 소비심리가 강해져서 장부에 검은색 잉크가 남게 되었다는 것에서 비롯되었다.

블랙프라이데이
출처 : freepik.com

(5) 쇼핑하는 하얀 배추?!

중국어에서 하얀색은 '고결함, 순결함'을 나타내는데, 이러한 하얀색의 의미가 확장되어 신조어에서 뛰어난 외모를 나타내는 데에

사용되기도 한다. 이는 하얀색이 갖는 긍정적인 의미가 신조어에 반영된 예라고 할 수 있다.

- 白富美 báifùměi : 하얀 피부와 부유한 가정환경은 물론 외모가 출중한 여성(=白美富)
- 白富帥 báifùshuài : 부유한 가정환경과 준수한 외모를 가진 남성

그러나 하얀색이 '무지함, 무능'을 상징하는 데에서 비롯하여, 위의 표현이 부정적으로 돈이 많은 '백치白痴báichī'의 의미도 내포하고 있다. 그래서 문맥에 따라서 이를 분별할 필요성이 있다. 이외에 하얀색이 '무능함'을 나타내는 신조어로는 다음과 같다.

- 白奴 báinú : '화이트칼라 노예白領奴隸báilǐng núlì'의 줄임말
- 低薪白 dīxīnbái : 급여가 낮은 화이트칼라

본래 '화이트칼라白領'는 육체 노동을 하는 '블루칼라藍领'에 반대되는 개념으로 정신적인 노동을 주로 하는 사무직 노동자를 지칭하는 어휘이다. 그러나 '白奴'는 임금이 높음에도 불구하고 주택, 차량 또는

白奴 출처 : freepik.com

신용카드와 관련된 대출금을 갚는 데에 대부분의 수입을 사용하는 사람들을 가리키는 어휘이다. 이는 또 과학 기술이 발달함에 따라 사무직보다 기술직이 더 높은 임금과 좋은 대우를 받게 되면서 사무

직이지만 월급이 적은 '低薪白'라는 표현이 생겨나게 되었다.

하얀색이 신분이 낮은 평민들을 상징한다는 데에서 비롯하여 '저급함, 저렴함'의 의미를 나타내는 신조어가 만들어졌다.

- 白菜群báicàiqún : 온라인에서 기회를 노려 저렴한 가격의 상품을 구매하는 사람

'白菜群'은 인터넷 쇼핑몰에서 물건을 싸게 팔거나 기업에서 진행하는 다양한 행사 상품을 주로 사는 사람들을 말한다. 온라인에 점점 저렴한 가격의 상품이 나올 수 있는 데에는 다양한 원인이 있지만, 일반적으로는 인터넷 쇼핑몰이 대거 등장하면서 가격 경쟁이 붙게 되면서이다. 때로는 제품 가격을 오기한 경우를 이용하여 저렴하게 제품을 구매하기도 한다. 이러한 연유로 인해 출시된 저렴한 상품 가격이 일상생활에서 쉽게 접할 수 있는 '배추白菜'와 같다고 하여 해당 신조어가 만들어지게 되었다.

주석

1 이금희(2007),「색채어에 반영되는 중국인의 감정색채」,『중국언어연구』, 24, p.536.
2 이금희(2007),「색채어에 반영되는 중국인의 감정색채」,『중국언어연구』, 24(0), pp.536-537.
3 정진강(2005),「중국어 색채사에 보이는 상징의미 – 빨강(紅),노랑(黃),파랑(靑)을 중심으로 – 」,『중국학보』, 51(0), pp.30~32.
4 이금희(2007),「색채어에 반영되는 중국인의 감정색채」,『중국언어연구』, 24(0), p.538.
5 정진강(2005),「중국어 색채사에 보이는 상징의미 – 빨강(紅),노랑(黃),파랑(靑)을 중심으로 – 」,『중국학보』, 51(0), p.35.
6 정진강(2005),「중국어 색채사에 보이는 상징의미 – 빨강(紅),노랑(黃),파랑(靑)을 중심으로 – 」,『중국학보』, 51(0), p.37.
7 정진강(2005),「중국어 색채사에 보이는 상징의미 – 빨강(紅),노랑(黃),파랑(靑)을 중심으로 – 」,『중국학보』, 51(0), p.33.
8 임수진(2016),「푸른계열 색의 인지와 의미해석에 관한 연구」,『언어과학연구』, 76( ), p.289.
9 강현석 외(2018),『사회언어학 : 언어와 사회, 그리고 문화』, 서울 : 글로벌콘텐츠, pp.281~282.
10 민관동(2019),「故事成語의 분류체계 연구 – 韓·中 故事成語를 중심으로」,『중국소설논총』, 58, pp.1-4.
11 이명아 and 한용수(2017),「중국어 신조어에 나타난 유채색 색채어의 의미분석」,『중국학논총』, 56, 27-47.
12 이명아 and 한용수(2017),「중국어 신조어에 나타난 색채어 의미 분석 – 검은색, 흰색, 회색을 중심으로」,『비교문화연구』, 47, 241-260
13 https://hznews.hangzhou.com.cn/shehui/content/2011-06/16/content_3765871.htm
14 https://baike.baidu.com.com/item/%E7%BA%A2%E7%9C%BC%E5%8A%A8%E8%BD%A6/13442729?fr=aladdin
15 https://zhidao.baidu.com.com/question/504433583940307324.html?fr=iks&word=%BB%C6%C5%C6%D7%A8%D2%B5%CA%C7%CA%B2%C3%B4&ie=gbk&dyTabStr=MCwzLDEsNCw2LDUsMiw4LDcsOQ==

16 https://zhidao.baidu.com.com/question/533751004.html?fr=iks&word=%C2%CCV%BF%CD%CA%C7%CA%B2%C3%B4&ie=gbk&dyTabStr=MCwzLDEsNCw2LDUsMiw4LDcsOQ==

PART 05

숫자

중국의 숫자 출처: pixabay.com

1. 숫자에 담긴 상징적 의미와 문화
2. 숫자와 언어 표현

중국어와 숫자

- 중국인에게 숫자는 어떤 상징적인 의미를 지닐까?
- 중국인들이 좋아하는 숫자는 무엇일까?
- 중국인들이 기피하는 숫자는 무엇일까?
- 숫자와 관련된 언어 표현에는 어떤 것들이 있을까?

　예로부터 현재까지 사람들은 숫자에 특별한 의미를 부여하며 많은 비유를 해왔다. 이러한 특별한 의미와 비유는 각각의 국가와 지역, 또는 민족에 따라 숫자에 대한 자신들만의 독특한 해석으로 다양하게 나타난다.

　중국인에게 있어서 각각의 숫자에는 특별한 의미가 있으며 일상생활 속에서도 길흉을 따지는 데에 큰 영향을 미치는 중요한 문화 요소이다. 또한 지역, 계층, 민족에 따라 숫자의 이해와 수용에도 큰 차이를 보인다. 이러한 점은 숫자와 관련된 수많은 언어 표현을 탄생시키는 계기가 되었다. 본 장에서는 중국의 숫자에 담긴 상징적 문화와 언어 표현에 대해 자세하게 살펴보도록 하자.

중국에서 선호되는 숫자 출처: baidu.com

CHAPTER 1 숫자에 담긴 상징적 의미와 문화

1 긍정적인 의미의 숫자

(1) 만물의 근원인 숫자 1

중국인은 예부터 숫자 '1'을 모든 숫자의 시작이며 만물의 근원이라 여겼다. 『老子』의 제42장에서 "도道dào는 一에서 생기고 하나는 二를 만들며, 二는 三을 만들고, 三은 만물을 만든다.道生一, 一生二, 二生三, 三生萬物dàoshēng yī, yīshēng èr, èrshēng sān, sānshēng wànwù"라고 하였는데, 이는 중국인의 '1'을 숭배하는 문화적 심리가 어휘 속에 반영된 것이다.

숫자 1 출처 : pixabay.com

숫자 '1'은 '처음, 첫 번째'에서 '최고'라는 의미로까지 쓰이기도 하고, 단수에서 가장 작은 숫자라 '최소'의 의미도 있다. 현대 중국어에서는 '한마음으로 꾸준히 집중하다'라는 의미로 파생되어 사용된다. 또 '1一yī'은 '6六liù'과 함께 비슷한 발음인 '一路yílù'로 쓰여 '계속하여'라는 의미로도 쓰인다. "一路易發yílùyìfā, 1628계속하여 쉽게 돈을 벌다", "一路生發yílùshēngfā, 1638계속 돈이 생기다" 등이 대표적으로 많이 사용되는 예이다.

중국에서는 축의금을 낼 때 친한 사이에 많이 내는 금액이 RMB 1,314元이다. 이는 "一生一世yìshēngyíshì"에서 비롯된 것으로 한평생 두루 함께 행복하게 살라는 축복의 의미를 담고 있다. 또 RMB 1,001元을 축의금으로 종종 내기도 하는데, 이는 "千里挑一qiānlǐ tiāoyī 천에 하나, 아주 귀하다."는 좋은 의미를 지니고 있다.

(2) 하나를 둘로 나눈 숫자 2

중국인들은 홀수보다 짝수를 길한 숫자라 여겼다. '2二èr'은 '둘, 두 번'이라는 의미인데, 하나가 아니라 둘로 나누어져 '다르다'라는 의미로 전이되었다.

숫자 '2'는 짝수 가운데 첫 번째 숫자이며, '둘'은 음양을 나타내는 단어(하늘과 땅, 밤과 낮, 남자와 여자 등)이다. 이러한 이원론적인 사상은 짝을 이루는 것을 선호하는 중국의 언어 문화 곳곳에서 찾아볼 수 있다. 한자의 자형도 대칭을 이루고 있

숫자 2
출처 : pixabay.com

고, 짝수를 이루는 어휘와 구절이 많다. 그리고 '二, 兩, 雙'과 함께 조합된 어휘는 대부분 긍정적인 의미를 나타낸다.

'2二'은 남방의 방언 발음 '易yì(쉽다, 수월하다)'와 비슷하여 '二八èrbā'는 "易發yìfā 쉽게 돈을 벌다"의 뜻이다. '二九'는 "易救yìjiù 쉽게 구제하다"라는 의미로도 쓰인다.[1]

(3) '三'이 '生'과 발음이 비슷하다고?

숫자 '3' 역시 길한 의미를 지닌 숫자로 예로부터 천문, 역법, 음계, 도량, 궁궐 건축 등 모두 '三sān'을 법칙으로 삼았다.

고대 중국인들은 '一'을 하늘, '二'를 땅으로 상징하였고, '一'과 '二'를 합하면 '三'이 되므로 '三'

三年有成 출처 : baidu.com

은 천지 간의 모든 것을 포함하는 의미로 여겼다. 이러한 고대 중국인들의 생각은 시간과 공간, 구체적인 사물의 단어 형성에 많은 영향을 주었다.

예를 들면 '早zǎo 아침 · 午wǔ 점심, · 晚wǎn 저녁', '過去guòqù 과거 · 現在xiànzài 현재 · 未來wèilái 미래'와 시간을 3등분하여 분류한다. 공간을 나타낼 때 역시 '上shàng 위 · 中zhōng 중앙 · 下xià 아래', '左zuǒ 왼쪽 · 中zhōng 중앙 · 右yòu 오른쪽', '前qián 앞 · 中zhōng 중앙 · 後hòu 뒤'로 나누어 구분한다.

'3三'은 '다수, 제일 많다'의 의미로 많이 사용된다. 예를 들어

'三年有成sānniányǒuchéng 참을성 있게 꾸준히 하면 마침내 성공한다.'에서 '三年'은 3년이라는 숫자적인 개념보다는 오랜 시간이라는 의미로 '多年'으로 해석하는 것이 자연스럽다. 또 '三'은 다른 숫자와 함께 사용되어 수량이나 횟수가 많음을 강조하는 표현으로 쓰인다. "三推六問sāntuīliùwèn 여러 번 심문하다", "三征七辟sānzhēngqībì 여러 번 (왕의) 부름을 받다" 등의 표현이 그 예이다.

남방 방언에서 숫자 '3'은 '生shēng'과 발음이 비슷하다. 이는 '생명, 새로운 삶을 만들다, 희망을 가지다'라는 의미를 떠올리게 한다. 이는 남방 지역의 방언 '三'이 '生'과 해음 작용한 것으로, 신부가 결혼 후 아이를 많이 낳기를 바라는 의미가 담겨있다.2

중국에서 숫자 '3'은 수량 또는 횟수가 많거나 적을 때 모두 사용하기도 하지만, '안정감, 완벽함'을 나타낼 때도 사용되어 기업의 브랜드 명칭에서 종종 발견할 수 있다.3 예를 들면 '三三三生生生'은 건강과 무궁한 성장과 발전을 의미하는데, 이는 '三九企業 Sānjiǔqǐyè'의 브랜드명이기도 하다. 그 외에도 녹차 브랜드인 '三杯香Sānbēixiāng', 주방용 소형가전 브랜드인 '三角牌Sānjiǎopái', 제약기업인 '三精Sānjīng' 등과 같이 다양한 기업에서 사용되고 있다.

(4) '사방'을 의미하는 숫자 4

숫자 '4'는 본래 수량적인 의미로 '넷'을 의미하지만, '사방'을 나타내어 '동서남북'을 뜻한다. 고대 중국인은 공간이 사면으로 구성되었다고 여겼으며 실제로 방위와 관련된 어휘들은 '四'와 결합한 어휘들이 많고 고대에서는 숫자 '4'를 조화를 이루는 숫자로 여겼다.

四面楚歌 출처 : baidu.com   萬事如意 출처 : pixabay.com

예를 들어 '四面楚歌sìmiànChǔgē'에서 '四面'은 사방, 주위를 의미하고, "四海之内皆兄弟Sìhǎi zhī nèi jiē xiōngdì 온 세상이 모두 한 형제같이 서로 도우며 잘 지내다"에서 '四海'는 세계를 뜻한다. '四sì'는 사방으로 '각 방면과 방향'이라는 의미와 '전체, 전부'라는 의미를 함께 가진다.

'四'는 '事shì'와 발음이 비슷하여 '事事如意shìshìrúyì, 萬事如意 wànshìrúyì 만사가 뜻대로 되다'라는 표현으로 쓰여 인사말로 종종 사용한다.

그러나 현대에 와서는 '四'를 사용하기는 하지만, 발음상 '死sǐ'와 비슷하여 불길한 의미로 사용하기 꺼리는 숫자이다. 부정적인 의미로 쓰이는 숫자에 대해서는 추후 자세하게 살펴보자.

(5) 다섯 가지의 맛을 의미하는 온전함의 숫자 5

다음으로 숫자 '5'는 '다섯'을 의미하고 '각 방면, 각 방향' 또는 '전체, 전부'를 의미하는 숫자로 쓰인다. '四'의 사방에 중앙을 더한 수로 인식했기 때문이다.4 '五洲四海wǔzhōusìhǎi'는 '온 세계'를 의미한다. '5五'도 다른 숫자와 함께 쓰여 '많다'라는 의미로 종종 사용된다. '五光十色wǔguāngshísè'는 오색이 영롱하다는 뜻에서 색채가 화려하고 아름답다는 뜻이다. 또한 '五五wǔwǔ'는 다섯 차례로 분리된다는 의미로도 쓰여 '五零四散wǔlíngsìsàn 산산이 흩어지다' 등과 같은 어휘의 의미로도 쓰인다.

五行 출처 : baidu.com

'5五'는 중앙과 사방을 합한 숫자로 온전함을 나타낸다. 고대 중국의 '오행설五行說'은 중국인들의 우주관을 대표하는 철학 사상이다. 이는 각종 사물과 현상을 나타내는 어휘에 반영되어 고스란히 나타나는데, 그 예를 살펴보면 다음과 같다. 일상생활에서 자주 사용하는 단어들로 '오륜五倫wǔlún: 君臣·父子·兄弟·夫婦·朋友', '오관五官wǔguān: 눈·코·입·귀·피부 또는 마음', '오경五經WǔJīng: 易역경·書시경·詩시경·禮예기·春秋춘추의 유가 경전', '오미五味wǔwèi: 苦kǔ쓰다·辣là맵다·酸suān시다·甜tián달다·鹹xián짜다', '오색五色wǔsè·五彩wǔcǎi: 靑qīng청색·黃huáng황색·赤chì붉은색·白bái흰색·黑hēi검은색' 등이 그 예이다.

(6) 순조롭게 모든 일이 잘 풀리려면 숫자 6

숫자 '6'은 길한 의미로 현재까지 많이 사용되는 숫자이다. 진秦나라부터 이미 '六liù'을 숭배했고, 진나라 이후부터는 많은 분야에서 '六'으로 분류하는 풍습이 생겨나기 시작했다. 현존하는 주周나라 때 『병서兵書』 6권을 육도六韜 혹은 육략六略이라 하였고, 한漢나라 때에는 6언시가 있었다. 한 漢나라 때 관직은 육조六曹라 하였다. 또 고대에는 십간과 십이지를 조합하여 연도를 기록했는데, 60년을 한 주기로 보아 '60갑자'라고 불렀다. 이후

六六大順 출처 : baidu.com

후대 사람들은 '六liù'과 발음이 비슷한 '流liú 막힘없이 순조롭다', '禄 lù 녹봉'의 의미로 파생되어 매우 길한 숫자라 여기게 되었다. 예를 들어 '六六大順liùliùdàshùn'은 중국인이 덕담할 때 자주 사용하는 표현으로 순조롭게 잘 풀리기를 바란다는 의미이다.

결혼식 날을 선정할 때에는 '6'이 들어가는 날짜(6일, 16일, 26일)를 선호한다. 만약 음력과 양력 모두 '6'을 포함한 날은 더할 나위 없이 좋은 날로 여긴다. 또한 차량 번호와 전화번호 등에 '6'이 포함되어 있거나, 선물로 차기, 식기 등을 구입할 때는 6개로 맞추는 것을 선호한다.

(7) 북극성도 숫자 7이네?

고대 중국인은 일반적으로 짝수를 선호하였지만, 숫자 '7七qī'은 홀수임에도 신성시하였다. '칠성七星qīxīng 해, 달, 금, 나무, 물, 불, 흙'은 북두칠성北斗七星을 의미하고, '七件事qījiànshì'는 집에서 중요한 일곱 가지 생활필수품인 '柴chái 장작·米mǐ 쌀·油yóu 기름·鹽yán 소금·醬jiàng 간장·醋cù 식초·茶chá 차'를 말한다.

七件事 출처: pixabay.com

중국의 전통명절인 '칠석절七夕情人節Qīxī qíngrénjié'은 견우와 직녀가 오작교에서 만나는 날이다. 오늘날 음력 7월 7일은 연인의 날로 연인 또는 부부가 서로의 마음을 표현하는 중요한 기념일이 되었다. 월과 일이 동일한 숫자 '7'로 겹치는 칠석날에 결혼을 하면 행복하게 잘 산다고 믿고 행운이 따르고 길하다고 여긴다.

숫자 '7'은 대부분 수량적인 의미로 사용하지만, '많음'의 의미로 쓰이기도 한다. 또한 '많음'에서 의미가 확장되어 '정도가 심함'을 뜻한다. 그 예로는 '七開八得qīkāibādé 몇 번이고 반복하고 되풀이하다', '七生七死qīshēngqīsī 수많은 생사를 경험하다', '七殘八敗qīcánbābài 심하게 패하다' 등을 들 수 있다.

또한 숫자 '7'은 제사를 지내는 날과도 연관되어 '장례, 죽음'을 상징하기도 한다. 이러한 연유로 중국인은 '7'을 그다지 선호하지 않는다.

(8) 부자가 되게 해준다는 숫자 '8'

중국인의 숫자 '8'에 대한 애호는 각별하다. '8'은 '2'와 '4'의 배

베이징올림픽 개회식(좌) 마트 할인금액 광고 문구(우) 출처 : baidu.com

수로 '여덟'이라는 의미 외에도 '팔괘八卦'에서 신비로운 숫자의 이미지를 갖게 되었으며, 이는 철학관과 우주관을 포함하게 되었다.[5]

개혁개방 이후 '八bā'는 광동어의 '發fā 돈을 벌다, 발전하다, 일어나다'와 발음이 유사하여 현재까지 중국의 대부분 지역에서 아주 길하고 상서로운 의미의 숫자로 사용되고 있다. 휴대폰 번호, 집 번호, 차 번호에 이르기까지 '8'로 끝나거나 '8'이 포함되면 높은 가격에도 잘 팔린다.

처음으로 '8'이 돈을 벌어다 준다고 생각했던 곳은 바로 다름 아닌 상해의 전신국이었다. 전화 설치를 하겠다는 기업과 개인이 눈덩이처럼 몰린 몇 년 전, 전화국은 이 기회를 놓치지 않고 행운의 전화번호를 경매에 붙이는 기막힌 아이디어를 내놓았다. 예를 들어 '***-8888' 같은 전화번호는 경매장에서 한화 몇 천만 원에 상응하는 RMB 100,000元이 넘는 고가에 팔렸고, 계속해서 돈을 번다는 뜻의 '***-1688'와 '***-5188' 번호도 마찬가지다. 한동안 이런 행운의 숫자는 내놓기만 하면 눈 깜짝할 사이에 다 팔렸다. 심지어 예전에 사람들이 터부시하던 ***-4444 같은 번호도, 음계로는 '8'로 읽혀진다고 하여 한동안 유행하였다. '發財fācái 돈을 벌다', '發展

fāzhǎn 발전하다' 등의 단어는 여기에서 비롯되었다.

중국인들에게 8월 8일은 1년에 한 번 있는 가장 좋은 날이다. 2008년 베이징올림픽이 8월 8일 오후 8시에 개막된 것만 보더라도 '八'에 대한 중국인의 애정이 각별한 것을 짐작해볼 수 있다. 실제로 상품의 가격표 끝자리로 숫자 '八'로 끝나는 경우가 많으며 '八'을 여러 번 나열한 '八八八八八' 자동차 번호판이나 전화번호는 엄청난 고가에 팔리기도 한다. 또 '五wǔ'가 '我wǒ'와 발음상 유사하여 '五八八八八'는 "我發財。wǒfācái. 나는 돈을 번다."라는 의미이다. 또 '八'은 다른 숫자와 함께 많이 쓰이는 데, '168一六八: 一路發yílùfā 일생 동안 돈을 벌다', '2828二八二八: 易發易發yìfāyìfā 쉽게 돈을 벌다', '3388三三八八: 生生發發 돈이 꼬리를 물어 계속 생기다', '7878七八七八: 实發实發 돈을 가득 벌다', '518五一八: 我要發 나는 돈을 벌 것이다' 등이 있다.

(9) 영원히 함께 하자는 의미의 숫자 '9'

숫자 '9'는 '아홉'이라는 의미 외에도 '양 또는 수가 많거나 시간이 길고 오래됨'을 의미하여 길한 숫자로 중국인에게 인식되어왔다.[6]

고대 중국인은 '9九jiǔ'를 최고 통치자인 황제와 연관 지어 신성한 의미로 사용하기도 하였다. 황제를 '九重天jiǔchóngtiān'이라 칭하였으며, 황제들은 오랫동안 안정적으로 국정이 운영되기를 바라는 마음으로 '구룡포九龍袍jiǔlóngpáo'를 입기를 원했다. 황궁 건축물의 대부분이 '9' 또는 '9'의 배수인 것과 베이징의 자금성 안에 모두 9999칸 반의 방이 있다는 소문 역시 이러한 연유로 비롯된 것이다. 또 한 자리 숫자 가운데 가장 큰 수를 뜻하여 '아주 많음, 높음, 깊

숫자 9 출처 : baidu.com

음'을 의미하기도 한다. 예를 들어 '九宵jiǔxiāo'는 하늘의 가장 높은 곳을 의미하고, '九泉jiǔquán'은 땅의 제일 깊은 곳인 황천을 가리키며 '九州jiǔzhōu'는 중국 전역을 뜻하는 말이다. 이와 같이 숫자 '9'는 '아주 많음, 높음, 깊음'을 뜻하는 길한 의미로 사용되어 오늘날에는 특히 결혼식 날짜를 정할 때 많이 사용된다.

'久jiǔ 오래다, 오랫동안'의 발음은 '9九jiǔ'와 같다. 그리하여 '永久yǒngjiǔ 영원하다'의 의미로 검은 머리가 흰 머리가 될 때까지 영원한 동반자로 함께 하기를 바라는 신혼부부들이 선호하는 숫자이다. 또한 '長久chángjiǔ'는 어떠한 상태가 오랜 시간 동안 지속되는 것을 의미한다. 연세가 많으신 분들은 장수하시기를 바라는 마음을 기원하고, 상인들은 장사가 오래도록 원활하게 잘 되고 발전하기를 비는 마음에서 '9九'를 좋아한다.

강소성江蘇省과 절강성浙江省의 일부 지역에서는 신부가 시집갈 때 9개의 젓가락 '九箸jiǔzhù'를 가져가서 문 위에 올려놓는 풍습이 있는데 이는 '九箸'가 '久住jiǔzhù'와 발음이 같아 신부가 시집가서 오래도록 행복하게 살기를 기원하는 의미에서였다.[7]

중국인에서 유명한 '999' 브랜드는 '三九企業sānjiǔqǐyè'라는 명칭을 가진 중국 최대의 제약회사이다. 이 기업에서 만든 '三九胃泰

sānjiǔwèitài'라는 위장약은 중국 위장약 매출의 절반가량을 차지할 정도로 유명하며, 약효가 오래가고, 건강을 지켜주어 '장수'의 의미를 상징적으로 담고 있다.

최근에는 건강식품, 과자 등의 브랜드명에 '9'를 사용하는 경우가 많다. 과자 등의 간식에 성분의 함량을 표시하여 건강하게 만들었음을 광고하는데, '濃99鮮奶糖'은 신선한 우유 99%이상이 들어간 사탕이라는 점을 강조한 것이다.

三九企業 출처: baidu.com

그리고 중국인에게 선물을 할 때에는 술을 선물하는 것은 좋다. '九'와 '酒jiǔ 술'의 발음이 같아 '오래 길게 간다'는 의미를 가지고 있기 때문이다. 또 '九'는 '救jiù'와도 발음이 유사하여 화재 구조 번호인 '119要要救yàoyàojiù'나 홍콩의 경찰 신고번호 '999救救救jiùjiùjiù' 같이 각종 재난과 연관된 번호에도 사용되고 있다.

(10) 가장 완전하고 훌륭한 숫자 10

중국에서 숫자 '10'은 '완전함과 완벽함, 원만함, 충실함'의 의미가 담겨있다.

10월 10일 출처 : baidu.com   十全十美 출처 : pixabay.com

　대표적인 예로 '十全十美shíquánshíměi'는 가장 완전무결하고 훌륭하여 나무랄 데가 없다는 뜻으로 사용된다. 청淸나라 건륭乾隆황제는 일생 동안 문무에 걸쳐 공로를 세운 자신을 두고 '十全老人shíquánlǎorén'이라 칭했다. 이렇게 완벽함을 뜻하는 '十全十美'의 표현은 오늘날 광고 문구에도 자주 등장한다.

　'10十'은 중국에서 완전한 것, 원만함, 행운 등을 의미하기 때문에 중국을 대표하는 중요한 인물, 명소, 사건 등을 말할 때 10을 기준으로 삼는다.

　중국 고대에서는 10성聖, 즉 10대 성인聖人shèngrén인 문성文聖wénshèng의 공자孔子Kǒngzi, 아성亞聖Yàshèng인 맹자孟子Mèngzi, 사성史星shǐxīng의 사마천司馬遷Sīmǎqiān, 과성科聖kēshèng의 장형張衡Zhānghéng, 의성醫聖yīshèng의 장중경張仲景Zhāngzhòngjǐng, 무성武聖wǔshèng의 관우關羽Guānyǔ, 서성書聖shūshèng의 왕희지王羲之Wángxīzhī, 화성畫聖huàshèng의 오도자吳道子Wúdàozi, 시성詩聖shīshèng의 두보杜甫Dùfǔ, 차성茶聖cháshèng의 육우陸羽Lùyǔ가 있다.

　중국의 10대 명산으로는 태산泰山, 황산黃山, 아미산峨眉山, 여산廬山, 주물랑마봉珠穆朗瑪峰, 장백산長白山, 화산華山, 무이산武夷山, 오대산五臺山, 옥산玉山이 있다. 또 매년 10대 뉴스, 스포츠계의 10대 스타, 10대 명품뿐만 아니라 주목할 만한 청년, 기업가 10인을 선정한다.

이러한 문화는 숫자 '10'이 중국인들에게 중요한 의미라는 사실을 짐작하게 한다.

알아두면 쓸모 있는 중국 숫자 이야기

중국에서는 중국 고대古代의 사회, 문화, 역사 등 전반에 많은 영향을 끼친 각 분야의 걸출한 인물을 10대 聖人으로 꼽아 추대하고 있다. 이들이 남긴 유산은 현대에 와서도 큰 가르침을 주고 있으며, 이에 해당하는 인물은 공자, 맹자, 사마천, 장형, 장중경, 관우, 왕희지, 오도자, 두보, 육우 등이 있다.

1. 공자孔子

문성文聖이라고 불리는 공자는 노魯나라 출신의 정치가, 사상가이면서 교육자였으며, 유가儒家의 창시자이기도 하다. 공자孔子의 호칭에서 '자子'는 성인인 공자를 높여 부르는 호칭으로 그 뒤 여러 번 추존되어 대성지성문선왕大成至聖文宣王에 추봉되었다. 공자는 현재까지도 중국의 사상에 큰 영향을 주고 있다.

2. 맹자孟子

맹자는 전국戰國 시대의 철학자, 정치사상가로 본명은 맹가孟軻이다. 맹자는 의義를 강조하여 인仁의 위치에 두어 공자의 사상을 보충하고 발전시켰다. 주자朱子는 그를 진秦나라 이전 유학의 마지막 적통으로 평가했는데, 그 영향으로 인해 오늘날까지 흔히 공자와 묶어 공맹孔孟으로 언급되어 유교의 대표 인사로 꼽히고 있다. 인의仁義를 바탕으로 한 왕도정치를 주장하였으며 원대元代에 '아성공亞聖公'으로 추증되어 '亞聖'이라 불리게 되었다.

3. 사마천司馬遷

사마천은 전한前漢 시대에 사학자로 『사기史記』를 저술했다. 동양에서 역사라는 학문을 정립한 위인이라 평가받으며, 위대한 역사가로 사성史聖으로 추앙받고 있다. 사마천은 역사에만 영향을 준 것이 아니라 문학의 영역에도 큰 영향을 끼쳤다.

4. 장형張衡

장형은 전한前漢 시대 문학가이자 중국 역사상 가장 뛰어난 과학 사상가로 추앙받는 인물이다. 그를 '과성科聖, 목성木聖'으로 추증한 것은 그의 천문역학에 대한 업적을 기리기 위해서이다. 이때 목성이란 중국 고대 기계제작에 뛰어난 사람을 추앙하는 칭호였다. 그는 혼천의와 지진을 예측하는 지진계, 물시계 등을 발명하였으며, 이후 UN의 천문 조직위원회에서는 태양계의 1802호 소행성을 '장형성張衡星'으로 명명했고, 달 뒷면의 환형 모양 산을 '장형환형산張衡環形山'이라는 명칭을 붙였다.8

5. 장중경張仲景

장중경은 동한東漢 말기 사람이며, 중국 의학 역사에서 존경받는 인물 중 하나로 의성醫聖으로 추앙하고 있다. 그는 『상한잡병론傷寒雜病論』 16권을 저술하였는데, 『상한졸병론傷寒卒病論』이라고도 하는 이 책은 중의학 역사상 최초로 이理, 법法, 방方, 약藥을 두루 갖춘 경전이다. 여러 한약재를 증상에 맞게 처방하는 방법을 최초로 소개하고 있다.

6. 관우關羽

관우는 충의忠義와 무용武勇의 상징으로 무성武聖, 관성제군關聖帝君, 관제성군關帝聖君 등으로 숭배되었고, 재물財物의 화신化神으로 상징되어 오늘날까지도 신으로서 숭앙을 받는 인물이다. 관우가 관성대제關聖大帝를 넘어서 신神으로 추대된 이후

에 중국 후대 왕조의 황제들은 자신들의 이름이 관우와 겹치지 않도록 하기 위해 스스로 피휘避諱를 하였다.9

7. 왕희지王羲之

동진東晉 시대 사람인 왕희지는 서성書聖으로 추앙받는 중국 최고의 서예가이다. 당시 실용적인 서체인 해서楷書, 행서行書 등을 예술적인 서체로 승화시켰다. 황제 태종이 왕희지를 존중하여 그의 글씨를 널리 수집하여 당시 크게 성행하게 되었다.

8. 오도자吳道子

오도자는 당唐나라 화가로 '수묵화의 시조'로도 불리며, 중국 고대 미술사에 막대한 영향을 끼친 인물이다. 벽화, 산수화, 인물화 등 다양한 방면에 정통하여 화성畵聖으로 숭배하고 있다.

9. 두보杜甫

시성詩聖으로 추앙받는 두보는 이백李白과 함께 '이두李杜'로 병칭되는 중국 최고의 시인이다. 이백은 시선詩仙이라 불린다. 두보는 현실주의를 바탕으로 극악무도하게 사치와 낭비를 일삼는 귀족과 평민의 혹독한 삶을 시에 담고자 했다. 그의 시는 '시사詩史'라고 불린다.

10. 육우陸羽

육우는 당대唐代 문인이자, 중국의 차茶 문화를 정립한 인물로 '차성茶聖'으로 불린다. 육우는 차를 전문적으로 다룬 책으로 그는 『茶經』 3권을 집필하였으며, 차의 기원, 종류, 제작, 도구 및 다예에 이르기까지 차 문화와 관련된 내용이 모두 담겨있다.

학자에 따라 맹자와 장형을 대신 초서草書에 뛰어난 서예가인 초성草聖의 장욱張旭과 술의 시조라 불리는 주성酒聖의 두강杜康을 포함시키거나 추가하여 설명한다.

(11) '十'의 열 배, 백 배, 천 배인 숫자들은?

숫자 '0零líng'은 글자의 모양에서 '원만하다, 완전하다, 끝이 없다'의 의미로 쓰인다. '0'이 포함된 수인 '百bǎi, 千qiān, 萬wàn'은 모두 '十'의 배수이며 이 숫자들 또한 중국인이 자주 사용하는 길한 숫자들이다.

먼저 '百'은 '十'의 열 배인 수로 수량이 많음을 나타내며, '百般bǎibān 각양각색의, 여러 가지', '百姓bǎixing 백성, 평민', '百分比bǎifēnbǐ 백분율', '百事大吉bǎishìdàjí 모든 일이 잘 풀린다' 등으로 사용된다.

百事大吉 출처 : baidu.com

중국에서는 새해가 되면 '百事大吉' 글자가 새겨진 그림이나 장식을 두어 새해에 좋은 일이 생기기를 기원한다. '百'과 관련된 단어는 부정적인 의미를 띠는 경우는 많지 않다.

'千'은 '十'의 백 배인 수로 역시 길함을 뜻하는 숫자이다. '千'과 결합한 단어들은 오랜 세월, 물리적으로 양이 많거나 길이가 길고 깊이가 큰 것 등을 의미한다. 예를 들면 '萬'은 '十'의 천 배인 수로 이와 결합된 단어의 의미는 마찬가지로 '아주 많음'이라는 뜻에서 비롯된 단어들이 많다.

본 장에서는 긍정적인 의미의 숫자에 대해서 살펴보았다. 다음 장에서는 부정적인 의미와 숫자와 그 안에 담긴 중국인들의 문화에 대해 알아보자.

알아두면 재미있는 숫자 이야기

알리바바 홈페이지 화면 출처 : baidu.com

　알리바바의 도메인 주소는 'https://www.1688.com'이다. 도메인 주소에 숫자가 포함되어 있다. 앞서 살펴본 긍정의 의미를 가진 숫자인 '6, 8'이 보이는데, 알리바바 그룹이 2007년 홍콩 증권거래소 상장 시 종목 코드가 1688이었다. 중국 언론 챵스지는 "999년 항저우의 한 아파트 16동에서 18명이 뭉쳐 창립된 것은 알리바바 그룹이 '6, 8'과 맺은 인연의 시작"이라고 지적하면서 알리바바의 숫자 마법이라는 기사로 '6, 8'을 편애하는 중국인의 문화를 이야기했다. 18명이 모여 '1688'의 도메인을 만들게 된 것이다. 이때 '一六八八yíliùbābā'는 "수순히 발전하여 하는 일마다 돈을 벌다"라는 의미인 '一路發發yílùfāfā'에서 비롯된 것이다. 또 알리바바의 경쟁사인 '京東商城'은 류강동劉強東 회장이 1998년 6월 18일 베이징 중관춘中關村에서 창업한 회사인데, 매년 6월 18일에 연중 대형할인 행사를 진행한다. 마찬가지로 징둥그룹의 홍콩 증권거래소 종목 코드도 '09618'이다.

　중국 증권가에서는 종목 코드에서 '6, 8'이 들어간 회사에 투자하라는 이야기가 나올 정도니, 중국에서는 두 숫자에 대한 선호도가 매우 높음을 알 수 있다. 대부분의 상품 코드의 끝자리가 '6, 8'인 것 또한 마찬가지이다. 이처럼 개인뿐만 아니라 기업에서도 행운과 부를 상징하는 숫자를 사용하는 현상은 빈번하게 나타나고 있다.

2 부정적인 의미의 숫자

(1) '죽음'과 관련되어 금기하는 숫자

일상생활에서 사람의 행동과 관련된 금기禁忌는 각국의 언어 문화에서 종종 보이는 현상이다. 서양에서는 기독교 문화 영향을 받아 종교적인 이유로 숫자 '13'의 사용에 조심스럽다. '13'을 사용해야 할 경우에는 '12A, 12B'의 형태로 사용하며, 건물에는 13층 또는 13호실의 공간이 없는 것을 쉽게 확인할 수 있다. 또 금요일과 2월도 선호하지 않는데, 만약 2월 13일이 금요일이라면 언행에 주의하고 외출을 삼가는 문화가 있다.[10]

숫자와 관련된 금기 문화는 중국에서도 흔히 찾아볼 수 있으며, 풍습에서만이 아니라 언어 사용에도 중국인들은 금기 숫자를 사용하지 않는 것을 중요하게 여긴다. 이러한 금기 문화는 보편성, 민족성, 시대성을 두루 갖추고 있으며, 각 나라 고유의 숫자에 대한 독특한 해석과 믿음이 존재한다.

중국인들은 숫자에도 길흉이 있다고 믿고, 일상생활에서 중요시한다. 그리하여 홀수보다는 짝수를 길하다고 여기는데, 이는 중국어의 언어 표현에 반영되어 나타난다. 예를 들어, 고대의 중국어 어휘는 대부분 1음절이었지만 현대 중국어에는 2음절이 확연한 우세를 보이고 있다. 또한 많은 성어나 관용 표현이 4글자 또는 8글자로 이루어져 대칭을 이루고 있다.

한자 문화권에 속하는 중국, 한국, 일본 등의 나라에서는 숫자 '4 四sì'의 발음이 죽음을 뜻하는 '死sǐ'와 유사하여 모두 불길한 숫자로 인식한다. 그리하여 축의금, 조의금을 전할 때 '4'가 들어간 액수는 피하고, 축하의 자리에서는 '4'를 말하지 않는다. 또한 정월 초나흘 初四에는 외출하지 않고, 노동을 삼가는데, '初四chūsì'의 발음이 '出事chūshì 나쁜 일이 생기다'와 비슷하기 때문이다.11

要死了·生氣 출처 : baidu.com

이외에도 '4'를 사용하여 기피되는 표현을 살펴보면 다음과 같다. 숫자 '14'는 '十四shísì'로 발음되는데, '失事shīshì 사고가 일어나다'와 발음이 비슷하여 기피한다. 그리고 '一四yīsì'라는 표현은 '要死了yàosǐle 죽고 싶다'와 발음이 유사하여 중국인이 꺼려하는 숫자이나. 또 '24二四èrsì'는 아이가 죽는다는 '兒死érsǐ'와 해음 현상을 일으키어 결혼식과 같은 자리에서는 사용을 피한다.

'七十三, 八十四qīshísān, bāshísì'라는 말에서 '7七'과 '8八'은 '수명壽命'을 뜻하는데, 중국인들은 73세, 84세에는 인생의 고비로 여기고 매사에 조심하며 지낸다. 84세가 되면 나이를 한 살 줄여서 말하기도 한다. 이는 공자가 73세, 맹자가 84세로 세상을 떠났기 때문에 불길하다고 여기는 것이다.12 성인聖人의 목숨조차 앗아간 나이이기에 일반인은 이 이상 살기가 쉽지 않다고 생각하여 죽음을 두려워한 것이다.

또 숫자 '4'는 SNS상에서 상대방을 폄하하는 표현으로 사용되기도 하는데, 예를 들어 '14'는 '要死yàosǐ 죽겠다'라는 뜻을, '714'는 '去要死qùyàosǐ 나가 죽어라' 등이 그 예이다.

다음으로 숫자 '7'은 서양에서는 행운의 숫자로 여기지만, 중국에서는 '七qī'로 발음되어 화를 낸다는 뜻의 '生氣shēngqì' 중 '氣'와 발음이 유사하여 부정적인 이미지를 가진다.

숫자 '7七'은 '切qiē'의 본래 글자로서 '끊다, 자르다, 단절'의 의미로 인식되어 기피되어 왔다. 이러한 의미가 더욱 확장되어 '7'은 죽음과 관련되어 '장례, 제사'의 의미도 갖게 되었다. 중국에서는 사람이 죽은 다음 7일 후에 지전을 태우는 소칠燒七shāoqī을 지낸다. 사람이 죽고 7일에 1번씩 제사를 지내고 49일이 되면 죽은 자의 영혼이 떠난다고 여겨 제사 '七七祭qīqījì' 또는 '七七日qīqīrì'를 지낸다. 이러한 것은 '祭七jìqī'라는 문화에서 비롯된 것이다.[13]

또 음력 7월은 '鬼月guǐyuè 귀신의 달'로 생각하여, 중국인들은 '七不出門, 八不歸家qībùchūmén, bābùguījiā'의 관습으로 매월 7일, 17일, 27일에는 먼길을 떠나지 않으려 하고, '8'이 들어가는 날에는 귀가하지 않기도 한다. 선물할 때도 7개는 선물하지 않고, 음식도 7가지를 주문하지 않는다.

그 외에 '七出qīchū'은 아내가 집을 나간다는 '妻出qīchū'과 발음이 유사하다. '7757七七五七qīqīwǔqī: 氣氣我氣qìqiwǒqì'는 '부인 때문에 화가 난다'라는 뜻이다. 또한 장례식에서 숫자를 쓸 때는 짝수보다는 홀수를 사용하는데, 수의를 짝수로 준비하면 재앙이 다시 올 것이라 여겨 홀수로 준비한다.[14] 이는 좋지 않은 일은 한 번에 끝나기를 바라는 마음이 담겨 있기 때문일 것이다.

'7'은 중국인들이 싫어하는 숫자지만, '漆qī'는 '페인트, 니스 등을 칠하다'라는 의미가 있어 페인트 회사 전화번호에 종종 사용되기도 한다.

숫자 '10'은 온전함이라는 긍정적인 의미로 사용되지만, 반대로 '사물의 극한'을 의미할 때는 부정적으로 사용된다. 예를 들어 노인이 생일을 맞으면, '9'가 들어간 해인 59세나 69세 때 생일을 성대하게 보내고, '10'이 포함된 60세, 70세 생일을 지내지 않는 것이다.

이러한 숫자에 대한 중국의 언어 문화는 지역에 따라 상이하게 나타나며, 현대에 와서는 숫자의 상징적인 의미도 차츰 변해가고 있다.

(2) 해음 현상으로 피하는 그 외 숫자들

먼저 숫자 '3'도 중국에서 기피하는 숫자 중 하나인데, '三sān'이 '흩어지다, 해산하다, 헤어지다'의 의미를 지닌 '散sàn'과 발음이 같아서 사용하기를 꺼린다. 이러한 연유로 생일, 결혼과 같은 기념일에 선물할 때에도 물건을 3개 주는 것은 예의에 어긋나며, 우산도 '傘sǎn'으로 발음되어 선물하지 않는다. 또 물건의 가격을 책정할 때도 숫자 '3'을 사용하지 않으려는 관습이 있다.

상해, 홍콩 등 남방 지역에서는 숫자 '13'을 꺼리는데, '十三shísān'이 '失散shīsàn 사고를 당하다'과 발음이 같아 13일에는 외출하기를 피하고, 13일에는 결혼식을 하지 않는다. 또 상해 사람들은 종종 '13点shísāndiǎn'이라 하는데, 이것은 "어떤 사람이 사리에 밝지 않아 기준이 분명치 않고, 일을 제대로 하지 못한다."라는 뜻으로 사람에게 쓰면 '바보, 멍청이'라는 표현이다.

앞장에서 살펴본 바와 같이 숫자 '6'은 중국인에게 환영받고 상서롭게 여겨지는 숫자이다. '순조롭다'는 의미로 쓰여 음력 6일, 16일, 26일은 결혼식을 올리기 좋은 날로 여긴다. 반면, 불길한 의미로 쓰이는 경우도 있다. 중국의 어느 지방에서는 숫자 6인 '六liù'가 '溜liū 어슬렁거리다, 빈들거리다'와 발음이 같아 연회 등에서 여섯 가지 음식, 특히 달걀을 여섯 개 준비하는 것을 피한다. 중국의 高考gāokǎo[16)에는 '6'을 기피하는데, '미끄러지다, 헛나가다'라는 의미의 '溜liū' 와 '六liù'의 발음이 유사하기 때문이다. 이는 시험에 좋은 성적을 얻어 합격을 바라는 마음에서 비롯된 것이다.

호북성湖北省의 일부 지역에서는 광동어 발음의 '六luk 육' 발음이 '祿luk 죽다'과 발음이 비슷해서 '滿祿munluk 죽다'의 뜻을 가진다. 그래서 이 지역 사람들은 달걀 6개는 먹지 않고, 선물할 때도 6개를 선물하지 않는 풍습이 있다. 그리고 산동성山東省의 일부 지역에서는 6개의 단추가 있는 상의를 입지 않는데, 이러한 문화 역시 죽음의 의미에서 파생된 것이라 추측할 수 있다.

다음으로 숫자 '8'은 중국인들이 가장 애호하는 숫자이지만, 때로는 부정적인 이미지로 사용되기도 한다. 이는 숫자 '8八'의 자형字形에서 비롯되어 '헤어짐, 나눔, 분리' 등의 뜻으로 사용되기 때문이다. 또한 '巴bā 바싹 달라붙다'와 '八bā'가 발음이 같아서 '움직이지 못하고, 앞으로 나아갈 수 없는 상황'을 의미하여 하는 일이 제대로 풀리지 않는다는 뜻으로 사용하기도 한다. 또 '扒bā 허물어지다'와 해음으로 건물을 지을 때는 8일에 공사 날짜를 정하지 않고, 8층 건물을 세우는 것 또한 피한다.

---

16) 한국의 '대학수학능력시험'에 해당한다.

숫자 '7' 또는 '8'이 들어간 언어 표현 중에는 부정적인 표현들이 많은데, 구체적인 언어 표현을 살펴보면 아래와 같다.

- 七高八低 qīgāobādī : 물건들이 가로세로 어수선하게 널려 있는 모양
- 七上八下 qīshàngbāxià : 마음이 안절부절하여 불안한 상태
- 七狼八虎 qīlángbāhǔ : 집에 개구쟁이들이 많다, 정신없고 어수선하다
- 七手八脚 qīshǒubājiǎo : 여러 사람이 합세하여 많은 일손으로 바쁘게 일하다
- 八個不依, 十個不饒 bāgebùyī, shígebùráo : 아무리 해도 말을 듣지 않다

위의 예시들은 대부분 부정적인 의미로 쓰였으나, '七手八脚'는 부정적인 뜻으로 사용된 것은 아니다.

앞서 살펴본 내용으로 보아 중국인의 숫자에 대한 관념은 일상생활 속에서 중요한 부분으로 차지하고 있음을 알 수 있으며, 한국보다 숫자에 더욱 많은 의미를 부여하고 숭상하고 있음을 알 수 있다.

정리해 보면, 중국인들이 특히 선호하는 숫자는 '8, 6'이며 기피하는 숫자는 '4, 7'이다. 그러나 이러한 모종의 숫자에 대한 선호, 기피는 일률적이거나 절대적인 규칙이 있는 것은 아니다. 지역, 환경, 상황, 시대에 따라 변하고 있으며, 이러한 중국의 언어 문화 현상은 해음 현상에서 비롯된 것이 많다.[15]

숫자와 언어 표현

　숫자는 일차적으로는 부호의 성격을 가지고 있으나, 중국에서는 숫자에도 길흉이 있다고 여기고 특정 숫자에 상징적인 의미를 부여하는 경향이 강하다. 이러한 중국의 전통적인 숫자 문화는 어휘 표현에도 반영되어 나타난다.
　본 장에서는 숫자와 관련된 성어의 유래와 활용에 대해 살펴보고, 근래 많이 사용되는 숫자 표현에 대해 살펴보도록 하자.

1 숫자 성어와 유래

　성어는 여러 단어가 합쳐져 그 형식이 고정되어 복잡하고 비유적인 의미를 함께 가지고 있다. 중국인들의 오랜 관습에서 유래된 성어는 그들의 역사와 문화, 그 안의 언어적 특색을 함께 파악할 수 있다. 따라서 성어는 중국의 오랜 역사와 민족적인 특징과 밀접하게 연관되어 있으므로 성어에 담긴 유래를 파악하는 것은 필요하다. 특히 성어에 포함된 숫자는 간결하고, 함축적으로 표현할 수 있어 다양한 언어 표현에 반영되어 있다. 대표적으로 많이 쓰이는 숫자 용어 표현과 유래에 대해 알아보자.

(1) 不管三七二十一

'不管三七二十一bùguǎn sānqī èrshíyī'은 주변의 시선과는 상관없이 앞뒤를 가리지 않고 무턱대고 함부로 행동을 취하는 것을 비유할 때 사용되는데, 그 유래를 살펴보면 아래와 같다.

蘇秦의 합종책 출처 : baidu.com

전국全國시대 유명한 종횡가였던 소진蘇秦은 제齊, 초楚, 연燕, 조趙, 한韓, 위魏나라와 연합해 진秦나라에 대항하자는 '합종合縱'을 실현하기 위해 조숙후趙肅侯의 부탁을 받고 제齊나라로 유세를 떠났다.

소진蘇秦은 제나라 선왕宣王에게 "제나라는 남쪽으로 太山이 있고, 동쪽으로 琅琊가 있으며, 서쪽으로 清河가 있고, 북쪽으로 渤海가 있으니 사방이 다른 나라로 둘러싸여 있습니다. 그리하여 이른바 四塞之國sìsàizhīguó라 합니다. 齊나라 영토는 2천 리, 병력은 수십 만, 양식은 산처럼 쌓여 있습니다. 齊나라의 병차兵車는 뛰어나고 五家制의 군사는 진격함에 있어 화살처럼 빠르고 전투에는 번개 같으며, 해산할 때에는 풍우처럼 신속합니다. 비록 전쟁이 있다 하더라도 太山을 등지고 넘어오거나 清河를 끊거나 渤海를 건너온 적군이 없었습니다. 도읍 臨淄는 7만 호나 되는데 제가 헤아려 보건대 한 집에 장정 3인 이하는 아닐 것입니다. 그러니 이 장정만도 三七은 二十一, 21만 명이나 되어 먼 縣에서 모집해 오기를 기다리지 않아도 임치의 士卒만 21만 명이나 됩니다. 또 임치성은 심히 부유하고 실實한 곳입니다"라고 유세하였다.

선왕은 소진의 말을 듣고 합종책에 동조하여 제후국과 연합하여 함께 진나라에 대항하려 하자, 신하가 간언하기를, "소진의 이런 계산은 마땅하지 않습니다. 한집에서 세 명의 남자가 모두 군대에 갈 수 없기 때문입니다. 어떤 집에는 홀아비만 있고, 남자가 없는 가구도 있으며, 노인만 있는 집도 있습니다. 소진의 말하는 것은 탁상공론일 뿐입니다"라고 하였다.

소진은 가구당 3명을 징병하는 것이 불가능한 상황을 전혀 고려하지 않고 제멋대로 추진하려고 하였는데, 이에서 '不管三七二十一'이 여기서 유래되었다. 이 성어에서 '三'은 본래의 의미인 '삼, 셋'으로 사용되었다.

실제 생활에서 활용되는 예시를 살펴보면 다음과 같다.

- 我不管三七二十一冲出去。Wǒ bùguǎnsānqī èrshíyī chōngchūqù : 나는 다짜고짜 뛰쳐나갔다.
- 不管三七二十一, 歡歡喜喜地說了半天。Bùguǎn sānqīèrshíyī, huānhuānxīxide shuōle bàntiān : 앞뒤 가리지 않고, 즐겁게 웃으면서 한참을 이야기했다.

(2) 不三不四

'不三不四 bùsānbúsì'는 중국 고대의 역경易经사상에서 유래한 것으로, '단정하지 못하다, 하찮다, 행실이 바르지 않다'의 의미로 쓰인다. 역경에서 각 괘卦마다 효爻가 6개씩 있어 6효괘라고 하는데, 첫 번째 효와 두 번째 효는 '땅'이며 세 번째와 네 번째 효는 '사람'이고, 다섯 번째 효는 '하늘'이다.

'不三不四'는 세 번째, 네 번째 효가 아니니, 이는 사람 또는 사물이 정도正道와 대도大道에 있지 않은 것을 의미하므로 정도를 벗어난 상태, 정직하지 못하고 상식 이하의 행동을 하여 행실이 바르지 못한 언행을 표현할 때 사용한다. 또는 불성실하다는 의미로 쓰이기도 한다.16

不三不四 출처: baidu.com

사용되는 예시를 살펴보면 아래와 같다.

- 這些人不三不四的，別跟他們打交道。Zhèxiērén bùsānbúsì de, bié gēn tāmen dǎjiāodào : 이 사람들은 언행이 좋지 못하니, 함께 만나지 마라.
- 小民的打扮總顯得不三不四的。Xiǎomín de dǎban zǒng xiǎnde bùsānbúsì de : 소민이의 모습은 늘 볼품없다.

(3) 七步之才

'七步之才qībùzhīcái'는 '일곱 걸음을 걸을 동안에 시를 지을 만한 재주를 가진 사람'이라는 의미로 아주 뛰어난 문학적 재능을 지닌 사람을 뜻하며, '七步才'라고도 한다.17

삼국三國시대 위魏나라 문제文帝와 그의 아우인 동아왕東阿王의 이야기이다. 문제는 조조曹操의 첫째아들은 조비曹丕이고, 동아왕은 조조의 셋째 아들인 조식曹植을 말한다. 조조는 무사였지만 시문을 좋아하여 건안문학建安文學의 융성에도 크게 기여하였다. 조조의 글 쓰는 재주를 물려받아 조비, 조식 모두 글재주가 뛰어났다. 특히 조식의 시를 쓰는 재주는 당대 대가들의 칭송이 끊이지 않을 만큼 뛰어났다고 한다. 조조는 자연스럽게 조식을 총애하였고, 조비는 어릴 때부터 동생 식의 글재주를 질투했다.

어느 날 조비는 조식에게 일곱 발자국을 걸을 동안에 시를 짓지 못하면 사람들을 속인 죄로 중한 형벌을 내리겠다고 했다. 조식은 할 수 없이 일곱 발자국 만에 시를 한 수 지었는데, 바로 유명한 칠보시七步詩이다.

七步诗
──[三国.魏] 曹植

煮豆持作羹,   콩깍지로 콩을 볶으니
漉菽以为汁。   콩은 솥 안에서 우는구나.
萁在釜下燃,   본래 한 뿌리에서 태어났지만
豆在釜中泣。   서로 볶는 것이 어찌 이토록 급한가?
本自同根生,
相煎何太急?

七步詩 출처 : baidu.com

이 시는 자신을 콩에다 비유하고 자신을 괴롭히는 형을 땔감으로 쓰인 콩깍지에 비유하였는데, 혈육 간에 서로 다투지 않기를 바라는 마음으로 지었다.[18] 이 시를 본 조비는 조식을 죽이면 세상 사람들의 비웃음을 받을 것이라는 생각이 들어 그를 풀어주었다.

조식의 일화에서 유래한 '七步之才'이 사용된 예문을 살펴보면, 아래와 같이 활용된다.

- 聽聞他有七步之才, 很多人慕名前來請教。Tīngwén tā yǒu qībùzhīcái, hěnduō rén mùmíng qiánlái qǐngjiào : 뛰어난 글재주를 갖고 있다는 말을 듣고 많은 사람이 그의 명성을 흠모하여 가르침을 받으러 온다.

조식의 뛰어난 글재주를 표현한 비슷한 성어로 '八鬥之才 bādǒu zhīcái'가 있는데, '무엇이든 다재다능하게 잘하는 능력을 지닌 사람'을 지칭할 때 쓴다.

(4) 朝三暮四

'朝三暮四 zhāosānmùsì'는 "도토리를 아침에 3개, 저녁에 4개 주고, 반대로 아침에 4개, 저녁에 3개 주는 것은 차이가 없다"라는 뜻으로 '당장 눈앞의 이익이나 차별만을 생각하여 어리석은 행동하는 것'을 표현할 때 쓴다.

전국全國시대 송宋나라에 저공狙公이라는 사람이 원숭이를 여러 마리 기르고 있었다.19 그는 원숭이를 지극정성으로 보살폈고, 원숭이들 역시 저공을 따랐다.
그러나 형편이 넉넉지 않아 키우는 원숭이 모두에게 먹이를 주기에는 어려웠고, 저공은 먹이를 어떻게 하면 줄일 수 있을

朝三暮四 출처 : baidu.com

까 고민했다. 오랜 고민 끝에 원숭이들에게 이렇게 말했다.

"앞으로는 도토리를 '아침에 세 개, 저녁에 네 개씩 주마. 어떠냐" 그러자 원숭이들은 "아침에 한 개 덜 먹으면 배가 고파서 안돼요"라고 하며, 화를 내고 소란을 피웠다. 그러자 저공이 말했다. "그럼, 아침에 네 개, 저녁에 세 개씩 주마. 만족하느냐" 그러자 원숭이들은 모두 만족하고 기뻐했다.

위의 예화와 같이 '朝三暮四'는 잔꾀를 부려 남을 속이는 상황을 표현할 때도 사용되는데, '변덕스럽고, 갈팡질팡하다'라는 의미로도 쓰인다. 다음 활용되는 예시문을 살펴보자.

- 他今天想學遊泳, 明天想學滑雪, 這麼朝三暮四的, 結果什麽都沒學成。Tā jīntiān xiǎng xué yóuyǒng, míngtiān xiǎng huáxuě, zhème zhāosānmùsì de jiéguǒ shénme dōu méi xuéchéng : 그는 오늘은 수영을 배우려고 하고, 내일은 스키를 배우고 싶어 한다. 이러다가는 결국 아무것도 배우지 못한다.[20]

(5) 三天打魚, 兩天曬網

'三天打魚, 兩天曬網 sāntiān dǎyú, liǎngtiān shàiwǎng'은 우리말의 '작심삼일'과 동일한 의미로 쓰인다. 이때 '三天打鱼'는 '3일 동안 고기를 잡는다'는 뜻이고, '兩天曬網'은 '2일간은 그물을 말린다'라는 뜻이다. 주로 공부나 일할 때, 꾸준히 실행하지 못하거나, 새로운 목표를 세워 빨리 중도 포기하는 상황

三天打魚 출처 : baidu.com

을 비유할 때 많이 사용한다.

- 不要三天打魚, 兩天曬網。Búyào sāntiāndǎyú, liǎngtiānshàiwǎng : (무슨 일이든) 작심삼일作心三日하면 안된단다.
- 他做什麼事情都沒有恆心, 總三天打魚, 兩天曬網。Tā zuò shénme shìqíng dōu méiyǒu héngxīn, zǒng sāntiān dǎyú, liǎngtiān shàiwǎng : 그는 어떤 일이든 꾸준하지 못하고, 늘 하다 말다 한다.
- 我每年的新年決心都是三分鐘熱度, 最後不了了之。Wǒ měinián de xīnnián juéxīn dōu shì sānfēnzhōng rèdù zuìhòu bùliǎoliǎozhī : 새해마다 하는 결심은 늘 작심삼일로 끝나버린다.

'三天打鱼, 兩天曬網'와 유사한 표현으로 '五分鐘熱度wǔfēnzhōng rèdù, 三分鐘熱度sānfēnzhōng rèdù'가 있는데, 이는 끓은 물이 5분이면 식어버리듯 어떤 일에 대한 열정이 금방 달아올랐다가 식어버리는 것을 비유한다.

(6) 八字還沒一撇

'八字還沒一撇bāzì háiméi yīpiě'는 '아직 윤곽이 뚜렷하게 나타나지 않는다'라는 뜻이다. 어떤 일이 아직 진행 중인 상태이거나, 여전히 제대로 파악되지 않을 때 쓰는 표현이다. 즉, 직역하면 '八字의

八字還沒一撇 출처 : baidu.com

첫 번째 획인 삐침(丿) 조차 아직 긋지 않았다'라는 뜻이다. 글자가 완성되지 않았으니 시작도 못하거나 진전이 없는 상황을 나타낸다.

중간에 '還hái'를 생략해서 쓰기도 한다.

'八字還沒一撇'이라는 표현은 혼인에서 유래되었다. '八字'는 '사주팔자生柱字'의 '팔자八字'로, 과거에는 혼담이 오갈 때 신랑 측과 신부 측에서 서로 사주팔자를 따져본 후에 혼인 여부를 결정하였다. 만약 신랑 신부의 사주팔자의 합이 맞지 않으면 혼인이 성사되지 않았는데, 여기에서 나온 표현이라고 한다.[21]

- 這事八字還沒一撇, 你怎麼就急急忙忙地動了真章兒呢? Zhèshì bāzì hái méi yīpiě, nǐ zěnme jiù jíjímángmáng de dòngle zhēnzhāngér ne? : 이 일은 아직 단서도 잡히지 않았는데 너는 어찌 그렇게 성급하게 행동에 옮기니?[22]
- 初戀結婚了, 我還八字沒一撇呢。Chūliàn jiéhūn le, wǒ hái bāzìméiyīpiě ní : 첫사랑은 이제 결혼했는데 난 아직 여자친구조차 없네요.

2 흥미로운 숫자 표현

(1) 좋은 일은 두 배로?

중국인들은 짝수를 좋아하고, 물건을 구입하거나 선물할 때에도 짝을 이루거나 쌍을 이루는 것을 선호한다. '好事成雙 hǎoshi chéngshuāng 좋은 일은 겹쳐 생긴다'라는 표현에 담긴 의미처럼 경사스러운 일이 있을 때는 축의금을 낼 때 꼭 짝수로 맞춘다.

'二èr'은 '雙shuāng, 兩liǎng, 對duì'의 의미를 포함하고 있으며,

상황에 맞게 각각 사용된다. 예를 들어 '雙'은 '一雙筷子yìshuāng kuàizi 젓가락 한 쌍, 一雙鞋子yìshuāngxiézi 신발 한 켤레' 등 쌍으로 이루어진 물건 등을 표시할 때 사용한다. '兩'은 기수로 쓰이고 서수로는 쓰지 않는다. '一對yíduì'는 '한 쌍'이라는 뜻인데 '연인'을 가리킬 때 사용된다. 예를 들어 "他們倆是天造地設的一對。Tāmenliǎ shì tiānzàodìshè de yíduì. 저 둘은 정말 천생연분이야."의 표현 중 '一對'는 사랑하는 연인을 의미한다. '雙'과 '兩' 또한 부부의 행복을 상징하는 글자로 사물이 짝을 이룰 때 길하다고 여겼다. 많은 중국 문학 작품 내의 표현 구조 역시 대구對句를 이루고 있으며, 현대 중국어 어휘 중에서도 두 글자 단어가 많다. 또 결혼식이나 경사가 있을 때는 '기쁘다'는 '喜'를 두 번 겹친 글자, 쌍희자인 '囍'를 붙여 기쁜 일이 두 배로 생기기를 기원한다.

알아두면 쓸모 있는 중국 문화 이야기

왕안석王安石과 '囍'에 담긴 유래

중국의 음식점에 들어가면, 벽에 '囍'를 붙여둔 것을 쉽게 볼 수 있다. 간혹 우리나라의 중국 음식점에서도 볼 수 있는데, '囍'을 붙이는 풍습은 북송北宋 시대의 왕안석과 관련된 이야기에서 유래되었다.

왕안석이 과거 시험을 보기 위해 외삼촌 댁에 머무르게 되었는데, 문 앞에 주마등走馬燈이 걸려있는 것을 보았다. 거기에는 "走馬燈, 燈馬走, 燈熄馬停步 주마등은 등이 말을 달리게 하더니, 등불이 꺼지니 말도 걸음을 멈추네"라는 구절이 적혀 있었는데, 이 구절의 대구를 잘 짓는 이에게 그 집안의 딸과의 결혼을 허락하겠다는 글을 발견했다. 마원외馬員外라는 사람의 가문에 외모와 재능이 뛰어난 딸 하나가 있어 좋은 사윗감을 맞이하기 위해 이러한 구절을 문 앞 주마등에 걸어둔 것이었다.

과거 시험을 보고 돌아오는 길에 왕안석은 비호飛虎, 날아다니는 호랑이가 그려진 깃발을 보고 대구가 떠올라 "飛虎旗, 旗虎飛, 旗卷虎藏身。비호기는 깃발이 호랑이를 날게 하더니, 깃발이 접히니 호랑이도 몸을 숨기네" 라는 시를 지어 마원외에게 가서 읊었다. 그는 왕안석의 수려한 문장에 감탄하여 사위로 삼겠다고 했다. 며칠 후 결혼식 당일에 과거에 합격하여 연회에 참석하라는 통보를 들었고, 그는 기쁜 일이 두 번 생긴 것을 기념하는 의미로 붉은 종이 위에 커다랗게 '희喜'자 두 개를 겹친 '쌍희 희囍' 자를 써서 대문 위에 붙였다. 이후 중국인들은 기쁜 일이 두 배로 생기기를 기원하면서 쌍희자를 붙이게 되었다.23

일상 속 '囍' 출처 : baidu.com

(2) 중국에서는 '250'을 함부로 말하지 마세요!

'2二'은 긍정적인 의미로 사용되기도 하지만, 부정적인 의미도 함께 가지고 있다. '첫 번째, 일등'의 의미를 가지는 '1一'에 견주어보면 '2二'은 '천시, 비방'의 부정적 이미지가 강한 어휘들이 많이 있다. 첫 번째가 아닌 두 번째의 의미로 부족함을 내포하기 때문이다.

아래 제시된 어휘들이 그 예이다.[24]

- 二把刀èrbǎdāo : 기술이 미숙한 사람
- 二百五èrbǎiwǔ : 바보, 멍청이
- 二愣子èrlèngzi : 덜렁이. 분별없이 행동하는 사람
- 二流子èrliúzi : 건달, 망나니
- 二傻èrshǎzi : 멍청이, 바보

위 예시 가운데 숫자 250인 '二百五'는 중국인들이 싫어하는 숫자 중의 하나이다. '바보, 멍청이'라는 뜻으로 쓰여 상대방을 비하하는 표현으로 비속어이기 때문에 함부로 사용해서는 안된다. 만약 물건 값이 250元일때는 반드시 'liǎngbǎiwǔ'로 읽어야 한다.

二百五 출처 : baidu.com

그렇다면 왜 '二白五'는 부정적인 이미지의 숫자가 되었을까? 그 유래에는 여러 가지 설이 있는데, 중국 청清나라의 화폐 단위와 관련이 있다. 청清나라 때에는 은銀 오백 냥을 묶어 하나의 단위로 세었는데, 은銀 오백 냥은 '一封銀子yìfēng yínzi'라고 하였다. 오백 냥의 절반인 이백오십 냥은 '半封銀子bànfēng yínzi'인데, 이때 '半封bànfēng'이 '半疯bànfēng 바보, 멍청이'과 발음이 같아 '250二百五'는 '바보, 멍청이'라는 부정적인 의미가 생겨나게 되었다.

민간 고사에 전하는 바에 따르면 옛날 어느 지역에 한 부자가 슬하에 아들 둘이 있었다. 그는 자신 일생의 성공과 실패를 떠올리

며 두 아들의 이름을 각각 '成事'와 '敗事'로 지었다. 하루는 한 서생이 두 아들에게 새로운 글자를 알려주면서 첫째는 300번을 쓰고, 둘째는 200번을 써오라는 숙제를 내주었다. 그러나 다음날 두 아들 모두 250번을 썼다. 이걸 본 서생이 말하기를 "성사成事는 300에는 부족하고, 패사敗事는 200보다 많도다"라고 말하였는데, 이때 유래한 표현이 바로 "成事不足, 敗事有餘"이다.

"成事不足, 敗事有餘。chéngshì bùzú, bàishì yǒuyú."는 일을 성사시키기에는 부족하고, 실패하기에는 충분하다는 뜻으로 사용되고 있다.

중국인에게 숫자는 이처럼 다양한 의미를 지니고 있기에, 숫자를 사용할 때 부정적인 이미지가 강한 숫자는 되도록 피하는 것이 좋다. 예를 들어 비즈니스를 진행할 때에 250은 사용하지 않는다.

(3) 숫자, 암호로 말해요!

중국어는 숫자 암호로 된 표현들이 상당하다. 특히 SNS와 같은 소셜네트워크에서는 신속하고 간결하게 문장을 구사하기에는 축약, 줄임말이 유용하다. 또 숫자가 주는 시각적 효과로 인해 지각 및 연상작용에도 용이하다. 문자를 숫자로 변환하기도 하고, 숫자와 문자를 조합하여 표현하기도 한다. 중국에서는 공문서, 공공포스터, 국가발전계획 등에서 주요 이슈가 되는 정책을 집약적으로 나타내고자 할 때도 숫자를 많이 활용한다.25 기업은 마케팅에 숫자를 활용하는데, 날짜에 의미를 부여하여 만든 11월 11일의 '光棍節', 12월 12일 '雙12節' 등이 그 예이다.

앞서 살펴본 250은 부정적인 어휘로 쓰이는데 반해 '520五二零'

은 긍정적인 의미로 사용된다. 숫자 '5五wǔ'는 '我wǒ'로 표현되어 '나'를 칭하고, '2二'은 '愛ài', '零líng'은 '你nǐ'이다. 다시 말해, 520이라는 숫자를 통해 '사랑해'라는 의미를 전달한다. 이렇게 '520'라는 말이 유행하면서 중국에서는 5월 20일을 발렌타인데이로 여기고 기념일이 되었다. 5

五二零 출처 : baidu.com

월 20일에는 연인끼리 RMB 520元의 담은 붉은 봉투紅包를 주거나 선물 등을 주고받는다. '521'은 상대방의 고백에 대한 대답으로 '我愿意。Wǒyuànyì. 나도 너를 원해.'의 의미를 갖는다. 이날에는 신혼부부들이 혼인신고를 하기 위해 관공서에 몰려 북새통을 이룬다. 만약 5월 20일이 주말일 경우, 그 다음날인 21일에 혼인신고를 한다.

'530'은 보고 싶다는 말인데 여기서 '3三sān'은 '想xiǎng'을 뜻한다. 이밖에도 '사랑'과 관련된 숫자 암호를 살펴보자.

- 1314yīsānyīsì = 一生一世yīshēngyīshì : 한평생
- 147yīsìqī = 一世情yīshì qíng : 일생의 사랑
- 54430wǔsìsisānlíng = 我時時想你Wǒ shíshí xiǎng nǐ : 나는 늘 네가 보고 싶어
- 721qīèryī = 亲愛的qīn'àide : 자기야
- 898bājiǔbā = 分手吧fēnshǒu ba : 헤어졌어

이 외에도 '4'는 '謝xiè 감사하다'를 표현하고, '5'는 우는 소리인 '呜呜呜wūwūwū 엉엉엉'와 발음이 비슷하여 문자 메시지를 보낼 때 우는 모습을 표현한다. 한국에서 SNS나 문자 메시지로 슬픔을 표현

하고자 할 때 'ㅠㅠ'라고 표현하는 것과 동일한 것이다. '6'은 '老lǎo 오래된, 樂lè 즐겁다, 累lèi 피곤하다, 懶lǎn 나태하다'등 여러 단어를 대신하여 다양한 상황에서 쓰인다. '7'도 '請qǐng 청하다, 起qǐ 일어나다, 氣qì 화가 나다, 去qù 가다'의 의미로 사용된다. 예를 들어 '70885'는 "請你幫幫我Qǐng nǐ bāngbang wǒ 부탁인데, 나 좀 도와줘"이다. '8'은 헤어지는 인사 표현으로 "拜拜bàibai 잘가! = 88"로 쓰인다.

앞서 본 바와 같이 중국어는 유사한 발음의 한자가 많아 숫자만으로 문장을 만들기 용이하다. 중국어의 숫자 암호화는 단어와 발음이 유사한 아라비아 숫자 0~9으로 표현하여 암호를 만드는데, 그 형성 기준이 일관적이지 않다.

본 장에서는 중국의 숫자와 관련된 금기, 언어 표현, 풍습 등을 살펴보았다. 중국의 독특한 숫자 언어 문화는 일상생활뿐 아니라 사상, 민족, 심리, 가치관 등 문화 전반에 많은 영향을 미치고 있으며, 문화 자체로도 상징적인 의미가 있다.

알아두면 재미있는 중국어 숫자 암호

0837 : 你別生氣 화내지마
70345 : 請你相信我 날 믿어줘
5376 : 我生氣了 나 화났어
5871 : 我不介意 난 상관없어
596 : 我走了 나 갈게
918 : 加油吧 힘내
51396 : 我要睡覺了 나 잘게
0837 : 你別生氣 화내지마
70345 : 請你相信我 날 믿어줘

5376 : 我生氣了　나 화났어
5871 : 我不介意　난 상관없어
596 : 我走了　나 갈게
918 : 加油吧　힘내
51396　我要睡覺了　나 잘게

주석

1 한명숙(2008), 『諧音에 나타난 中國文化 考察』, 국내석사학위논문, 목포대학교 대학원, p.18.
2 한명숙(2008), p.19.
3 임광욱(2014). 「중·한 숫자 활용 대조연구」, 『인문학연구』, p.233.
4 강민진(2006), 『중국 숫자의 문화적 함의』, 국내석사학위논문, 충남대학교 교육대학원, p.29.
5 박지령(2006), 『중국문화와 어휘 : 음식·숫자·색채·성명·민속문화를 중심으로』, 국내석사학위논문, 성균관대학교 교육대학원, p.54.
6 강민진(2006), p.44.
7 한명숙(2008), p21-22.
8 소준섭 저(2018), 『중국사 인물 열전』, 서울 : 현대지성, pp.148-149.
9 https://blog.naver.com/bookhyang/220627315169
10 金珠映 저(2008), 『중국어의 言語禁忌에 관한 연구』, 대구 : 啓明大學校, p.10.
11 장젠화 저, 장인영 역(2004), p.141.
12 박종한(2003), 「숫자에 담긴 중국문화와 그 활용」, 『중국문화연구』, p.151.
13 https://m.blog.naver.com/PostView.naver?isHttpsRedirect=true&blogId=montaviela&logNo=40188330026
14 강민진(2006), pp.65-66.
15 장범성 저(2017), 『비슷하면서도 다른 한중문화』, 서울 : 살림, pp.45-46.
16 김수현 외(2020), 『용어로 보는 중국문화 이야기 다락방』, 경기 고양 : 학고방, pp.229-230.
17 https://kin.naver.com/qna/detail.nhn?d1id=11&dirId=11080202&docId=311034742
18 https://blog.naver.com/allr77/221514705711
19 https://blog.naver.com/ksh8549/70135000955
20 https://sgsg.hankyung.com/article/2019083084761
21 https://yonseisinology.org/articles/culture/1085
22 https://blog.naver.com/hyona0513
23 https://m.blog.naver.com/PostView.naver?isHttpsRedirect=true&blogId=dymg98&logNo=221309241562
24 임광욱(2014), p.232.
25 기유미(2020), 「중국어 숫자 줄임말의 형식 및 의미 탐색 - 중국 정부 공문서를 중심으로」, 『중국학』 72, p.172.

PART 06
음식

중국의 음식 문화 출처 : baidu.com

1. 음식으로 보는 지역과 풍속
2. 음식과 관련된 유형별 어휘
3. 음식에 담겨 있는 이야기

음식과 중국 문화

- 중국을 대표하는 4대 요리는 어떤 특징을 가지고 있을까?
- 중국인의 음식 문화 풍습에는 어떠한 의미가 담겨있을까?
- 중국 음식과 관련된 어휘는 현재 어떤 의미로 파생되어 사용되고 있는가?
- 중국 음식에는 어떤 유래와 이야기가 담겨있을까?

　중국의 『한서漢書』에는 "民以食爲天mínyǐshíwéitiān 백성이 먹는 것을 하늘처럼 여긴다"라는 말이 있다. 이는 중국인에게 있어 먹는 것이 하늘과 동일시할 정도로 중요하다는 것과 백성이 배부르게 먹을 수 있도록 하는 것이 통치자의 역할임을 강조한 것이다. 또 인간이 살아가는 데 꼭 필요한 요소는 의식주衣食住인데, 중국인은 이에 '행行 교통'을 포함시켜 '식의주행食衣住行'이라 하였다. 그중에서 '식食'을 가장 앞에 둔 것을 볼 수 있는데, 이를 통해 중국인은 의식주 가운데 '식食'을 가장 중요시하는 것을 알 수 있다. 이러한 중국인들의 관념은 다채로운 음식과 조리법이 나타나게 된 배경이 되었고, 현재까지 중국의 언어와 문화 속에 고스란히 반영되어 있다.

　중국인은 음식의 색과 향, 모양뿐 아니라 그릇, 먹는 순서, 식사시간과 장소, 신선한 정도, 먹는 사람의 기분까지 고려한다. 이를 '十美shíměi 10가지의 아름다움'라고 하는 데 여기에는 '質zhì 품질, 色sè 빛깔, 味wèi 맛, 香xiāng 향, 形xíng 모양, 器qì 그릇 용기, 適shì 순서, 時shí 시간, 境jìng 장소'이 포함된다. 이러한 열 가지 아름다움의 조화와 완벽함을 추구하던 음식 문화에서 생겨난 말이 바로 '十全十美shí quán shí měi 열 가지가 완벽해야 열 가지가 아름답다'이다.[1] 이 말은 결점이 없을 만큼 나무랄 데 없이 완벽하다는 뜻인데, 음식을 대하는 중국인들의 정성과 마음을 엿볼 수 있다. 또 음식이 중국인들에게 차지하는 비중이 그만큼 크다는 것이기도 하다.

　중국의 광대한 영토와 지역, 기후로 인해 중국만의 특색 있는 다채로운 음식 문화가 발달하였고, 이와 더불어 자연스럽게 음식과 관련된 언어 표현 역시 발전하였다. 중국어에는 '먹다'와 관련된 어휘들이 100여 개에 달한다. 요리의 종류를 표현하는 어휘도 수십여 가지가 넘는데, 맛을 표현할 때도 비유를 통해 또 다른 의미를 파생시켜 새로운 어휘를 만들어 내기도 한다.

　본 장에서는 중국의 대표적인 지역별 요리와 음식에 담겨 있는 풍습, 그리고 음식과 관련된 언어 문화, 음식과 관련된 이야기를 통해 중국인의 사상과 가치관을 함께 알아보자.

중국인의 식사 모습　출처 : pixabay.com

CHAPTER 1 음식으로 보는 지역과 풍속

中國八大菜系 출처 : baidu.com

1 마라는 어느 지역의 요리일까요?

중국의 음식 문화는 세계적으로도 다채롭고 독특하기로 유명하다. 다양한 기후와 지형에 맞는 식재료가 매우 풍부하여 음식의 종류와 조리방법이 다양하고 그들만의 특색 있는 문화와 어휘가 나타나기 때문이다.

중국의 요리는 지역에 따라 사천四川, 산동山東, 광동廣東, 강소江蘇, 호남湖南, 절강浙江, 복건福建, 휘주徽州 요리를 8대 요리로 크게 나누는데, 그중에서도 사천, 산동, 광동, 강소 지역의 요리가 특히 유명하여 4대 요리라고 부른다.

"南甜北鹹東酸西辣nántián běixián dōngsuān xīlà 남쪽은 달고, 북 쪽은 짜며, 동쪽은 시고, 서쪽은 맵다"라는 이 말은 동서남북의 지역 구분에 따라 각 지방에 따른 음식 맛의 특색을 보여주는 표현이다.

북방 지역은 밀을 주식으로 하여 만든 면, 만두, 육류 요리가 유명하고, 베이징北京이 역사와 문화의 중심지이므로 궁중 요리와 같은 고급 음식이 발달하였다.

남방 지역은 쌀이 주식이므로 밥과 곁들여 먹을 수 있는 탕, 볶음 요리가 발달하였으며, 북방 지역과 달리 식재료가 풍부하고 해산물을 재료로 한 음식이 많은 것이 특징이다. 또 남방 지역 사람들은 양념이 많이 들어가지 않은 담백한 맛과 설탕을 넣어 단맛을 낸 음식을 주로 먹는다. 음식의 소리도 찌거나 데쳐서 먹는데, 북방 지역 사람들은 간장이나 소금을 넣어 만든 요리를 좋아한다.

麻婆豆腐 출처 : baidu.com

宮保鷄丁 출처 : baidu.com

사천四川요리는 음식에 쓰이는 재료가 광범위하고 맛이 다양하며, 신선한 재료로 만들어 깔끔하고 진한 맛이 특징이다. 명말청초明末清初에 고추가 전래되어 매운맛의 풍미를 살린 음식이 정형화되었으며, 짠맛·신맛·쓴맛 등 6가지 맛의 조화를 특징으로 한다. 사천요리의 맛에는 약 24가지가 있을 정도로 다양하다. 대표적인 음식으로는 麻婆豆腐mápódòufu, 擔擔麵dàndànmiàn, 火鍋huǒguō, 宮保鷄丁gōngbǎojīdīng 등이 있다.

"江西人不怕辣, 湖南人辣不怕, 四川人怕不辣jiāngxīrén búpà là, húnánrén là búpà, sìchuānrén pà búlà"라는 말이 있는데, "강서 사람들은 매운 맛을 두려워하지 않고, 호남 사람들은 매운 것을 두려워하지 않으며, 사천 사람들은 맵지 않을까 두려워한다."라는 뜻이다. 사천 사람들은 우리나라 사람만큼 매운 것을 선호한다. 특히 마라麻辣málà 사천지방 향신료를 넣어 진하고 중독성 짙은 매운맛과 풍미를 내는 것이 특징이다. 마라는 혀가 마비될 정도로 맵고 얼얼한 맛을 의미한다.2 우리나라에서도 선풍적인 인기를 얻어 마라샹궈麻辣香鍋málàxiāngguō, 마라롱샤麻辣龍蝦málàlóngxiā와 같은 요리와 마라맛의 과자 등이 출시되기도 하였다. 또 사천성 성도시四川省成都는 유네스코에서 지정한 '세계 미식의 도시'라는 명예를 얻었다.

九博大肠 출처 : baidu.com

糖醋黃河鯉魚 출처 : baidu.com

다음으로 산동山東 지역 요리를 살펴보자. 산동 지역은 예로부터 중국 고대 문화의 중심지 중 하나이며, 지리적으로는 황하黃河강을 끼고 있어 해산물이 풍부하여 생선과 어패류로 만든 요리가 많다. 또 향이 좋고 짜고 씹는 맛이 부드러우며 색이 선명한 것이 특징이다. 산동 지역은 겨울이 길고 추워 따뜻한 탕 종류의 요리가 유명하고, 튀기고 볶은 조리법을 사용한 음식이 많다. 대표적인 요리로는 '九博大腸jiǔbódàcháng 잉어요리', '糖醋黃河鯉魚tángcù Huánghé lǐyú 튀긴 잉어요리'가 있다.

다음으로 광동廣東 지역은 16세기 이후부터 외국 선교사와 상인들의 활발한 교류로 인해 서양의 요리법이 결합되어 있는 특징을 가지고 있다. "食在廣州Shí zài Guǎngzhōu 모든 먹거리는 광저우에 있다"라는 말은 광동요리가 천하제일이라는 뜻을 의미하기도 하지만, 4대 요리 가운데 종류를 가리지 않고 다양한 식재료를 사용하여 다른 지역에서 볼 수 없는 특이한 음식들이 많다. 그리고 식재료의 맛을 그대로 살려서 가볍게 볶거나 삶은 형태의 조리법이 발달하여 담백한 맛이 특징이다.

대표적인 음식으로는 우리에게 친숙한 팔보채八寶菜bābǎocài가 있으며, 여덟 가지 진귀한 식재료로 만든 요리라는 의미로 서태후가 즐겨 먹었다고 한다. 또 이 지역에는 '朝茶zhāochá 광동 지역의 아침 식사 문화'가 있는데, 이때 차와 곁들이는 음식이 바로 '딤섬點心diǎnxin'이다. 옛날 중국의 농부들이 농사일이 끝나면 딤섬을 간식으로 먹었는데, 우리나라에서 새참을 먹는 것과 비슷하다. 또 광동에서는 결혼식이나 큰 행사가 있으면 꼭 새끼돼지 통구이 요리인 '烤乳豬kǎorǔzhū'를 먹었다.

點心 출처 : baidu.com

烤乳猪 출처 : baidu.com

　　마지막으로 강소江蘇 요리의 특징은 식재료 본연의 맛과 형태를 그대로 유지하는 것이다. 맛은 진하지만 기름지지 않고, 연하지만 옅지 않으며, 시원하지만 본연의 맛을 느낄 수 있는 것이 특징이다. 또 사계절이 뚜렷하고 기후가 따뜻하여 비옥한 토양에서 자란 여러 가지 채소가 풍부하다. 그리고 동쪽은 바다, 서쪽으로는 호수가 있으며 중간에 장강長江이 흐르고 있어 다양한 해산물을 이용한 음식들이 많다. 대표적인 요리로는 통닭 진흙 구이인 '黃泥煨鷄huángníwēijī'와 새콤달콤한 맛의 생선튀김 요리인 '松鼠桂魚sōngshǔguiyú'등이 있다.

松鼠桂鱼 출처 : baidu.com

黃泥煨雞 출처 : baidu.com

중국은 지역별로 각기 다른 특색을 가진 음식이 발달하였다. 이러한 각 지역에 따라 다른 음식 문화는 중국인들이 음식을 대하는 태도, 식사 예절, 금기 등의 풍습도 함께 나타나는데, 다음 장에서는 중국의 음식 속에 담겨 있는 풍습에 대해 자세히 살펴보도록 하자.

알아두면 쓸모 있는 중국 음식이야기

중국인은 음식을 하나의 예술이라 여기고, 정성을 다하여 아래의 원칙에 따라 만들었다고 한다.

첫 번째는 '選料嚴格xuǎnliàoyángé 재료의 선택은 엄격하게 한다'이다. 중국은 국토가 넓어 이용되는 재료만 3천 가지가 넘고, 보존과 운반이 쉬운 건조식품이 발달하였다. 본래의 맛, 색, 형태 등을 고려한 배합으로 맛있고, 보기에도 먹음직스러운 요리를 만드는 것 뿐 아니라, 음식 재료 간의 조화를 고려한다. 예를 들어 몸을 차게 하는 게를 이용한 요리에는 따뜻한 성질의 생강을, 뱀 요리에는 해독작용이 있는 국화꽃을 사용하는 것처럼 『의식통원醫食同源』에 기초를 두어 식재료를 아낌없이 이용하여 음식을 만들었다.3

두 번째 법칙은 '刀工精細dāogōngjīngxi 썰기는 정교하고 세밀하게 한다'이다. 중국 음식은 주로 큰 중식도를 이용하여 만든다. 그리고 음식을 써는 방법도 다양한데, 정교하고 화려하게 장식을 표현하는 것도 특징 중 하나이다.

세 번째는 '調味講究tiáowèijiǎngjiū 맛을 내기 위해 연구한다'이다. 중국 음식은 다섯 가지의 맛, 즉 甜tián 달다, 酸suān 시다, 苦kǔ 쓰다, 辣là 맵다, 鹹xián 짜다을 기본으로 하여 이들을 조합하여 수많은 맛을 낸다. 여기에 향과 재료의 신선함이 더해져서 다양한 맛을 창출하는 것이다.

마지막으로 '注重火候zhùzhònghuǒhou 불의 가감에 주의한다'이다. 중국 음식은 불을 사용하여 익힌 음식이 많은데, 한 번만 익히지 않고 데치거나 기름에 튀겨낸다. 재료가 과하게 익거나 덜 익힘 없이 재료의 고유한 맛을 살리고, 겉은 바삭하게 하고 속은 촉촉하게 만드는 음식의 식감은 결국 불을 얼마나 잘 조절하는가에 따라 달려있다.

2 차는 반 잔, 술은 가득 따르세요.

중국의 차 출처 : pixabay.com

중국의 술 출처 : pixabay.com

중국의 음식 문화는 '음식飮食'글자 그대로 마시는 것과 먹는 것으로 크게 나눌 수 있다. 음飮은 차와 술을 뜻하고 식食은 차와 술 이외의 음식을 뜻한다.

집에 손님이 오면 중국인들은 보통 차를 대접하는데, 이때 차를 얼마만큼 따르는지 그 정도를 보고 손님을 대하는 마음을 짐작할 수 있다. 예를 들어 차를 대접할 때 찻물을 가득 따르면 손님에게 나가라는 의미이며, 식사 중에 술을 권할 때는 반드시 술잔에 술을 가득 채워야 한다. 여기에서 파생된 말이 "茶要半, 酒要滿cháyàobàn, jiǔyàomǎn 차는 반만 따르고, 술은 가득 따라야 한다"이다.

따뜻한 차를 마실 때도 전부 다 마시지 말고 약간 남겨 두어야 하는데, 다 마셔버리면 예의가 어긋난다고 여긴다.

또 중국인들은 먼저 술이 준비되어 있으면 술을 먼저 마시고 난 후 식사를 시작한다. 식사를 마친 후에는 술을 다시 마시지 않으며 손님에게도 권하지 않는데, 이는 '酒後飯上jiǔhòu fànshang 식사 먼저 술은 다음에'의 발음이 '久後犯上jiǔhòu fànshang 시간이 지난 후 윗사람을 범한다'과 비슷하여 식후 음주를 꺼린다.

술과 관련된 표현으로 "敬酒不吃, 吃罰酒jìngjiǔ bùchī, chī fájiǔ 권하는 술은 먹지 않고, 오히려 벌주를 마신다"라는 말이 있는데 이는 옳고 그름을 분별하지 못함을 빗대어 표현한 것이다. 또 '酒肉朋友jiǔròu péngyǒu'는 오직 먹고 마실 때만 찾는 친구, 즉 진정한 친구가 아님을 나타내는 말이다. "古道酒逢知己千杯少, 話不投機半句多zìgǔ dào jiǔféng zhījǐ qiānbēi shǎo, huà bù tóujī bànjù duō"는 "자신을 알아주는 지기知己 벗와 함께 마시면 천 잔의 술도 적고, 의견이 맞지 않으면 반 마디의 말도 많다"는 뜻으로 자신을 진정으로 알아주는 친구와의 만남이 소중함을 나타내는 말이다.

3 생일에는 장수면을 먹어요!

중국은 넓은 영토만큼 지역마다 음식에 담긴 풍습이 있다. 하남河南지방에는 손님이 오면 주인은 따뜻한 차와 함께 달걀과 '油條yóutiáo 꽈배기, 爆米花bàomǐhuā 튀밥, 쌀로 만든 과자' 등을 대접한다. 이때 달걀의 개수에 따라 손님에 대한 성의가 나타나는데, 최소 세

개 이상은 대접해야 하고 두 개만 대접했다면 손님에게 대접을 소홀히 하거나 무례하게 구는 것이라 여긴다.

강서江西 지역과 호북湖北 지역에도 비슷한 풍습이 있지만, 대접하는 음식의 종류에 차이가 있다. 이 지역에서는 식사가 나오기 전에 반드시 '粉絲fěnsī 당면' 한 접시를 대접하고, 안에는 달걀이나 고기를 넣는데, 이를 "喝茶hēchá 차를 마시다"라고 한다. 만약 이 경우에도 손님이 보기만 하고 먹지 않으면 주인이 불쾌하게 여기겠지만 그렇다고 다 먹어버린다면 또 예의 없다고 여길 것이다.

산서山西 지역은 밀로 만든 음식만 해도 280여 종이나 되는데, 특히 '장수면長壽麵chángshòumiàn' 또는 '一根麵yīgēnmiàn 한 가닥의 긴 면'이 유명하다. 이 음식은 생일날 장수를 기원하는 의미로 먹는다. 이때 면은 길게 한 가닥을 넣고 달걀을 두 개 넣는데, 면은 숫자 '1'을 의미하고 달걀 두 개는 숫자 '0'이 두 개인 '00'으로 생각하여 100세까지 장수하라는 뜻에서 유래되었다.

장수면 출처 : google.com

중국의 국수 출처 : pixabay.com

4 교자만두의 재료에도 의미가 담겨있다고?

중국인들은 길함을 추구하고 부정적인 것을 피하는 풍속이 있다. 또 말을 할 때 직언보다는 함축적이고 완곡한 표현을 선호한다. 이러한 문화는 이들이 사용하는 어휘에서 그대로 드러나는데 어떤 감정을 표현하거나 직접 말하기 어려운 일은 습관적으로 회피하거나 숨기는 방식으로 완곡하게 표현한다. 또한 부정적인 의미를 지니는 단어와 발음이 비슷하여 해음諧音 현상이 나타나는 어휘를 사용하는 것 또한 꺼린다.

먼저 길한 의미가 포함된 음식 관련 어휘를 살펴보면, 춘절春節에는 青菜qīngcài 청경채나 白菜báicài 배추를 넣은 음식을 먹는다. 이는 青과 白의 앞글자의 발음을 따서 '清清白白qīngqīngbáibái'라는 말은 청렴결백하게 한 해를 보내라는 의미를 지닌다. 또 이 채소들을 자르지 않고 당면과 함께 삶아서 먹는데, 장수 요리라는 뜻으로 '長命菜chángmìngcài 우행추'라고도 한다.4

북방에서는 餃子jiǎozi 교자만두를 많이 먹는데 속에 들어가는 기본 재료로는 파, 양파, 부추, 배추, 마늘 등이 있고, 기호에 맞게 재료를 첨가하여 빚는다. 大蔥dàcōng 대파은 '大發dàfā 돈을 많이 벌다'의 의미를 가지며, 洋蔥yángcōng 양파은 '聰明cōngmíng 총명하다'의 '聰cōng'과 발음이 비슷하여 총명함을 상징한다. 마늘은 중국어로 蒜suàn이라 하여 발음이 '算suàn 계산하다'과 같은 발음으로 일 년 동안 금전 관리를 잘하라는 뜻을 가진다. 韭菜jiǔcài 부추는 '久財jiǔcái 오래도록 돈을 벌다'와 발음이 비슷하고, 白菜báicài 배추는 '百財bǎicái 백 가지의 재물'와 발음이 비슷하여 餃子를 만드는 재료로 많이 사용된다.

길한 의미의 음식과 재료 출처 : baidu.com

중국에서는 옛날부터 잉어를 숭배하였는데 아이가 잘 자라기를 바라는 마음에서 잉어를 선물하기도 하였다. 그리하여 매년 정월에는 잉어가 있는 그림을 선물하는 풍습도 있다. 이러한 풍습은 魚yú 생선와 餘yú 여유롭다가 발음이 같아서 '年年有餘niánniányǒuyú'라고 하여 한 해 동안 모든 것들이 여유롭게 넘쳐나기를 바라는 의미에서 비롯되었다.

이외에 慄lì 밤·鯉lǐ 잉어·蠣lì 굴는 '利lì 이롭다'와 발음이 같고, 鷄jī 닭·鯽jì 붕어 역시 '吉jí 길하다'와 발음이 같아 경사스러운 모임에 자주 쓰이는 재료들이다. 또 花生huāshēng 땅콩의 '花'는 여자를 뜻하고, '生'은 남자를 뜻한다. 그리하여 딸과 아들 모두 번갈아 낳으라는 의미로 신혼부부의 침대에 대추와 땅콩을 두기도 한다.

소금은 결혼식에서 두 가지로 쓰이는데, 하나는 鹽yán 소금과 緣yuán 인연의 발음이 비슷하여 좋은 인연을 맺어 백년해로하라는 의미가 있다. 다른 하나는 소금의 짠 맛鹹xián과 현명하다는 뜻의 賢xián의 발음이 비슷하여 신부가 지혜롭고 현명하기를 바라는 마음에서 비롯되었다.

명절에 선물을 할 때는 길하고 행복한 의미를 지닌 식품이나 과일을 선물한다.[5] 예를 들면 橘子júzi 귤는 吉利jílì 길하다와 발음이 비슷하여 선물을 많이 하는데, 특히 복건성福建省에서 생산되는 귤을

'福橘fújú'라 하여 선물용으로 선호한다.

길한 의미의 음식 재료 출처 : pixabay.com

橘子 출처 : pixabay.com

이와는 반대로 부정적인 의미를 지닌다고 여겨 선물하기를 피하는 풍습이 있는데, 옛날 상해에서 병문안을 갈 때 사과를 선물하지 않았다고 한다. 이 지역 방언으로 蘋果píngguǒ 사과와 病故bìnggù 병으로 죽다의 발음이 비슷했기 때문이다.

西瓜xīguā 수박도 死娃sǐwá 죽은 아이와 발음이 비슷하여 어린아이가 있는 집에 선물하지 않는다. 결혼식 때 신부가 瓜guā 참외, 수박 등를 먹는 것을 금지하는데, 이 또한 瓜guā가 과부를 뜻하는 寡guǎ와 발음이 비슷하기 때문이다.

그리고 친구들과 梨lí 배를 먹을 때 배 한 개로 나누어 먹지 않는다.6 이 역시 해음 현상에 기인하여 分梨fēnlí 배를 쪼개다와 分离fēnlí 헤어지다의 발음이 비슷하여 꺼리는 것이다.

이처럼 중국인들은 음식을 먹거나 선물을 할 때도 가정이 화목하고 건강하고 행복하기를 기원하는 마음을 담아 표현했음을 엿볼 수 있다.

알아두면 쓸모 있는 중국 음식 문화 이야기

음식과 관련된 재미있는 중국 문화

- 獨飯族dúfànzú   혼밥족
- 獨飮族dúyǐnzú   혼술족
- 嘴饞zuǐchán   입이 너무 심심해

    (饞+음식 : 이 음식이 너무 먹고 싶어!)
- 草莓族cǎoméizú 유리멘탈, 정신력이 약한 사람을 뜻함
- 榴蓮族liúliánzú 두리안 모양처럼 성격이 괴팍하여 직장 또는 집단에서 시간이 지나도 대인관계가 원만하지 못한 사람을 일컫는 말
- 炫食族xuànshízú 음식 먹기 전 사진을 찍어 SNS에 게시하여 자신을 과시하려는 사람을 일컫는 말

중국에서 인기 있는 음식 배달 앱

美團外賣　　　餓了麼　　　餓了麼星選

CHAPTER 2 음식과 관련된 유형별 어휘

중국은 지역의 특성에 따라 각기 다른 식재료와 조리법으로 다양한 맛이 담긴 음식이 발달하였다.

중국의 음식 문화 출처 : pixabay.com

"一菜一味, 百菜百味 yícài yíwèi, bǎicài bǎiwèi 백 가지 요리에 백 가지 맛이 있다"라는 말은 중국 음식에 다양한 맛이 있다는 특징을 잘 나타내고 있다. 이러한 음식의 가짓수만큼이나 관련된 어휘와 파생된 표현이 상당하다. 음식과 관련된 어휘들을 분류해보면, 여러 가지 조리법과 관련된 어휘, 맛과 관련된 어휘와 표현, 음식의 재료에 비유하여 파생된 어휘, 조리 도구와 관련된 어휘 등으로 나누어 볼 수 있다. 아래에서 자세히 살펴보도록 하자.

1 요리조리 다양한 중국의 조리법 어휘

중국 요리의 조리방법은 요리의 종류만큼이나 아주 다양한데, 불이나 뜨거운 물을 사용하여 익혀 먹는 숙식熟食을 기본으로 한다.[7] 곡식, 채소, 고기, 생선 등 모두 날 것의 상태로 먹는 것보다는 대부분 익혀 먹는 것을 선호하며 일상적으로 마시는 물도 반드시 찻잎을 넣고 끓여서 마신다.[8]

중국 요리의 핵심은 '生shēng 날 것'과 '熟shú 익힌 것', 즉 음식의 익히는 정도에 있다. 여기에서 파생된 어휘 또한 많은데, 먼저 生shēng과 합쳐진 대표적인 어휘들을 살펴보면 '陌生mòshēng 생소하다, 生人shēngrén 낯선 사람, 生分shēngfēn 감정이 소원하다, 서먹서먹하다, 生硬shēngyìng 어색하다, 태도 등이 딱딱하다, 生疏shēngshū 소원하다, 서툴다' 등이 있다. 파생된 의미를 추론해보면 낯선 상태를 나타내거나 감정이나 기술이 익숙지 않아 생소하고 서툰 상태를 표현한 어휘들이다.

熟shú와 관련된 어휘는 단연 生과 반대의 의미로 비유되어 사용된다. 구체적인 단어들을 보면 '熟悉shúxī 익숙하다, 熟人shúrén 잘 알고 있는 사람, 단골손님, 熟思shúsī 심사숙고하다, 熟練shúliàn 숙련되어 능숙하다, 熟手shúshǒu 숙련자, 老手lǎoshǒu' 등이 있는데, 공통된 의미는 '익숙하다'라는 뜻이다.

또한 중국 음식에서 핵심은 불의 사용에 있는데, "三分技術, 七分火sānfēn jìshù, qīfēn huǒ 기술이 3할이고, 불의 사용이 7할이다"라는 말은 중국 음식은 불의 세기와 볶는 시간에 따라 음식의 성패가 달려있음을 의미한다.[9]

그렇다면 불의 세기와 관련된 구체적인 표현을 한번 알아보자. '把握好火候兒bǎwò hǎo huǒhour 불을 잘 다룬다'은 일을 넘치거나 부족하지 않게 적합하게 한다는 뜻이다. '火候兒不到huǒhour búdào 불이 충분히 세지 않았다'는 '일하기 전에 조건이 충분하지 않아 완성하기 곤란한 상황'을 비유하기도 하고, '조건이 충분히 갖추어졌을 때 비로소 일이 진행된다'라는 뜻으로도 쓰인다.

이렇게 불을 중시하는 중국인의 음식 문화로 인해 다양한 조리법이 발달하였다. 다양한 조리법은 그와 관련된 많은 어휘를 파생시켰고, 조리법을 나타내는 동사로 '炒chǎo 볶다, 煎jiān 지지다, 부치다, 爆bào 튀기다, 데치다, 炸zhà 튀기다, 燒shāo 가열하다, 밥을 짓다, 燉dùn 고다, 푹 삶다, 蒸zhēng 찌다, 烹pēng 삶다, 燜mèn 뜸들이다, 煮zhǔ 삶다, 凍dòng 응고시켜 만들다, 薰xūn 훈연하다, 烤kǎo 불에 굽다' 등이 있다.10

위에서 나열한 이 어휘들은 원래 의미에서 파생되어 모든 일과 사물을 비유하는 데 자주 사용된다.

먼저 炒chǎo는 중국 음식에서 가장 많이 사용하는 조리법으로 짧은 시간 안에 기름에 재료를 볶아내는 것이다. 이 단어는 현재는 '이익을 남기고 팔다, 해고하다, 사퇴하다, 폭리를 취하다' 등의 의미로 전이되어 주로 부정적

炒魷魚 출처 : baidu.com

인 의미로 사용된다. 자주 쓰이는 어휘 가운데 '炒雞chǎojī'가 있는데 이는 본래 '통닭구이'라는 뜻이다. 그런데 닭을 구울 때 목을 날개 밑으로 넣는 모습을 빗대어 남들에게 고개를 들 수 없을 정도로 바보스러운 꼴을 되는 모습을 비유한다.

최근에는 超級chāojí 뛰어나다와 발음이 비슷하여 SNS상에서 "你

炒鷄可爱。Nǐ chǎojī kě'ài. 너 진짜 귀엽다!"라는 표현처럼 '엄청, 아주'라는 의미로 더 자주 사용한다.

'炒魷魚chǎo yóuyú'의 원래의 의미는 '오징어를 볶는다'이다. 오징어가 기름에 볶일 때 돌돌 말리는 모습을 빗대어 직장에서 실수하거나 업무를 잘못 처리했을 때 짐을 싸서 떠나라는 의미로 현재는 해고를 당할 때 자주 쓰인다.

炒chǎo는 '경제'와 관련된 표현들이 많은데, 炒賣chǎomài는 투기를 목적으로 전매하거나 암거래를 의미하고, 炒家chǎojiā도 주식 투자로 돈을 번 사람을 뜻하며 주식과 채권 등의 전문가를 일컫기도 한다. 炒更chǎogēng은 '더 볶다'라는 의미이므로, 본래의 수업보다 다른 부업으로 돈을 벌었다는 뜻이다. 炒風chǎofēng은 부동산 투기 등 폭리를 취하고자 하는 사회 풍조를 뜻한다.

煮zhǔ는 음식을 삶고 끓이거나 뜨거운 물에 데쳐서 불을 조절하여 삶아내는 조리법이다. 煮餃子zhǔjiǎozi는 만두가 냄비에서 삶아지는 모습에 빗대어 '사람이 아주 많고 복잡할 때' 사용된다. "生米煮成了熟飯。Shēngmǐ zhǔchéngle shúfàn. 쌀이 이미 밥이 되었다."라는 말은 생쌀

生米煮成了熟飯 출처 : baidu.com

이 이미 밥이 되어버렸으니 이미 엎질러진 물이라는 뜻으로 '사실상 되돌리기 어려운 상황'을 묘사할 때 자주 사용된다.

다음으로 爆bào는 뜨거운 기름으로 빠르게 튀기거나 단시간에 뜨거운 물에서 데치는 조리법인데, 튀기다 외에도 '폭발하다'라는 의미를 지니고 있다. 이 단어는 원래의 의미에서 전이되어 '가격이 폭

등하거나 뜻밖의 결과가 나타나거나 혹은 만원이 되다, 불꽃이 튀다' 등의 의미로 쓰이며, '난폭한 성격'에 비유하여 사용되기도 한다.

음식이 튀겨지는 모습을 비유하여 생성된 어휘로 爆米花bàomǐhuā는 뻥튀기나 팝콘을 말하며, 爆炒bàochǎo는 강한 불로 빨리 볶는 것이므로 주가 등의 시세가 조작되는 것을 의미한다. 爆冷門bàolěngmén은 '의외의 예상치 못한 결과가 나타나는 것'을 의미하고, 爆满bàomǎn은 '만원이 되어 일반인들의 관심이 매우 높아질 때' 쓰는 표현이다. 火爆huǒbào와 火暴huǒbào는 '발끈 화내거나 성격이 불같을 때 사용하고, 물건이 불티나게 팔리거나 시청률 갑자기 오른 경우' 등에 모두 사용한다.

煎jiān은 불에 달군 판에 기름을 두르고 전 등을 부치거나 물을 조금 붓고 끓여서 익히는 조리법이다. 음식을 금방 조리하는 것이 아니라 '시간을 두고 익히는 것'이다. 따라서 생선을 지지거나 바싹 졸이다는 의미의 煎熬jiān'áo는 '마음을 졸이다, 안타까워하다, 생활고에 시달리다' 등의 의미로 전이되어 사용되고 있다.

凍dòng은 묵처럼 응고시켜 만드는 조리법으로 원래의 의미는 '얼다, 춥다, 차갑다'이다. 이미 얼어버린 언두부라는 뜻으로 凍豆腐dòngdòufu는 '다시 원상태로 되돌리기 어렵거나 처리하기 어려운 상태'를 표현할 때 쓴다. '凍豆腐難拌dòngdòufu nánbàn 언 두부는 버무리기 힘들다'이라고 표현하기도 하는데, 이 때 拌bàn 버무리다과 辦bàn 처리하다의 발음이 같아 생겨난 말이다.

凍豆腐 출처 : baidu.com

마지막으로 熬áo는 오랫동안 끓이거나 졸이는 조리법인데, '시간이 오래 걸리거나 힘이 많이 들어 피곤하고 힘든 상황'에 비유되어 사용된다. 예를 들어 熬心áoxīn은 '마음이 편치 못하여 애태우는 것'을 뜻하고, 熬夜áoyè는 '밤새며 일하는 것'을 의미한다. 熬年頭áoniántóu는 '힘들게 세월을 견디거나 오랜 기다림'을 나타낼 때 사용하고, 熬出頭áochūtóu는 '시련이나 고통, 가난 등 어려운 상황을 이겨냈다'라는 의미로 쓰인다.

알아두면 쓸모 있는 중국 음식 이야기

중국의 요리 형태에 따른 음식 이름

- 片piàn 얇게 썰어 만든 모양. 예 炸薯片zháshǔpiàn 감자튀김
- 丁dīng 큐브모양으로 자른 것. 예 宮保鷄丁gōngbǎojīdīng
- 絲sī 가늘게 썰어 놓은 모양. 예 魚香肉絲yúxiāngròusī
- 塊kuài 크고 두꺼운 덩어리로 썬 것. 예 炸八塊兒zhábākuàr
- 丸wán 완자 모양으로 동그랗게 만든 것. 예 南煎丸子nánjiānwánzi
- 卷juǎn 두루마리처럼 감은 것. 예 春卷chūnjuǎn
- 包bāo 얇은 껍질로 소를 싼 것. 예 包子bāozi 소가 들어있는 만두
- 泥ní 강판에 갈아 즙을 낸 것. 예 蘋果泥píngguǒní 사과즙

중국의 음식 출처 : baidu.com

2 음식의 맛과 관련된 어휘

중국에서 자주 쓰이는 표현 중 신맛, 단맛, 쓴맛, 매운맛을 뜻하는 "酸甜苦辣suān tián kǔ là"라는 말이 있다. 이는 각양각색의 맛을 보다는 의미에서 파생되어 '온갖 인생의 고초를 모두 겪다'라는 의미로 자주 쓰인다.

중국인들은 음식의 맛을 표현할 때 크게 7가지로 구분하며, 酸suān 신맛·甜tián 단맛·苦kǔ 쓴맛·辣là 매운맛·鹹xián 짠맛·淡dàn 담백한 맛·香xiāng 향긋한 맛 등의 어휘에서 파생된 말 또한 상당하다. 또 음식의 맛과 향을 나타내는 어휘에서 그치지 않고 연상이나 비유 등의 방법으로 사람의 심리 상태나 성질을 나타내는 상당한 표현이 생겨났다.

(1) 신맛 酸

먼저 酸suān은 신맛을 표현하는 말이다. 지금 레몬 한입을 먹었다고 상상해보라. 어떠한가? 얼굴은 찡그려지고, 혀끝에서 아픔이 느껴지지 않는가? 이렇게 견디기 힘들고 고통스러운 맛에 빗대어 '비통한 마음'을 나타내기도 하고, '마음이 괴롭고 힘

신맛 출처: naver.com

든 상황과 이러한 상황이 계속되어 느끼는 불편한 감정' 등을 나타내는 의미로 확장되어 사용되기도 한다.

'괴롭다'라는 뜻으로 쓰인 대표적인 예로 辛酸xīnsuān 슬프고 괴롭다, 쓰라리고 고되다, 酸楚suānchǔ 슬프고 마음이 아프다가 있으며, 酸苦suānkǔ 슬프고 괴롭다와 함께 자주 사용된다. 酸白菜suānbáicài는 더운 물에 배추를 데쳐서 시큼하게 발효시킨 음식인데, '쓰라린 마음'에 비유하여 표현한다. "鼻子酸了!Bízi suānle 너무 슬퍼!"는 코끝이 찡해 오는 매우 슬픈 마음을 비유적으로 표현한 말이다. 또 '초라하다'는 의미에서 파생된 말로 寒酸hánsuān 가난하고 초라하다, 窮酸qióngsuān 초라하다, 궁상맞으면서도 아는 체만 하다 등이 있다. 寒酸은 앞뒤 글자가 바뀐 酸寒으로도 사용한다. 또 '질투하다'는 의미로 파생된 어휘로 酸溜溜suānliūliū 시큰하다, 시샘하다, 질투하다가 있는데, 吃醋chīcù는 '식초를 먹다'는 뜻에서 파생되어 마찬가지로 '남녀 사이에서 시기나 질투의 의미'로 자주 사용된다. 따라서 酸은 마음이 힘들고 괴롭거나, 상황이 어려울 때 많이 사용하며 주로 부정적인 의미를 띤 말들이 많다.

(2) 단맛甜

甜tián 달다과 관련된 어휘들은 대부분 긍정적인 의미로 사용되는 경우가 많은데, 사람의 용모나 언어를 묘사하거나 여자의 아름다운 외모를 나타낼 때 의미로 사용한다.

구체적인 예를 살펴보면, 甜言密語tiányánmìyǔ는 달콤한 말 花言巧語

단맛 출처 : google.com

huāyánqiǎoyǔ 감언이설을 의미한다. 이때 嘴很甜zuǐ hěntián도 같은 의미로 쓰이는데, 상황에 따라 아부 또는 아첨의 의미로도 사용된다. 笑得很甜xiàode hěntián은 웃음이 달콤하다는 뜻이니 '사랑스럽다'라고 해석할 수도 있다. 睡得很甜shuìde hěntián은 '곤히 잠들다'는 의미이며, 生活甜美shēnghuó tiánměi는 삶이 아름답다는 뜻이니 생활이 즐겁다는 의미로 해석할 수 있다. 그 밖에도 甜活tiánhuó 편하고 수입이 높은 일이나 직장, 甜買賣tiánmǎimài 이익이 많이 남는 장사 등이 있다. 또 "長得很甜zhǎngde hěntián 너무 예쁘고 아름다워!"이라고 하면 외모가 아름답고 수려하다는 의미이다.

이상으로 살펴본 바와 같이 甜tián은 '원하는 대로 순조롭게 진행되어 여유롭고 행복한 느낌이나 상황'을 표현하는 어휘가 많은데, 대부분 긍정적인 상황에서 쓰인다.

(3) 쓴맛苦

쓴맛 출처 : google.com

다음으로 苦kǔ 쓰다는 甜tián과 상반된 의미로 쓰이는데, 주로 부정적인 뜻을 나타낸다.

대표적으로 '고통스럽고 곤란한 상황'의 표현들이 많은데, 예를 들면 '苦難kǔnán 곤란하다, 苦頭kǔtou 고난, 불행, 苦酒kǔjiǔ 고배를 마시다, 艱難jiānnán 곤란하다, 辛苦xīnku 고생스럽다, 고되다' 등이 있다.

또 '어려운 상황에서도 꿋꿋이 이겨내다'라는 의미로도 쓰이는데, '苦鬪kǔdòu 고군분투하다, 苦功kǔgōng 각고의 노력' 등이 그 예이다.

(4) 매운맛 辣

매운맛은 자극적이고 강렬하여 때때로 참기 어렵다. 이러한 의미에서 파생되어 辣là는 '사납고 강렬한 상태'를 비유하기도 하고, '악랄하고 잔인한 성격'을 표현할 때도 사용한다.

매운맛 출처 : naver.com

대표적인 예로 潑辣pōlà 성질이 사납고 악랄하다. 심술궂다, 辣貨làhuò 악랄한 것, 辣子làzi 매정하고, 몰인정한 놈 등이 있다. 또 辣妹子làmèizi는 당돌하고 야무진 여자 또는 똑똑하고 당찬 여자를 의미한다.

(5) 담백한 맛 淡

담백하다는 뜻의 淡dàn은 자극적이지 않고, 소금기가 엷거나 적은 상태를 나타낼 때 사용한다. 본래의 의미에서 '마음이 담담한 상태, 검소한 생활, 시시한 이야기, 성의가 없고 무심하다, 쓸쓸하다, 날씨가 흐린 상태' 등의 의미로 파생되었다.

대표적인 예로 '淡漠dànmò 냉담하다, 쌀쌀하다, 冷淡lěngdàn 쓸쓸하다, 냉정하다, 무관심하다, 平淡píngdàn 사물이나 글이 평범하다, 무미건조하다, 淡忘dànwàng 희미하게 잊혀지다, 淡季dànjì 불경기, 淡話dànhuà 쓸데없는 이야기' 등이 있다. 또 淡薄dànbó는 맛이 싱겁다는 뜻에서 '감정이나 흥미 등이 담담한 상태'를 나타낼 때 쓰인다. 또한 색이 엷다는 의미로 '날씨가 흐리다'라는 의미로도 사용되며, '인상을 어렴풋하게 기억하다'라는 뜻으로도 쓰인다.

이외에도 香xiāng은 음식의 향이 좋다는 의미에서 아래의 어휘와 같은 의미로 파생되어 쓰인다.

- 睡得正香shuìdezhèngxiāng : 달콤하다, 달콤하게 잠을 잤다.
- 吃香chīxiāng : 환영을 받다, 평판이 좋다
- 他們倆有时候香Tāmenliǎyǒushíhòuxiāng : 사이가 좋다, 그들은 사이가 좋아!

3 조리 도구와 관련된 어휘

조리 도구 역시 중국어에서 여러 가지 모습을 비유하는 데 많이 사용된다. 碗wǎn 밥그릇은 개혁개방 이후에 현대 중국어에서 가장 많이 사용된 글자이다. 사람들은 '碗'을 생계나 생활에 빗대어 사용하며, 그릇을 만드는 재료와 결합하여 다음과 같이 사용하기도 한다.

泥飯碗nífànwǎn을 해석하면 '흙으로 만든 밥공기'인데, 이는 보장되지 않는 실업의 위험이 큰 직업을 의미한다. 반면 鐵飯碗tiěfànwǎn 철 밥그릇은 이와 반대로 안정된 직업을 뜻한다. 이때 鐵tiě 철과 泥ní 진흙대신 金jīn 금, 銀yín 은, 銅tóng 동에 비유하여 사용하기도 한다. 그리고 碗은 주로 직업이나 직장에 비유되어 파생된 표현들이 많은데, '丢了飯碗diūle fànwǎn'과 '砸了飯碗zále fànwǎn'은 실직했다는 뜻이다.

鐵飯碗 출처 : baidu.com

二把刀 출처 : baidu.com

또 刀dāo 칼도 중국어에서는 비유적인 표현으로 자주 쓰이는데, 예를 들어 二把刀èrbǎdāo 풋내기는 '기술이 숙련되지 못하였거나 경지에 이르지 못할 때'에 사용한다. '刀架脖子上dāojià bózi shàng 목에 칼이 들어오다'은 일이 위기에 처했다는 뜻이며 刀山dāoshān은 '매우 위험한 곳'을 나타낸다. 앞의 예시들과는 반대의 의미로 '遊刃有餘 yóurènyǒuyú(刀刃 칼날)'는 칼날 위에서 놀면서도 여유가 있다는 의미로 '기술이 매우 숙련되고 조예가 깊다'라는 뜻이다.

瓶píng의 원래 의미는 용기, 병을 지칭한 어휘이다. 병에는 여러 가지를 담을 수 있다는 점에서 비롯되어 '각종 사물이 번성하다'라는 의미로 파생되어 쓰인다. 사람이 느끼는 다양한 감정을 다섯 가지 맛에 빗대어 '五味瓶wǔwèipíng'이라고 사용하기도 한다. '瓶颈píngjǐng 병목현상'은 '난관, 장애, 슬럼프' 등에 비유되어 사용된

瓶颈 출처 : baidu.com

다. '新瓶裝舊酒xīnpíng zhuāng jiùjiǔ 새 병에 묵은 술을 담다'의 표현은 말 그대로 '겉모양만 바꾸는 것'을 말한다. 또 "一瓶子不滿, 半瓶子逛蕩yìpíngzi bùmǎn, bànpíngzi huàngdàng 병에 물을 가득 담아 흔들면 소리가 나지 않지만, 반만 담아 흔들면 소리가 난다"은 '겸손한 사람은 학식을 과시하지 않으며 그렇지 않은 사람은 떠벌리기를 좋아한다'는 뜻이다. '打翻了五味瓶dǎfānle wǔwèipíng 다섯 가지 맛의 병을 뒤집어엎다'은 병 안이 뒤섞이는 상태에 비유하여 '속이 뒤집히다'라는 의미로 쓰인다.

다음으로 盤pán 쟁반과 결합 되어 사용되는 표현을 살펴보자. '杯盤狼藉bēipánlángjí 술자리가 끝나고 술잔과 접시가 어지럽게 널려 있다'는 밥을 먹고 난 후 식탁 위 가 어지럽고 조잡한 모습을 비유한 말이다. '全盤quánpán'은 쟁반 위 전부를 뜻하므로 '모든 부분'을 말한다. 또 "人下菜碟盤。rénxiàcàidiépán. 사람은 아래에 있는 음식 접시를 본다."이라는 말이 있는데, 이는 '사람을 구별하여 대하는 것'을 말할 때 쓴다.

鍋guō 냄비는 가장 자주 사용하는 조리 기구 가운데 하나이므로 鍋와 파생된 표현 역시 아주 많다. 대표적으로 '開鍋kāiguō'는 솥 안의 음식이 끓는 모습에서 '소란을 피우다, 떠들썩하다'라는 의미를 갖는다. '背黑鍋bēihēiguō 누명을 쓰다'는 냄비를 등에 짊어지는 모습

背黑鍋 출처 : baidu.com

에서 다른 사람을 대신하여 피해를 입었거나 누명을 쓰는 경우를 나타날 때 사용한다. '回回鍋huíhuiguō 다시 데우다'는 차가운 음식은 바

로 먹지 않고 따뜻하게 데워야 하므로 '학문이 아직 완숙해지지 않았거나 기술이 숙달되지 못한 것'을 의미한다.

마지막으로 竈zào 부엌에서 파생된 표현을 살펴보자. 이 글자와 결합한 재미있는 표현들이 있는데, 구체적인 예로 '開小竈kāixiǎozào 작은 부엌을 열다'와 '吃小竈chīxiǎozào 작은 부엌에서 먹다'이다. 두 가지 표현은 모두 비슷한 의미로 쓰이는데, 나만을 위해 해온 밥을 작은 공간에서 먹는다는 뜻으로 '특별한 보살핌이나 대접 또는 대우를 받는 것'을 말한다. '鍋淸竈冷guōqīngzàolěng'은 솥은 투명하고 부뚜막은 차갑다는 뜻으로 '먹을 것이 없는 곤궁한 상태'를 의미하는 표현이다.

4 먹는 방법과 음식 재료

중국어의 음식과 관련된 어휘를 살펴보면 음식물의 외관이나, 속성을 자주 활용하는데, 비유, 과장 등을 통하여 인물의 외모, 심리, 행위, 기호 등을 나타낸다.

앞서 보았던 '음식飮食'이라는 글자 의미에 맞게 '食 먹는 것'과 '飮 마시는 것'은 우리 생활에서 밀접하게 관련되어 있으므로 이와 파생된 어휘와 표현도 풍부하다.

(1) 먹는 방법과 관련된 표현

음식을 먹는 것은 맛을 보는 것부터 시작하여 음식을 어떻게 섭

취하는지, 또 음식을 먹고 난 후 어떠한 상태인지 등을 모두 포함하는 하나의 행위라고 볼 수 있다. 이러한 먹는 방법과 관련된 중국어의 대표적인 어휘에는 嘗cháng 맛보다, 啃kěn 갉아 먹다, 嚼jiáo 씹어 먹다, 品pǐn 음미하다, 吞tūn 삼키다, 飽bǎo 배부르다 등이 있다.

문득 다른 사람이 맛있는 음식을 먹는 모습을 보면 자신도 먹고 싶다는 생각이 들며 군침이 저절로 흐르게 된다. 이러한 모습에 비유하여 '垂涎三尺chuíxiánsānchǐ 탐이 나서 침을 석 자나 흘리다', '垂涎欲滴chuíxiányùdī 침이 흘러 떨어지려 하다' 등의 표현이 생겨났다.

먹는 모습이나 동작과 관련된 어휘를 구체적으로 살펴보자. 먼저 嘗cháng은 음식을 맛보다는 뜻인데, 우리가 음식을 먹을 때 가장 많이 하는 동작이다. 음식을 '인생'에 비유하여 이와 관련된 표현들이 많다. '嘗试chángshì 시험해보다, 嘗盡了苦頭chángjǐnle kǔtóu 모든 쓴맛을 다 보다, 嘗嘗我的厲害chángcháng wǒde lìhài 본때를 보여 주다, 嘗盡了甘苦chángjǐnle gānkǔ 단맛과 쓴맛을 전부 맛보았다' 등이 그 예이다.

'갉아 먹다'라는 의미의 啃kěn과 관련된 어휘와 표현은 주로 '어떤 일에 집중하여 몰두하는 모습'에 비유한 말이 많다. '啃書本kěn shūběn 공부에 전념하다, 책을 깊이 파고들다, 敢啃硬gǎnkěnyìng 감히 태도를 굽히지 않다, 螞蟻啃骨頭mǎyǐ kěn gǔtou 개미

螞蟻啃骨頭 출처 : baidu.com

가 큰 뼈를 갉아먹다, 작은 힘으로 큰일을 해내다' 등이 그 예이다. 우리말에서 '갉아 먹다'는 소중한 사물이나 시간 따위를 조금씩 헛되이 소모하거나 남의 재물을 비열한 방법으로 빼앗아 가지다는 의미로 사

용되므로 중국어와 혼동할 수 있으니 주의해야 한다.11

다음으로 嚼jiáo는 씹는 동작 그 자체를 표현하고, 시간과 힘을 소비하는 행동에 비유하여 사용하기도 한다. 구체적으로 음식을 계속 씹는 행위에 빗대어 '문장을 음미하다', '끊임없이 이야기하거나 잔소리하다'의 의미로 사용된다. 그 예로 '咀嚼jǔjué 음미하다 , 咬文嚼字yǎowénjiáozi 일부러 어려운 글자나 문구를 쓰다, 嚼舌jiáoshé 쓸데없이 논쟁하다'등이 있다. 또 입에서 나오는 대로 지껄이는 모습을 표현하여 '비방하다'의 의미까지 확장되어 "別瞎嚼了!Bié xiājiáole! 함부로 욕하지마!"라고 하기도 한다.

品pǐn은 음식을 음미하다는 뜻인데, 다른 글자와 결합하여 '어떤 사물이나 형상, 외모 등을 평가하다'의 의미로 확장되었다. 그 예로 '品評pǐnpíng 품평하다, 品位不高pǐnwèibùgāo 사람 또는 사물의 품격이 높지 않다' 등이 있다. '評頭品足píngtóupǐnzú 부인의 두발이나 발의 모양을 비평하다'는 다른 사람에 대해 제멋대로 말하고 함부로 비판하는 것을 의미하고, '品頭論足pǐntóulùnzú 사소한 잘못을 들추어내다'와 유의어로 자주 사용되는 표현이다.

吞tūn은 입을 크게 벌려서 통째로 삼키는 모습을 형상한 글자이다. 주로 '부정한 수단이나 방법으로 점유하거나 횡령하는 모습'을 나타내는 부정적인 의미로 사용된다. 또 입을 꾹 닫고 있는 모습에서 '목소리를 내지 않고 꾹 참다'라는 의미로 쓰이기도 한다. '吞倂tūnbìng 삼키다, 흡수하다, 侵吞qīntūn 재물·토지 따위를 슬그머니 점유, 횡령하다, 獨吞dútūn

獨吞 출처 : jjan.kr

이익을 독차지하다, 독점, 독식하다' 등이 대표적인 어휘들이다.12

마지막으로 배부르다는 의미로 飽bǎo와 撐chēng이 있다. 이 두 단어는 쓰임에 있어 약간의 차이가 있지만, 꽉 차 있다는 의미는 비슷하다. 먼저 飽bǎo는 '속이 꽉 차고 내용이 충실하다'라는 의미로 많이 쓰이는데, '大飽眼福dàbǎoyǎnfú 실컷 눈요기하다, 飽學之士bǎoxuézhīshì 학식이 깊고 넓은 사람' 등이 이러한 의미에서 파생된 표현들이다. 반대로 부정적인 의미로 속이 너무 꽉 차서 넘친 상태를 표현하여 '타인이나 공공기관의 재산을 자기 것으로 가로채는 것'에 비유하기도 하는데, '中飽zhōngbǎo 부당한 방법으로 중간에서 착복하다'가 그 대표적인 예이다.

撐chēng은 원래 '떠받치다, 지탱하다'라는 의미로 주로 쓰이는 말인데, 음식이나 사물을 꽉 채워서 팽팽해지거나, 꽉 끼는 상태를 표현할 때 사용한다. "撐死膽大的, 餓死膽小的。chēngsǐ dān dàde, èsǐ dān xiǎode. 대담하면 배불러 죽고, 소심하면 배고파 죽는다."라는 표현은 어떤 일을 할 때 너무 적극적이지도 소극적이지도 않게 적당히 행동해야 한다는 의미를 지니고 있다. 이 외의 "這件衣服撐死百塊錢。Zhèjiàn yīfu chēngsǐ bǎi kuàiqián. 이 옷은 기껏해야 100위안이다."라는 표현에서 '撐死chēngsǐ'는 '기껏해야, 최대한, 고작'의 의미로 쓰여서 충분히 옷을 살 수 있다는 뜻으로 해석할 수 있다. 마지막으로 "吃飽了撐的。Chībǎole chēngde. 힘이 남아돌아서 쓸데없는 짓을 하다"는 속된 말로 "밥 먹고 그렇게 할 일이 없냐!"는 뜻이다. 여기서 飽와 撐의 미묘한 차이를 느낄 수 있는 데 飽는 꽉 차 있는 상태를 말하고, 撐은 배부른 상태보다 지나치거나 넘쳐서 쓸데없다는 의미로 쓰인 것이다.

(2) 음식 재료와 관련된 표현

중국에는 음식 재료의 수만 해도 약 만여 종 이상이 훌쩍 넘는다. 다양한 음식 재료만큼 이와 관련된 어휘도 상당한데, 음식 재료의 형태를 본뜬 비유적 표현, 음식 재료의 맛에서 파생된 표현 등 다양한 의미로 파생되었다.

軟面團 출처 : baidu.com

菜包子 출처 : pixabay.com

음식의 모양을 머릿속에 그리면서 먼저 사람의 성격을 음식에 비유하여 생겨난 말들부터 살펴보자. 위의 첫 번째 그림에서 보이는 軟麵糰ruǎnmiàntuán 밀가루 반죽과 菜包子càibāozi 야채만두는 부드럽고 말랑하다는 의미에서 '성격이 물러서 겁이 많고 줏대 없이 무능한 사람'을 표현할 때 쓴다. 또 悶葫蘆mènhúlu 표주박는 '입을 꾹 닫고 있어 과묵한 사람, 속을 알 수 없는 사람'을 표현할 때 쓰고, "刀子嘴, 豆腐心dāozizuǐ, dòufuxīn 입은 칼인데, 마음은 두부다"은 '말은 날카롭게 하지만, 마음은 부드러운 사람'을 비유할 때 쓴다.[13] 그리고 "薑是老的辣, 茶是後來釅Jiāngshì lǎodelà, cháshì hòulái yàn. 생강은 여

물수록 맵고, 차는 자랄수록 진하다."라는 말은 나이가 들수록 경험이 풍부해져서 일을 처리하는 것도 노련해지는 것을 비유한다. 또 '겉은 강해 보이지만 속이 여린 사람, 정직하지 못한 사람, 능력 없는 속 빈 강정에 비유하는 말'로 '空心蘿蔔kōngxīn luóbo 바람 든 무'가 있다.

사람의 겉모습에 비유하여 생겨난 재미있는 표현들이 있는데, 예를 들면 '西葫蘆腦袋xīhúlunǎodài 호박머리'는 머리가 호박처럼 길어서 보기 싫은 것을 묘사한 것이고, '蒜頭鼻子suàntóubízi 마늘 코'는 들창코를 통마늘에 빗대어 표현한다. '豆芽菜dòuyácài 콩나물'는 매우 마른 사람을 뜻하는 말로, 주로 채소에 빗대어 생동감 있게 표현한 어휘들이 많다. 반면 '三塊豆腐高sānkuài dòufu gāo 두부 세 모의 높이'는 키가 작고 통통한 사람을 가리킨다.

豆芽菜 출처 : baidu.com

중국인은 기름진 음식을 선호하는데, 기름과 관련된 대표적인 단어가 肥féi 비계, 기름지다, 비옥하다와 油yóu 기름이다. 이 두 어휘는 본래의 의미에서 '이익이나 장점'으로 의미가 확장되었다. 예를 들어 비계 덩어리를 찾았다는 뜻의 "他找了個肥塊。Tā zhǎole ge féikuài."표현에서 비계덩어리肥塊féikuài는 어떤 이익을 가리킨다.

油yóu와 관련된 표현을 찾아보면 '富得流油fùdé liúyóu 부유함이 마치 기름 흐르는 것과 같다'는 매우 부유한 것을 의미하고, '油水大 yóushuǐ dà 기름이 물처럼 많다'는 장점이나 이익이 많은 것을 뜻하는 표현이다. 이처럼 肥와 油에서 파생된 말들은 어떠한 이익이 늘거나 이득을 볼 때 사용한다. 그러나 油는 기름의 반들반들한 특성 때

醋 출처 : baidu.com

문에 "那家伙真油。Nàjiāhuo zhēnyóu. 그 자식은 정말 빤질거려."에서 쓰인 것처럼 '교활하다'라는 비유적인 의미로 사용되기도 한다.

중국인은 식초를 즐겨 먹는데 우리의 식초와는 약간의 차이가 있다. 중국에서 투명한 식초는 우리와 같이 음식 조리할 때 사용하고, 음식을 찍어 먹을 때는 陳醋chéncù 오래 묵은 식초를 사용한다. 그런데 이 陳醋를 통해 '질투'라는 의미를 나타내기도 하는데, 이와 관련된 유명한 고사故事가 있다. 바로 당태종唐太宗 이세민李世民과 재상宰相 방현령房玄齡의 부인에 관한 이야기이다.

당태종은 방현령의 충성스러운 마음과 공로를 치하하기 위해 방현령에게 두 명의 미인을 첩으로 하사하였다. 방현령은 황제의 명이기에 이를 거절할 수 없었으나, 아내가 노여워할 것을 걱정하여 자신의 무서운 아내가 허락하지 않을 것 같다고 고백하였다. 그리하여 당태종은 직접 방현령의 아내에게 첩 하사를 허락하던지 아니면 독주를 마시는 방법 중 선택하라고 하였다. 당태종은 방현령의 아내가 당연히 첩 하사를 허락할 것이라 생각하였는데, 그녀는 한치의 망설임도 없이 독주를 들이마셨다. 사실 황제가 준 것은 독주가 아니라 식초였다. 이 상황을 지켜본 당태종은 방현령에 대한 부인의 마음에 탄복하며 명령을 거두었다고 한다. 이때부터 사람들은 여자가 질투하면 "吃醋chīcù 식초를 먹다"라고 표현하게 되었고, 이후로 중국에서 식초는 질투를 상징하게 되었다.

'시다'는 의미에서 檸檬níngméng 레몬을 사용하여 "我檸檬了!Wǒ níngméngle. 나 레몬 됐어!"라는 표현은 부러워서 배가 아프고 질투 난다는 의미이다. 또 檸檬에 '精jīng 전문가'을 더하면 다른 사람의 연애를 보고 부러워하고 질투하는 사람을 일컫는 말로 '檸檬精níngméngjīng 질투쟁이'라 한다.

또 여러 가지 유래를 가지고 있는 裝蒜zhuāngsuàn 마늘인 체하다은 시치미를 떼거나 알면서도 모르는 체 하다는 의미로 사용된다.

大蒜·水仙花 출처 : baidu.com

이 표현과 관련된 한 가지 유래를 살펴보면, 청清나라의 건륭乾隆 황제가 봄이 되어 남쪽 지역을 순시巡視하다가 밭에 푸른 마늘이 파랗게 자라서 가지런히 정돈되어있는 것을 보고 몹시 칭찬하였다. 이 듬해 겨울에 다시 순시를 나갔는데 임금이 다 자란 마늘을 볼 수 없어 아쉬워하자, 현지 관리들이 임금의 비위를 맞추기 위해 수선화를 심어두었다. 멀리서 바라보니 마늘과 비슷하여 임금이 이를 보고 흡족해하며 이 관리를 승진시켜주었다. 이후로 사람은 거짓으로 꾸미거나 모르는 체하며 조롱하는 모습에 빗대어 이 표현을 사용하게 되었다.

CHAPTER 3 음식에 담겨 있는 이야기

1 광동 지역의 돼지 바베큐 烤乳猪

'烤乳猪kǎorǔzhū'는 광동廣東 지역에서 유명한 음식으로 이곳 사람들은 중요한 일이 있거나 축하할 일이 있을 때 꼭 이 음식을 준비하여 손님에게 대접하는 돼지 구이 요리이다.

烤乳猪 출처 : pixabay.com

전설에 따르면, 상고上古 시대에 돼지 사냥꾼 부부에게 화제火帝라는 아들이 있었다. 아들이 부모님이 사냥 나간 사이에 돼지우리 옆에서 부싯돌을 가지고 놀다가 돼지우리에 불길이 붙었다. 불을 보고 아이는 신나서 구경했고 한참이 지나서야 불이 꺼졌다. 부모님이 집으로 돌아왔을 때, 돼지우리는 이미 다 타버렸고, 새끼돼지들도 모두 불에 타서 죽었다. 그런데 어디선가 고소한 냄새가 진동하여 보니 새끼 돼지가 바비큐가 된 것이다. 화제火帝가 부모님께 이 돼지고기를 드리니 맛이 너무 좋아서 새로운 요리 방법을 발견했다고 하시며 오히려 좋아하셨다. 이후 돼지고기 외에도 고기를 불에 구워 먹게 되었고, 이는 많은 이들에게 알려졌다고 한다.

2 황제의 두부 요리 劍門豆腐

'劍門豆腐jiànméndòufu'는 서한西漢 시대부터 유래한 음식으로, 안휘성安徽省, 호북성湖北省 일대의 일부 명문 귀족들이 만들어 먹으면서 전해졌다. 검문관진劍門關鎭(현재 사천성 광원시 검각현 現 四川省廣元市劍閣縣)의 두부 제조기술은 삼국시대三國時代부터 시작하여 현재까지 전하며, 천년이 넘는 역사를 가지고 있다.

劍門豆腐 출처 : baidu.com

　삼국시대 촉한蜀漢의 대장군인 강유姜維가 위魏나라 종회鍾會와 등애鄧艾에게 패한 뒤 검문관劍門關으로 물러갔다. 이미 전쟁으로 지쳐있던 강유에게 검문의 한 지방관이 하나의 계책을 제안했다. 사흘 동안 전쟁을 하지 않고 집마다 두유를 갈아 두부를 만들어 사병을 먹이고 남은 콩비지로 군마를 먹인 후 병마를 회복하여 다시 전투에 임하라는 것이었다. 결국 이 계획은 성공했고 위나라 군대를 크게 물리쳤다. 이후 당현종唐玄宗이 이곳을 지나다가 몸이 몹시 피곤하고 양귀비楊貴妃 생각에 잠도 못 자고 입맛도 없었는데, 현종에게 검문두부를 한 그릇 올리자 입맛이 다시 돌아온 황제가 이 지역의 두부의 이름에 '황두皇豆'라는 이름을 하사下賜했다고 전해진다. 현재까지도 이 지역에는 두부를 파는 가게들이 즐비하고 맛 또한 아주 일품이다.

3 네 가지의 기쁨 四喜丸子

'四喜丸子sìxǐwánzi'는 산동山東 지역에서 유명한 요리이며, 요리 이름에서 짐작할 수 있듯이 네 가지의 기쁨이 들어있는 둥근 모양의 완자 요리이다. 이 요리는 길한 의미를 담은 달걀과 돼지고기로 만든

四喜丸子 출처 : baidu.com

것인데, 이 음식에 담겨 있는 이야기는 당唐나라로 거슬러 올라간다.

당唐나라 때, 장구령張九齡이라는 사람이 과거에 급제하였다. 왕은 그를 부마로 삼았으며, 그의 부임과 결혼을 경축하기 위해 마련한 자리에 요리사가 준비한 요리가 바로 '四圓sìyuán 네 개의 공'이었다. 장구령은 四圓은 어감이 좋지 않으니 '四喜丸sìxǐwán'이라 하는 게 좋겠다고 하였다. 여기서 유래되어 四喜丸子은 혼례나 경사로운 일을 축하할 때 꼭 이 음식을 준비하여 기쁨을 나누었다. 장구령은 "이 음식을 먹으면서 나의 첫 번째 기쁨은 과거급제요, 두 번째 기쁨은 결혼이고, 세 번째 기쁨은 황제의 사위가 된 것이며, 네 번째 기쁨은 부모님을 만나게 된 것이다."라고 하였다.

훗날 사람들이 삶의 네 가지 기쁨에 대해 '久旱逢甘雨。Jiǔhàn féng gānyǔ. 가뭄에 단비, 바라던 일이 마침내 이루어지다', '他鄉遇故知。Tā xiāng yù gùzhī. 타향에서 옛 친구를 만나다, 洞房花燭夜dòngfánghuāzhúyè 신혼 첫날밤, 金榜掛名時jīnbǎng guàmíng shí 과거 급제'라고 표현했다. 四喜는 다른 요리의 이름에도 결합 되어 행복함과 즐거움을 주는 의미로 사용되고 있다.

4 중국인의 아침 식사 油条

'油条yóutiáo'는 중국인들이 아침 식사로 즐겨 먹는 음식 중의 하나이다. 밀가루 반죽을 꼬아서 튀긴 것인데, 우리나라에서는 보통 꽈배기에 설탕이 뿌려 먹지만, 중국에서는 豆酱dòujiāng 콩국에 찍어서 먹는다.

油条 출처 : baidu.com

油条의 원래 이름은 '油條燴yóutiáohuì'였다. 여기서 '燴huì'는 남송南宋 시대의 간신이라 불리는 진회秦檜를 떠올릴 수 있는데, 진회는 남송시대 충신忠臣인 장군 악비岳飛를 모함하여 죽음에 이르게 한 인물이다. 악비 장군이 죽은 후 사람들이 저잣거리에서 튀김을 팔면서 "吃油炸燴! Chī yóuzháhuì! 튀김 드세요!" 라고 소리쳤는데, 발음이 공교롭게도 같아 백성 모두 "吃油炸檜! Chī yóuzháhuì! 진회 튀김 드세요!"라고 알아들었다. 그 이후 사람들은 진회에 대한 증오심을 담아서 함께 소리쳤다고 한다. 이때부터 중국인은 油条를 즐겨 먹었다고 한다. 이와 같은 이야기는 비록 실제인지는 알 수 없으나 충신 악비를 향한 중국인의 애정은 남북조시대南北朝時代의 기록에서도 확인할 수 있다. 실제 항주杭州의 서호西湖 근처에 악비 장군 사당祠堂이 있는데, 무릎을 꿇고 있는 진회부부秦檜夫婦의 동상을 볼 수 있다고 한다.

5 손칼국수 刀削面

'도삭면刀削麵dāoxiāomiàn'은 중국식 수제 칼국수라고 할 수 있는데, 밀가루로 반죽한 면을 칼로 굵게 썰어 쫄깃한 면발에 육수를 붓고 양념을 얹어서 먹는 음식이다.

이 음식에 대한 유래는 여러 설이

麵 출처: baidu.com

있으나, 원元나라에 시작되었다고 보는 것이 일반적이다. 몽골족이 세운 원나라는 한족漢族에 대한 탄압이 심했는데, 한족의 반란을 막기 위해 모든 금속도구를 빼앗고 백성들에게는 식칼 한 자루로 열 가구가 함께 사용하게 했다. 그러던 어느 날 노인이 국수를 만들려고 칼을 옆집에 빌리러 갔다. 이미 다른 사람이 사용하고 있어 빌릴 수가 없어 빈손으로 집으로 왔는데, 대문 앞에서 얇은 철판 하나를 발견하였다. 이걸 주워 와서 노인의 아내에게 건네주었는데, 아내는 이것으로 어떻게 음식을 하느냐고 화를 냈다. 노인은 얇은 철판으로라도 면을 만들어봐야겠다고 생각하였고 반죽을 썰어보았다. 생각했던 것보다 면이 반듯하게 잘리고 이 방법으로 맛있는 국수를 만들어 먹을 수 있었다. 이후 노인이 고안한 이 방법은 산서山西 지역 곳곳에 퍼져 갔고, 현재 중국 각지에서 이와 같은 방법으로 면을 만들고 있다.

6 호남 지역의 특산품 皮蛋

'피단皮蛋pídàn' 또는 '송화단松花蛋 sōnghuādàn'이라고 불리는 이 음식은 호남湖南 지역의 특산품이다. 물, 석회, 진흙, 소금 등을 섞은 뒤에 오리 알 또는 달걀을 싸서 두 달 이상 삭혀서 만드는데, 중국 전채요리에서 빠지지 않는 귀한 음식이다. 껍질을 벗기면 표면에 송화松花와 같은 모양이 나타나고, 달걀흰자 주변이 갈색으로 변해 '송화피단松花皮蛋 sōnghuāpídàn'이라는 이름이 지어졌다.

皮蛋 출처 : baidu.com

이 음식은 명明나라 희종熹宗 때, 절강성 호주浙江省湖州 일대에 기근飢饉이 생겨 지방관이 곡창을 열어 백성들에게 곡식을 나누어 준 일이 있었다. 지방 호족들은 자신들에게 손해가 될 것이라 여기고 곡식을 나눠 준 지방관을 고발하여 억울한 누명을 씌워 옥에 가두었다. 지방관은 아무것도 먹을 수 없어 굶어 죽을 지경에 이르렀다. 이 지역 근처 오리농장 주인이었던 진陳씨는 오리농장 주변을 청소하다가 쌀겨 더미에서 열 개가 넘는 회색빛 오리 알을 발견하였다. 오리 알의 냄새는 좋지 않았지만, 예상외로 맛은 좋았다. 진씨는 옥졸들에게 건네줬으나 역겨운 냄새가 나자 지방관에게 던져 주었고, 관리를 이 오리 알을 먹고 버텨서 억울한 누명을 벗고 나오게 되었다. 이후 지방관은 진씨를 불러 이 음식을 만들게 했고, 이 지역 사람들이 즐겨 먹게 되면서 알려졌다고 한다.

7 거지닭叫花鷄이 부자닭이 되었네!

'叫花鷄jiàohuājī'는 '黃泥煨鷄huángníwēijī 진흙에 구운 닭'이라고도 하는데, 이외에 '거지의 닭'이라는 별칭으로도 유명하다. 이 음식과 관련하여 아래와 같은 일화가 전해져 내려온다.

명말청초明末淸初 강소성江蘇省에 거지가 살고 있었는데 어느 날 배가 너무 고파서 마을에서 닭 한 마리를 훔쳐다가 잡아먹으려고 했다. 그는 훔친 닭으로 어떤 요리를 만들어 먹을까 하고 궁리하다 변변한 도구도 없기에 그냥 불에 구워 먹어야겠다고 생각했다. 마침 높은 분의 행차가 지나가는 것을 보고 놀라 어찌할 바를 몰라서 진흙을 닭에 바르고 불 속에다 던지고 행차가 지나가기를 기다렸다. 한참 시간이 지난 후 딱딱하게 굳은 진흙 덩어리를 부수고 닭을 먹었는데 그 맛이 일품이었다.[14] 이를 훔쳐보던 근처 귀족 집안의 하인이 보고 주인에게 고했고, 거지를 불러 요리법에 대해 물었다. 거지가 알려준 방법을 듣고 주인은 하인에게 각종 좋은 재료를 닭의 뱃속에 넣고 연잎으로 싸서 진흙을 칠하여 불 속에 넣어 굽게 하여 맛을 보았는데 맛이 아주 훌륭하였다.

叫花鷄 출처 : baidu.com

현재는 '富貴鷄fùguìjī 부자닭'라고도 하는데, 이 명칭에 대해서는 아래와 같은 이야기가 전해진다. 청清나라 건륭乾隆 황제가 강남江南 지역을 거지 행세로 순시巡視를 하고 있었는데, 어떤 거지가 이를 보고 가련하게 여겨 그들에게 叫花鷄jiàohuājī를 먹으라고 주었다. 황제는 이를 맛보고 "천하제일의 맛이로구나! 이 음식의 이름이 무엇이더냐?"라고 물었고, 거지는 차마 '거지의 닭'이라고 말할 수 없어서 허풍을 떨며 '富貴鷄fùguìjī'라고 대답했다. 이후 이러한 이야기가 전해지면서 이 지역 사람들이 즐겨 먹게 되었고, 현재까지도 중국인들이 많이 찾는 음식 중의 하나이다.

8 왕자의 스승이 드시던 음식宮保鷄丁

宮保鷄丁 출처 : baidu.com

'宮保鷄丁gōngbǎojīdīng'은 사천四川 지역 음식이다. 이 음식은 19세기 중엽 청清나라 말기 사천성四川省의 총독인 정보정丁寶楨이라는 인물과 관련이 있다. 그는 원래 귀주貴州 사람이므로 그가 산동山東 지역에 근무할 때 많은 공을 세웠는데, 이를 드높여 사람들은 그를 '丁宮保dīngōngbǎo'라고 불렀다. '宮保gōngbǎo'란 단어는 원래 왕자를 가르치는 선생님을 뜻했는데, 국가에 공을 세운 대신들에게 주는 호칭으로도 사용되었다. 丁宮保dīngōngbǎo가 사천의 총독으로 부임하면서 고향인 귀주에 잠시 들렀는데, 일가친척들이 그의 환영 잔치 음식을 장만하느라 몹시

고생한 것을 듣게 되었다. 그는 환영 잔치로 괜한 고생하지 말고 간단하게 닭고기를 이용한 요리를 준비하라고 지시하여 닭고기 볶음 요리가 탄생하게 되었다. 그리고 그가 죽은 후에 그의 뜻을 받들어 이 음식을 '宮保鷄丁gōngbǎojīdīng'이라 불렀다.[15]

9 곰보 아주머니의 마파두부麻婆豆腐

'마파두부麻婆豆腐mápódòufu'는 사천四川 지역을 대표하는 음식 중 하나로 문화대혁명 이후 '麻辣豆腐málàdòufu'로 불리기도 하였다.

麻婆豆腐 출처 : google.com

청淸나라 동치제同治帝 시기인 1862년에 성도成都 지역의 만복교萬福橋 옆에 진흥성 찬반점陳興盛飯鋪이 있었는데, 이 작은 가게 주인의 이름이 진성덕陳盛德이었다. 그는 아내와 함께 간단하게 밥과 차를 팔아먹고 살았다. 그의 아내 얼굴에는 곰보 자국이 깊게 있었는데, 그녀의 성이 유劉씨였지만 남편의 성을 따라 손님들은 그녀를 '陳麻婆Chénmápó'라고 불렀다.

성도로 향하는 상인들은 만복교를 지나기 전에 그녀의 가게에 들러 간단히 한 끼를 해결했는데, 돈이 별로 없던 상인이나 노역자은 가게 옆 정육점에서 고기를, 진벽두부방陳壁豆腐房에서 두부를 산 뒤 陳麻婆에게 요리를 부탁하곤 했다. 어느 날 상인들은 자신들이 거래하던 가게의 기름을 그녀에게 주었는데, 요리 솜씨가 좋았던 그

녀가 두부와 돼지고기를 활용하여 만든 음식이 지금의 마파두부麻婆豆腐이다.16

마파두부라는 이름을 갖게 된 이유는 그녀의 외모에서 비롯되었다. 즉 중국어로 얼굴에 곰보 자국이 있는 것을 '麻má'라고 하고 나이든 여자를 '婆pó'라 한다. 그녀는 맛이 맵고 얼큰한 두부 요리를 잘 만들었는데, 마침 중국어로 맛이 얼얼한 것도 '麻'였던 것이다.17 마파두부는 맛이 아주 좋아서 청淸나라 말기에는 이 지역에서 가장 유명한 음식이 되었다. 세월이 흘러 그녀가 죽은 뒤 가족들이 물려받아 '진마파두부점陳麻婆豆腐店'으로 상호를 변경한 이후로 지금까지 이어져 오고 있다.

10 서태후도 반한 음식狗不理

'狗不理gǒubùlǐ 개도 상대하지 않는다'는 청淸나라 말기 1858년에 생긴 만두 가게의 이름이다. '狗不理包子gǒubùlǐbāozi'는 천진天津 지역을 대표하는 음식 중의 하나이다.

狗不理 출처 : baidu.com

이 만두는 발효된 밀가루로 간장을 첨가하지 않고 빚는다. 또 만두의 주름이 18개나 잡혀있다고 하니 모양에도 신경을 쓴 음식이다. 2011년 중국 국무원이 국가급 무형문화유산으로 지정된 老字號lǎozihào 역사가 깊고 전통이 있는 상호이다.

이 만둣집 가게 이름의 탄생에는 재미있는 유래가 담겨 있는데,

중국에서는 어릴 때 '개똥이'처럼 자신을 낮추는 별명을 불러주면 건강하게 자란다고 하여 아이의 이름을 천하게 지어주곤 했다.

한 농부가 40대에 늦둥이 아들을 낳았는데, 튼튼하게 잘 자라기를 바라는 마음으로 '狗子gǒuzi 강아지'라고 지어줬다고 한다. 이 아이는 손재주가 뛰어나 만두를 훌륭하게 잘 빚어 자신의 가게를 차렸는데, 만두 빚는 거 외에는 신경 쓰지 않아서 손님에게 친절하게 대하지 않았다. 그러자 손님들은 "狗子不理!gǒuzi bùlǐ 손님을 거들떠보지도 않네!"라고 말하며 그가 손님에게 불친절한 것을 비난하였는데, 여기에서 그 이름이 유래하였다고 한다.

이후 서태후西太后가 이 만두를 먹고 감탄했다고 전국으로 알려지면서 유명세를 얻었고 현재까지 중국을 대표하는 만두로 자리매김하고 있다.

주석

1 이승정(2003), 「飮食 관련 중국어 어휘의 含意 연구 : 문화적 배경을 중심으로」, 국내석사학위논문, 이화여자대학교 교육대학원, p.9.
2 https://life-review.tistory.com/235
3 http://areport.iwinv.net/archives/102936
4 김순진(2011), 「중국의 음식문화 어휘 연구」, 국내석사학위논문, 동국대학교 대학원, p.86.
5 김순진 논문, pp.82-83.
6 김순진 논문, p.89.
7 http://www.foodtoday.or.kr/news/article.html?no=93055
8 김순진 논문, p.52.
9 https://blog.naver.com/dkcaihong/220425298860
10 홍은지(2006), 「중국 음식문화와 관련된 언어 연구」, 국내석사학위논문, 충남대학교 교육대학원, p.11.
11 대향청(2015), 「關于多義動詞"吃"的語意擴張的認知語言學研究」, 국내석사학위논문, 목포대학교 대학원, p.42.
12 https://blog.naver.com/NBlogTop.naver?isHttpsRedirect=true&blogId=jhteresa&Redirect=Dlog&Qs=/jhteresa/150014930186
13 https://terms.naver.com/entry.naver?docId=6588116&cid=69471&categoryId=69495
14 http://jbpark.egloos.com/6671512
15 https://blog.naver.com/NBlogTop.naver?isHttpsRedirect=true&blogId=kepler&Redirect=Dlog&Qs=/kepler/100001759580
16 https://blog.naver.com/mcity9311/172616967
17 김영진(2008), 「HSK 음식 문화 관련 어휘 연구 및 지도 방안」, 국내석사학위논문, 韓國外國語大學校 敎育大學院, p.33.

PART 07
의복

중국의 전통 의상 출처 : freepik.com

1. 중국의 대표적인 의복과 관련된 문화
2. 중국의 소수민족과 다양한 의복
3. 의복과 관련된 중국어 언어 표현

중국의 의복

- 중국의 전통 의복은 무엇일까?
- 중국의 여러 소수민족 의복에는 각기 어떠한 특징이 있을까?
- 중국 의복과 관련된 언어 표현은 무엇이 있을까?

　예로부터 우리는 추위나 더위를 피하거나 짐승이나 적으로부터 자신을 보호하기 위해서 몸 위에 천이나 가죽으로 옷을 만들어 입었다. 옷을 입음으로써 우리는 피부 및 신체를 보호하고 체온을 조절할 수 있었던 것이다. 그러기에 의복은 해당 지역의 기후 및 지형의 영향을 받아 다양한 형태로 나타난다. 그와 동시에, 인류의 발전과 함께 생존과 관련되었던 의복은 점차 상징적인 의미를 나타내기 시작하였다. 자신의 아름다움과 재력을 나타내기 위하여 화려한 옷을 입기도 하고, 다양한 종교와 관련되어 자신의 소속 혹은 지위 등을 나타내는 등의 상징적인 의미를 지닌다. 이처럼 의복은 각 민족 고유의 특성, 생활 양식과 밀접한 관계를 맺고 있다. 그와 동시에 거주하는 지역의 기후 및 지형의 영향을 받는다. 이와 마찬가지로 중국의 전통 의복 역시 다양한 소수민족에 따라서, 그리고 거주하는 지역에 따라서 다양하게 나타난다.

　이번 장에서는 중국의 전통 의상에 대해서 알아본 후, 중국 소수민족의 다양한 의복 및 특징에 대해서 알아보도록 하자. 또한 의복과 관련된 중국어 표현은 무엇이 있는지 그리고 어떠한 의미를 지니고 있는지 살펴보자.

중국의 대표적인 의복과 관련된 문화

1 역대 중국의 전통 의상

중국의 역사상, 연대를 확인할 수 있는 최초의 국가는 상商 기원전 1600~1046 나라이다. 현재 중국 하남성 은허河南省 殷墟 지역에서 발견된 출토품을 통해 상나라의 의복 형태를 가늠할 수 있는데, 비교적 짧은 상의와 치마 형태의 하의를 확인할 수 있다. 이로써 이 시기에

蔽膝 출처 : baidu.com

직물의 종류가 다양해지고 섬유 기술이 발전하였다는 것을 알 수 있다. 상나라의 의복 특징 중 하나는 복부 앞쪽에 무릎을 가리던 헝겊 형태의 폐슬蔽膝bìxī이 있는데, 재질, 무늬 및 색상에 따라서 신분과 지위가 구분되었다.[1] 이후 주周나라에 이르러서 상의와 하의가 서로 연결되어 몸을 감싸는 형태인 심의深衣shēnyī가 나타났으며, 낙양洛陽으로 천도한 동주東周 이후 왕권이 약화되고 여러 제후국으로 분열되면서 의복에서도 다양한 형태를 띠게 되었다.

현재 중국의 다양한 민족 중 가장 많은 인구수를 가진 한족漢族은 유방劉邦이 세운 한漢나라의 후손으로, 그들이 입는 의복을 통칭하여 '漢服Hànfú'라고 한다. 이들은 춘추전국시대에 형성된 문화를 발전시켜 나갔다. 이때 유행하였던 유교儒敎가 중국 문화의 기반이 되어 주周나라의 제도를 바탕으로 예제禮制를 재정립하였다. 또한 제사를 드릴 때 입는 제복祭服, 조정에 나아갈 때 입는 조복朝服 등 관복에 대한 제도가 정립되었다. 이는 이후 중국 역대 왕조의 제복과 조복에 영향을 미쳤을 뿐 아니라, 주변 국가의 예복 제도에도 지대한 영향을 주었다.2

위진남북조魏晉南北朝 시기에는 잦은 전쟁으로 인해 한족과 북방 이민족들의 의복 형태가 융합되기 시작하면서, 한족 여성은 귀고리 및 팔찌 등의 장식품과 다양한 화장법이 유행하였다.3 이 시기는 종교의 영향을 많이 받았는데, 특히 도가道家의 영향으로 인해 엄격하게 형식을 중시하던 것과는 다르게 편안하고 자연스러운 옷차림을 선호하게 되면서 보다 넉넉한 품의 의복이 유행하였다.

589년 남조南朝의 마지막 왕조인 진陳나라를 무너뜨리고 중국을 통일한 수隋나라는 30년여 년이라는 짧은 역사를 지니고 있기에 의복에 있어서도 이전 왕조의 특색이 그대로 남아 있다. 예를 들어, 일상생활복으로는 북조北朝의 스타일을, 예복은 한漢나라의 스타일을 따랐다.

당唐나라에 이르러 중국의 의복은 다양한 변화가 일어났다. 이는 당 태종이 화이일체론華夷一體論을 펼치며 외래문물에 개방적인 태도를 취하면서 많은 이민족이 중국 내에 거주하게 되었기 때문이다. 이 시기에는 정치 및 경제가 크게 발전함과 동시에 문화·예술 등의 발전으로 인하여 화려하고 다채로운 특유한 문화가 형성되었다.

원령포 출처 : baidu.com

당唐나라 의복의 특징으로는 좁은 소매와 둥근 깃의 겉옷 형태인 원령포圓領袍yuánlǐngpáo 또는 단령團領tuánlǐng을 들 수 있다. 이를 관복으로 입을 때에는 관직의 등급에 따라서 각기 색상을 다르게 하였다. 그리고 이 시기의 큰 특징으로는 여성의 복장에 큰 변화가 있다는 것이다. 본래 당나라의 여성 의복은 상의와 치마 형식으로, 위에 짧은 소매의 반비半臂를 덧입거나 피백披帛을 어깨에 둘렀다. 그런데 여성의 상의가 대체로 가슴 근처까지 짧아졌으며 상의를 치마 안에 넣어 입거나 가슴을 도드라지게 하는 탄령坦領의 형태가 나타났다. 이렇게 여성 의복에 다양한 변화가 나타난 이유는 여황제인 무측천武則天Wǔzétiān의 영향을 들 수 있다. 무측천은 중국 역사상 유일한 여황제였기 때문에, 이 시기에 여성의 지위가 높아지면서 의복에도 다양한 변화가 일어났을 가능성이 매우 높다.

알아두면 재미있는 중국 이야기

무측천武則天Wǔzétiān(624-705)은 한국에서 측천무후則天武后라는 이름으로 알려져 있다. 그녀는 당나라 고종高宗의 황후이자 무주武周의 황제로, 중국 역사상 유일한 여황제이자 최장수 황제 중 한 명이다.

그녀는 본래 14살에 후궁으로 조정에 들어갔으나, 당 고종 때 소의昭儀에 봉해졌다. 그리고 정후正后인 황후 왕씨와 후궁인

武則天 출처 : baidu.com

숙비 소씨를 제거하고 황후로 즉위하였다. 그녀는 고종과 함께 '이성二聖'으로 불리우며 정치에 참여하기 시작하면서 690년 무측천은 자신을 황제로 칭하고 국호를 주周로 바꾸었다. 이후 그녀가 통치하였던 15년을 가리켜 '무주의 치武周之治'라고 하는데, 이 시기와 무측천에 대한 시선은 두 가지로 나뉜다. 먼저 독단적인 정치로 인하여 공포정치를 하였다는 비난을 받기도 하는 반면, 백성들의 생활이 풍족할 정도로 나라를 잘 다스렸다는 호평이 있기도 하다.4

송宋나라에 이르러 산업과 경제가 발전하면서 농업과 수공예가 크게 발달하였고 주변 국가와 함께 지속적인 문화 교류를 하였다. 이러한 경제 발전 및 주변 국가와의 교류는 당시 송나라 사람들의 의식과 심미審美에도 큰 영향을 주었다. 송나라의 의복 특징으로 화려하던 당나라 때와는 다르게 소박하고 검소하며 자연스러움이 주가 되었다. 또한 예를 중시하는 유학儒學이 발달하면서 일상생활에서 손님을 맞이하거나 외출할 때에 간단하게 격식을 갖출 수 있는 평상복인 편복便服biànfú이 발달하였는데, 그 대표적으로 난삼襴衫lánshān을 들 수 있다. 이 난삼은 옷깃이 원령이며 소매가

襴衫 출처 : baidu.com

1. 중국의 대표적인 의복과 관련된 문화 281

넓고 옆과 밑에는 선이 있어 횡난橫襴hénglán이라고도 불리었다. 또한 이 시기 여러 문인의 작품 속에는 여성의 발을 인위적으로 작게 만드는 전족纏足chánzú이 등장한다. 이 풍습은 보통 4~5세부터 발을 헝겊으로 싸매어 자라게 하지 못하게 하는 것으로, 남송 시대에 이르러 전국적으로 확산되었다.[5]

송나라 이후 이민족인 몽골족이 원元나라를 세움으로써 몽골 고유의 의복 형식과 한족의 의복 형식이 융합되었다. 본래 몽골족은 유목 생활로 인하여 보온성을 중시하였고, 주로 바지 위에 긴 포를 입었으며 양옆에는 허리부터 밑단까지 긴 트임이 있었다. 이는 거란契丹Qìdān, 여진女眞Nǚzhēn, 몽골蒙古Měnggǔ 등 북방 유목 민족에게 공통적으로 나타나는 의복 특징이다. 원나라 건립 후 유목 생활에서 농경 생활로 생활 환경이 변화함에 따라 점차 한족의 의복과 융합하게 되었는데, 이는 중국 역대 왕조의 계보를 이어 한족을 통치하겠다는 의도가 포함되었다고 볼 수 있다.[6]

원나라 의복의 특징 중 대표적인 것은 몽골 남성의 예복인 질손質孫zhìsūn이 제도화되었다는 것이다. 질손은 一色服yīsèfú이라고도 하는데, 궁중에서 큰 연회가 열릴 때 입는 예복으로 연회의 순서나 날짜에 따라서 모든 사람이 지정된 색 또는 무늬의 옷을 입는 몽골의 풍습에 따른 의복을 말한다. 또한 몽골 남자들은 정수리부터 이마까지 머리를 깎았으며 앞머리를 네모난 모양으로 남겨 이마와 눈썹 위쪽으로 늘어뜨렸다. 그리고 뒷머리는 두 줄로 땋아 귀 뒤로 늘어

質孫 출처 : baidu.com

뜨렸는데 이를 변발辮髮biànfà이라 한다. 이 변발은 정해진 형태가 없으며 한 가닥으로 땋기도 하고 여러 가닥으로 땋기도 한다. 그리고 때로는 감아올려 머리 뒤에 고정시키기도 하였으며, 이는 모든 사람이 평등하게 하는 것으로 신분에 따라 차이가 없었다.

1367년 안휘성安徽省 출신인 주원장朱元璋은 명明나라를 세우고 다시 한족의 문화를 부활시키고자 하였다. 이러한 전통 한족 문화 부활의 노력은 의복을 시작으로 하여 제도·문화·사회 등 전 영역에 걸쳐서 북방 유목민족의 흔적을 제거하고자 하였다. 그러나 온전히 원나라의 영향에서 벗어나기는 쉽지 않았기에 당나라의 원령포와 비슷한 포에 옷깃 형태의 입령立領lǐlǐng이 특징으로 나타났다. 그와 동시에 예를 중시하는 성리학의 발전으로 인하여 질서 있고 규범적인 사회체제가 확립되어 신분에 따른 관모와 의복이 엄격히 규제되었다. 이는 일상생활복에도 영향을 주어 신분과 지위에 따라서 다양한 형태로 나타났다.

2 중국의 대표 의복 치파오

앞서 중국의 역사상 각 왕조에 따라서 각기 다른 의복의 특징을 가지고 있는 것을 확인하였다. 그러나 현대에 이르러 많은 사람들이 중국의 전통 의복으로 기억하고 있는 것은 바로 치파오旗袍qípáo이다. 보통 치파오라는 말은 들으면 상하가 연결되어 몸에 딱 맞는 형태로 여성미를 강조하는 원피스를 떠올리게 된다. 하지만 이러한 형태는 민국民國시대 1912~1949년의 신흥 여성복 양식이다. 그 이전에의 치파오는 어떤 형태를 띠고 있을까?

청淸나라의 태조 누르하치努爾哈赤는 만주족滿洲族을 중심으로 여러 부족을 여덟 개의 군사조직으로 편성하였다. 이 여덟 개의 군사조직은 각각의 상징적인 깃발이 있어서 팔기군八旗軍이라 하였다. 이 팔기군에 속한 자들을 기인旗人이라 하였는데, 본래 치파오는 이들이 입는 복식을 지칭하

旗袍 출처 : baidu.com

였다. 초기 치파오는 남녀가 입는 옷을 지칭하였으며 일상생활복은 물론 예복 모두를 포함하는 용어로 사용되었으나 후기에는 만주족 여성이 입는 옷으로 그 범위가 축소되었다.7

치파오에는 만주족의 생활양식과 특징이 고스란히 반영되어 있다. 만주족은 주로 중국 동북 지역에 거주하며 넓은 초원 환경에서 말을 타고 활을 쏘며 목축과 수렵을 중심으로 유목 생활을 하였다. 그래서 그들은 말을 타고 내리기에 용이하도록 사면으로 벌어진 포袍를 입었고 허리에 허리띠를 매어 옷을 고정하였다. 기인 여성들 역시 포를 입고 그 안에 바지를 입었다. 그리고 기녀들은 일상생활에서 입는 일반적인 포와 성대한 장소에서만 입는 화려한 예복포를 구분하였다. 예복 포에는 말발굽 소매와 액세서리 등의 장식을 달았다.8 이처럼 치파오가 만주족 여성의 주요 의복으로 '기녀지포旗女之袍qínǔzhīpáo'라 부르기도 하였다. 이때 치파오의 특징으로는 양옆에 트임이 없었으며 소매가 넓고 화려한 장식이나 액세서리로 신분이나 지위를 나타내었다.9

청나라 만주족이 중국을 통치하면서 다방면에서 한족의 문화와

충돌이 일어나기도 하고 융합이 되기도 하였다. 의복 역시 만주족滿洲族과 한족漢族의 복식이 조화를 이루면서 그 형태에 변화가 일어났다. 대표적으로는 옷깃을 세운 디자인이 생기게 되었는데, 이는 한족 복식의 영향을 받은 것이다. 그리고 한족의 자수 공예가 치파오에 반영되어 옷 전체 또는 가장자리의 장식 문양이 더욱 화려해졌다.10 이러한 융합과 조화의 과정을 거치면서 치파오는 중국을 대표하는 의복으로 자리 잡았다.11

旗袍 출처 : baidu.com

19세기에 이르러 서구 제국주의들의 침략이 이어지면서, 중국은 근대시민사회를 이룰 수 있는 새로운 정치 체제를 갈망하였다. 그 결과 1911년 신해혁명辛亥革命이 일어났고 중화민국中華民國이 건립되었다. 이렇게 지난날의 봉건주의적 체제에서 벗어나고자 하였던 노력은 의복에도 영향을 미치게 되었다. 봉건제도의 영향으로 복장을 통해 신분이나 지위를 알 수 있었던 복식 등급 제도가 폐지되면서 전통적인 기녀지포의 치파오는 점점 사라지게 되었다. 중화민국이 건립됨과 동시에 중국인에게 일어난 사상적 변화 및 서구의 영향을 받게 되면서 기존의 형태와는 전혀 다른 형태의 치파오가 나타나게 되었다. 그래서 이러한 새로운 형태의 치파오는 '민국民國 치파오' 또는 '신식新式 치파오'라고 부른다.12

새로운 형태의 치파오를 기녀들의 치파오와 비교해 보면 몇 가지의 차이점을 발견할 수 있다. 첫 번째는 형체의 변화이다. 기녀들의

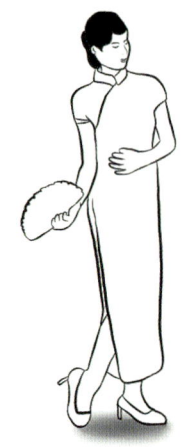

旗袍 출처 : pixabay.com

치파오는 보통 헐렁하고 평평한 형태를 띠었지만, 새로운 치파오는 허리 부분을 줄여서 날씬한 몸매를 강조하였다. 또한 옆트임을 길게 주어 다리를 길어 보이는 효과를 주기도 하였다. 두 번째는 길이의 변화이다. 기존의 치파오는 포 안에 긴 바지를 입었으나 새로운 치파오는 미니스커트의 형태로 치마 길이가 짧게 변형되면서 안에 짧은 속바지를 입었다. 그와 동시에 실용성을 높이기 위해 소매 역시 짧아졌다.13 세 번째는 옷감의 변화이다. 기존 치파오의 옷감은 비교적 두껍고 장식이 매우 복잡하였지만 새로운 치파오의 경우에는 옷감이 비교적 얇고 가벼우며 장식 역시 꽃무늬 등으로 간단하게 변화하였다.

연도별로 치파오의 발전 과정을 살펴보면 다음과 같다. 1920년대에 이르러 중국 전역에 지금과 비슷한 형태의 치파오가 유행하기 시작하였는데, 서양 의복의 영향을 받아 허리 부분을 더욱 줄여 잘록하게 변형되었으며 길이 또한 매우 짧아진 것을 특징으로 꼽을 수 있다. 1930년대에 이르러서 현재의 치파오 형태를 갖추게 되었는데, 이 시기에는 치파오의 길이를 길게 하고 몸에 딱 맞게 하여 날씬해 보이도록 하는 것이 유행하였다. 1940년대에 이르러 간편한 복장을 추구하게 되면서 치파오가 다시 짧아지기도 하였다. 1950년내에는 기계와 기술의 발전으로 대량 생산이 가능해져 기능성을 지닌 작업복 등이 유행하여 치파오를 찾는 사람들이 줄어들었다. 이후 치파오를 일상생활복으로 입는 사람들은 점점 줄어들었지만, 여전히 예복의 개념으로 중국인의 대표적인 전통 의상으로 남아 있다.[14]

이렇게 중국의 치파오는 본래 만주족의 전통에서 출발하여 한족의 복식과 서양의 영향을 받으면서 그 형태가 조금씩 변화되었다. 그 변화의 과정을 보면 치파오는 단지 의복의 개념을 뛰어넘어 중국의 역사 및 문화가 반영된 결정체라고 할 수 있다.

旗袍 출처 : pixabay.com

알아두면 재미있는 중국 이야기

현재 우리가 알고 있는 치파오의 형태는 만주족의 포복袍服을 바탕으로 서양 의상의 특징이 반영된 결과라고 할 수 있다. 그리하여 그 형태가 다양한데, 상하복으로 나뉘어 있는 형태의 투피스 또는 레이스가 달린 형태 등이 있다. 이러한 형태의 치파오는 모두 서양의 드레스와 조화를 이룬 결과물로 서양에서는 현대화된 오늘날의 치파오를 'Chinese dress'이라 한다.

3 치파오의 구성과 특징

흔히 치파오라 하면 가장 먼저 떠올릴 수 있는 특징으로는 바로 가슴 쪽에 있는 대칭의 금開襟kāijīn 여밈과 령領lǐng 옷깃, 그리고 개차

開衩kāichà 옆트임를 들 수 있다.

먼저 치파오 오른쪽 위에 있는 우임여밈右衽開襟은 만주족 기녀들의 복장 포복袍服páofú에서 비롯되었다. 이 여밈은 다양한 형태로 나타나는데, 사선으로 되어 있기도 하고 양쪽으로 나타나기도 하면서 신식 치파오의 특징으로 자리 잡게 되었다.15

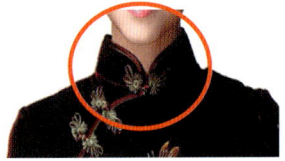

開襟·領 출처 : pixabay.com

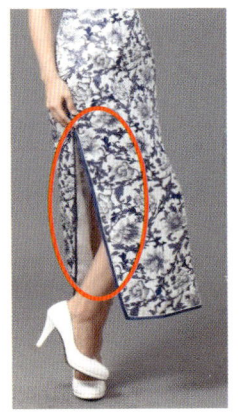

旗袍 출처 : pixabay.com

청나라 이전의 치파오에는 옷깃 형태의 입령立領lìlǐng이 없었고 스카프 형태의 영건領巾lǐngjīn을 둘렀다. 이후 한족의 영향으로 인해 목둘레의 깃이 곧게 세워진 형태가 유행하게 되었다. 그리하여 중국 복식의 특징으로 세워진 깃을 'China collar'라고 부른다.16

만주 귀족들은 본래 앞, 뒤, 양옆 사면에 모두 트임을 주었는데, 이를 '사개차포四開衩袍sìkāi chǎpáo' 또는 '개포開袍kāipáo'라고 하였다. 이렇게 사면에 모두 트임을 준 이유는 북방 지역에서 말을 타고 활을 쏘는 풍습에서 비롯되었다. 반면 만주족 여성이나 한족 남자들은 양옆에만 트임을 준 포를 입었는데, 이후 만주 귀족들 역시 정착생활을 하게 되면서 양옆에만 트임을 준 포를 입게 되었다.17 이후 옆트임은 여성미를 강조하는 하나의 특징으로 자리 잡게 되면서 옆트임의 깊이에 따라서 다양한 형태의 치파오가 유행하였다.

4 치파오의 문양

전통적인 만주족은 유목 및 수렵 활동을 하면서 살아왔기 때문에 그들이 입던 치파오 역시 일상생활을 원활하게 하기 위함으로 매우 간결하고 소박하며 장식이나 색을 중시하지 않았다. 그러나 농경 생활에 정착하게 되면시 치파오는 장식을 매우

旗袍 출처 : baidu.com

중시하였다. 그래서 그들은 주로 옷소매에 문양을 수놓기 시작하였는데, 그 장식은 점점 화려해지기 시작하면서 본래의 옷감을 구별하기 힘들 정도에 이르렀다.[18] 이들은 다양한 문양을 서로 감거나 연결하여 많은 도안을 조합하였는데, 대표적으로는 용龍lóng, 봉황鳳凰 fènghuáng, 팔보八寶bābǎo, 신성한 구름祥雲xiángyún, 신성한 학仙鶴 xiānhè, 나비蝴蝶húdié 등이 있다. 이렇게 화려하게 장식된 치파오는 미적 효과를 나타냄과 동시에 신분을 나타내는 용도로 사용되었다. 예를 들어, 몸 전체에 커다란 용무늬를 수놓기도 하였는데 이는 신분이나 지위에 따라서 용무늬의 형태와 숫자가 달라지기도 하였다.[19]

이후 현대식 치파오에는 서양의 영향을 받아서 다양한 종류의 문양이 나타나기 시작하였는데, 대표적으로는 꽃무늬 또는 줄무늬 형태의 기하학적 문양 등을 들 수 있다. 또한 강렬하고 다양한 색채를 활용하여 개성을 나타내곤 한다.

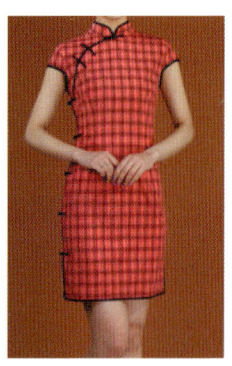

旗袍 출처 : baidu.com

알아두면 재미있는 중국 이야기

청淸나라 시대의 대표적인 관복으로는 길복吉服이 있는데, 용무늬가 새겨진 길복포를 '망포蟒袍mǎngpáo'라 하였다. 관리들이 입는 망포는 보통 청색으로 이루어져 있으며 그 신분에 따라서 용무늬를 달리 수놓았다. 반면 황제나 황태자의 길복포는 황색으로 그 바탕에 아홉 마리의 용을 그려 넣어 이를 '용포龍袍 lóngpáo'라 한다.[20]

중국의 소수민족과 다양한 의복 문화

1 다민족 국가, 중국의 소수민족

중국은 광활한 면적만큼이나 다양한 민족으로 구성되어 있다. 민족 구성을 구체적으로 살펴보면, 약 92%가 한족漢族Hànzú으로 구성되어 있으며 55개의 소수민족이 나머지 약 8%를 차지하고 있다. 여기서 소수민족少數民族shǎoshùmínzú이란, 문자 그대로 한족을 제외한 다른 민족 집단을 의미한다. 이들은 그들만의 독자적인 문화를 지니

少數民族 출처 : baidu.com

고 있는데 언어, 주거 지역, 생활 양식 등에 있어서 공동체로서의 의식을 지니고 있다. 중국의 55개 소수민족은 모두 각기 다른 문화를 지님과 동시에 규모와 인구수 역시도 다양하다. 이 가운데 장족壯族 Zhuàngzú이 가장 많은 인구수로 약 1,690만 명이 있으며, 타타얼족 塔塔爾族Tǎtǎěrzú이 약 3,500여 명으로 가장 적은 인구수로 이루어져 있다.

중국의 소수민족[17]

1. 장족	20. 리쑤족	39. 아창족
: 壯族Zhuàngzú : 廣西, 雲南, 廣東 등	: 傈僳族Lìsùzú : 雲南, 四川	: 阿昌族Āchāngzú : 雲南
2. 회족	21. 동향족	40. 노족
: 回族Huízú : 寧夏, 甘肅, 河南 등	: 東鄉族Dōngxiāngzú : 甘肅, 新疆	: 怒族Nùzú : 雲南
3. 만주족	22. 흘로족	41. 오원커족
: 满族Mǎnzú : 遼寧, 河北, 黑龍江 등	: 仡佬族Gēlǎozú : 貴州	: 鄂溫克族Èwēnkèzú : 內蒙古
4. 위그르족	23. 라후족	42. 징족
: 維吾爾族Wéiwú'ěrzú : 新疆	: 拉祜族Lāhùzú : 雲南	: 京族Jīngzú : 廣西
5. 묘족	24. 와족	43. 기낙족
: 苗族Miáozú : 貴州, 湖南, 雲南 등	: 佤族Wǎzú : 雲南	: 基諾族Jīnuòzú : 雲南
6. 이족	25. 수족	44. 덕앙족
: 彝族Yízú : 雲南, 四川, 貴州 등	: 水族Shuǐzú : 貴州, 廣西	: 德昂族Dé'ángzú : 雲南
7. 토가족	26. 나시족	45. 보안족
: 土家族Tǔjiāzú : 湖南, 湖北, 重慶 등	: 納西族Nàxīzú : 雲南	: 保安族Bǎo'ānzú : 甘肅

8. 티베트족	27. 강족	46. 러시아족
: 藏族 Zàngzú : 西藏, 四川, 青海 등	: 羌族 Qiāngzú : 四川	: 俄羅斯族 Éluósīzú : 新疆, 黑龙江
9. 몽골족	28. 토족	47. 유고족
: 蒙古族 Měnggǔzú : 內蒙古, 遼寧, 吉林 등	: 土族 Tǔzú : 青海, 甘肅	: 裕固族 Yùgùzú : 甘肅
10. 동족	29. 무로족	48. 우즈베크족
: 侗族 Dòngzú : 貴州, 湖南, 廣西	: 仫佬族 Mùlǎozú : 廣西	: 烏孜別克族 Wūzībiékèzú : 新疆
11. 포의족	30. 시버족	49. 문파족
: 布依族 Bùyīzú : 貴州	: 錫伯族 Xībózú : 遼寧, 新疆	: 門巴族 Ménbāzú : 西藏
12. 요족	31. 커얼커쯔족	50. 오르존족
: 瑤族 Yáozú : 廣西, 湖南, 雲南 등	: 柯爾克孜族 Kē'ěrkèzīzú : 新疆	: 鄂倫春族 Èlúnchūnzú : 黑龍江, 內蒙古
13. 백족	32. 경파족	51. 독룡족
: 白族 Báizú : 雲南, 貴州, 湖南	: 景頗族 Jǐngpōzú : 雲南	: 獨龍族 Dúlóngzú : 雲南
14. 조선족	33. 다우르족	52. 혁철족
: 朝鮮族 Cháoxiānzú : 吉林, 黑龍江, 遼寧	: 達斡爾族 Dáwò'ěrzú : 內蒙古, 黑龍江	: 赫哲族 Hèzhézú : 黑龍江
15. 하니족	34. 사라족	53. 고산족
: 哈尼族 Hānízú : 雲南	: 撒拉族 Sālāzú : 青海	: 高山族 Gāoshānzú : 臺灣, 福建
16. 여족	35. 포랑족	54. 로파족
: 黎族 Lízú : 海南	: 布朗族 Bùlǎngzú : 雲南	: 珞巴族 Luòbāzú : 西藏
17. 카자흐족	36. 모난족	55. 타타르족
: 哈薩克族 Hāsàkèzú : 新疆	: 毛難族 Máonánzú : 廣西	: 塔塔爾族 tǎtā'ěrzú : 新疆

18. 태족	37. 타지크족	
: 傣族Dǎizú : 雲南	: 塔吉克族Tǎjíkèzú : 新疆	
19. 사족	38. 보미족	
: 畬族Shēzú : 福建, 浙江, 江西 등등	: 普米族Pǔmǐzú : 雲南	

2 중국의 소수민족 정책, 하나의 중국!

　1949년 중화인민공화국이 건립됨과 동시에 중국은 전국에 있는 소수민족을 중국에 편입시키기 위한 민족정책을 펼쳤다. 먼저 1952년 전국을 행정구획화하여 민족 자치제를 전면적으로 시행하였으며, 대대적인 인구 조사를 실시하여 지금의 55개 소수민족으로 정리하였다. 이후 한족漢族에게는 한 자녀 정책으로 산아를 제한하였지만, 소수민족에게는 비교적 완화된 기준을 적용하면서 소수민족의 인구가 점차 증가하여 현재 중국 내에 인구 100만 명이 넘는 소수민족이 18개가 있다.

　중국은 다양한 민족들의 화합과 단결을 중시하는 정책을 펼침으로써 소수민족에게 자치권을 부여하고 고유의 풍습을 존중하며 하나의 중국이 될 수 있도록 평등정책을 펼치고 있다. 이는 각기 다른 문화와 풍습을 가진 소수민족을 하나로 통합하여 다민족 국가를 형성하고 유지하기 위한 제도 중 하나라고 볼 수 있다. 그리하여 중국

---

17) 민족명은 기본적으로 한자 독음으로 표시하였으나, 일부는 예외적으로 중국어 발음으로 표기하였다.

헌법에도 각 민족의 평등함을 명시하고 있으며 그들의 고유한 문화를 지켜나갈 수 있도록 존중하고 있다. 그리고 중국 정부는 전국인민대표회全國人民代表大會의 대표를 선출할 때 소수민족 지역에는 대표 선출권을 부여하여 중국 국가 업무에 적극적으로 참여하도록 하고 있다.

소수민족의 거주지가 비교적 사회적·경제적으로 낙후된 곳이 많기 때문에 중국 정부는 철도와 도로를 개통하여 지역 발전을 도모하였다. 이로써 소수민족 지역의 발전을 도모함과 동시에 소수민족 지역에 있는 지하자원 및 다양한 특산물을 전국 각지로 빠르게 수송할 수 있게 되었다. 이 외에도 과학 기술 및 기계를 도입하여 소수민족 지역의 농업과 목축업의 생산성을 크게 높였으며 강철, 전력 등등 중공업 분야에도 큰 지원을 아끼지 않고 있다.

이렇게 중국은 다양한 민족과 함께 하나의 중국을 이룰 수 있도록 여러 가지 정책을 내세우고 있지만, 국경 지역에 위치한 소수민들은 독립을 외치고 있다. 대표적으로는 신장위구르 자치구新疆維吾爾自治區Xīnjiāngwéiwú'ěrzizhìqū와 티베트 자치구西藏自治區Xīzàngzìzhìqū를 들 수 있다. 향후 중국이 독립을 외치는 다양한 소수민족들과 분쟁을 어떻게 해결해 나갈지 세기의 관심이 주목되고 있다.

3) 의복으로 살펴본 소수민족의 특징

중국의 55개 소수민족은 중국 전역에 널리 분포되어 있다. 각각의 소수민족 의복은 자신들이 거주하는 지역의 지리와 기후의 영향을 받아 다양한 형태로 나타난다. 그리고 소수민족의 다양한 종교

·사회·경제·생활 양식 등에서 발견할 수 있는 특징이 의복에도 나타난다.

중국의 소수민족은 크게 북방민족과 남방민족으로 나눌 수 있다. 북방민족들은 대부분 초원, 사막, 고원 등의 광활한 지역에 살고 있는데, 특히 동북東北 지역에 사는 만주족滿洲族, 조선족朝鮮族, 혁철족赫哲族, 오원커족鄂溫克族 등은 매우 추운 지역에 살고 있어서 방한防寒을 위한 외투 및 가죽, 모피 의복이 발달하였다.

그 중 혁철족赫哲族Hèzhézú은 중국 동북부의 높고 추운 지역에서 사는 소수민족이다. 이들은 일 년 동안 대부분이 눈과 얼음이 뒤덮여 있는 원시 산림 지역에서 살고 있어 여우, 담비, 호랑이, 표범 등을 수렵하며 생활한다. 그리고 그들에게 있어 물고기는 없어서는 안 될 중요한 식량 중 하나이며, 물고기 가죽은 허저족만의 특별한 의복 재료가 된다. 물고기 껍질은 보온성이 뛰어날 뿐만 아니라 가볍고 방수가 되어 아주 유용한 의복 재료가 된다. 그들은 여러 장의 물고기 가죽을 무두질하여 한 장으로 크게 만들어 봉제해 입는다.[21] 물고기 가죽옷 이외에도 노루 가죽으로 만든 옷을 입거나 모자를 쓰기도 한다.

赫哲族 출처 : baidu.com

남방소수민족은 대부분 농경 생활을 위주로 하고 있으며 직조織造하여 의복 재료를 얻고 나염 기술이 발달하였다. 대표적으로 남방의 묘족苗族Miáozú을 들 수 있다. 그들은 화려한 꽃 또는 동물 모양의 자수문양과 청색으로 염색한 옷을 입는 것이 특징이다. 그리고 묘족

苗族 출처 : baidu.com.

이 거주하는 지역에 따라서 전통 의복 특징도 다르게 나타나는데, 푸른색, 남색, 백색, 흑색 등등 다양한 색을 이용한다. 이외에도 묘족 여성들은 묘족 전설 속의 광명光明을 상징하는 은으로 된 각종 장신구를 착용한다.22

回族 출처 : baidu.com

그리고 종교에 의하여 독특한 의복 특징을 지니기도 하는데, 대표적으로 회족回族Huízú을 들 수 있다. 회족은 중국 소수민족 중 비교적 인구수가 많은 편에 속하며 거주 지역 또한 넓게 분포해 있어 다양한 민족들과 조화를 이루며 살아가고 있다. 그래서 같은 회족이라 하더라도 지역에 따라서 각기 다른 특징을 나타내고 있는데, 공통적으로 이슬람교의 종교적 특징을 가지고 있다. 그들은 종교 의식을 치를 때 흰 천이나 검은 천으로 머리를 감싸는 터번을 쓰는데, 이를 '경모經帽jīngmào'라 한다. 보통 회족의 남성들은 하얀색의 옷을 입는데, 하얀색은 순수함과 소박함, 그리고 사랑을 상징한다. 그리고 회족의 여성들은 검은색 또는 흰색의 둥근 모자를 쓰고 천으로 모자 겉을 가리며 어깨 또는 허리까지 길게 늘어뜨린다.23

CHAPTER 3 의복과 관련된 중국어 언어 표현

의복은 언어와 마찬가지로 국가 혹은 한 민족의 정체성을 확인할 수 있는 중요한 상징 중 하나이다.24 특히 중국의 역사를 보면 한족 漢族과 여러 민족이 함께 조화를 이루며 살아온 것과 같이 중국의 의복에서 다양한 민족의 영향력을 찾아볼 수 있다. 다시 말해, 중국의 의복을 살펴보면 여러 민족의 문화를 수용하면서도 한족의 정통성을 유지하고 있음을 알 수 있다. 이는 의복을 통하여 중국의 전통문화를 알 수 있는 것과 동시에, 역사적으로 주변 국가들과 어떠한 교류를 나누었는지를 살펴볼 수 있다.

본 장에서는 실제 의복과 관련된 어휘는 무엇이 있는지를 살펴보고, 의복과 관련된 언어 표현을 알아보도록 하자.

1 의복과 관련된 기초 어휘

현대 중국어에서는 의복과 관련된 기초 어휘가 다양하게 있는데, 먼저 의복과 관련된 명사는 다음과 같다.

	어휘	병음	뜻		어휘	병음	뜻
1	衣服	yīfu	옷	14	裙子	qúnzi	치마
2	長袖	chángxiù	긴팔	15	褲子	kùzi	바지
3	短袖	duǎnxiù	반팔	16	長褲	chángkù	긴바지
4	吊帶衫	diàodàishān	탱크탑	17	短褲	duǎnkù	반바지
5	秋衣	qiūyī	내복	18	背心	bèixīn	러닝 셔츠
6	秋褲	qiūkù	내복 바지	19	馬甲馬夹	mǎjiǎ	조끼
7	T恤	T xù	티셔츠	20	襯衫	chènshān	셔츠
8	卫衣	wèiyī	후드티	21	毛衣	máoyī	스웨터
9	風衣	fēngyī	트렌치코트	22	外套	wàitào	외투
10	西服	xīfú	양복	23	夹克茄克	jiākè	자켓
11	打底褲	dǎdǐkù	레깅스	24	開衫	kāishān	카디건
12	三角内褲	sānjiǎo nèikù	삼각팬티	25	哈倫褲	hālúnkù	배기 팬츠
13	长内褲	cháng nèikù	드로즈	26	連體褲	liántǐkù	점프수트

　이상 의복과 관련된 기초 명사 중에서 서양식 의복인 '西服'와 관련된 중국 의복 형태가 있다. 중국의 마지막 왕조인 청淸나라의 중심 세력은 만주족이었기에, 여성들은 보편적으로 치파오旗袍입었으며 민국 시대에는 실용성에 초점을 맞추어 개량한 치파오를 입게 되었다. 반면 이 시기 중국 남성들에게는 새로운 의복 형태가 유행하였는데, 그것이 바로 '中山裝zhōngshānzhuāng'이다. 이는 '中山服 zhōngshānfú'라고 불리기도 하는데, 이는 손문孫文의 호인 '중산中山'을 따서 지어진 이름이다. 이 중산복은 중국의 전통적인 의복 형태

를 기반으로 서양 양복의 특징을 접목시켰다. 치파오와 동일하게 옷깃인 령領은 남겨주고 좌우교임형으로 가운데를 여밀 수 있는 특징이 있다.25 1912년 난징 중화민국 임시정부 수립 행사에 손문이 이 중산복을 입기 시작하여 민국 시대의 남성들의 보편적인 의복 형태로 자리 잡게 되었다. 이후 모택동毛澤東MáoZédōng 역시 이 중산복을 즐겨 입어 '마오 자켓Mao jacket' 또는 '인민복人民服rénmínfú'이라 불리기도 하였다.26 중산복을 보게 되면 앞부분에 주머니 네 개와 단추 다섯 개가 있는데, 이는 『역경易經』, 『주례周禮』 등의 중국 고전에 따라서 각각의 의미를 지니고 있다. 네 개의 주머니는 각각 '예禮·의義·염廉·치恥'를 상징하며, 다섯 개의 단추는 5권인 '행정·입법·사법·고시·검찰권의 분립'을 상징한다. 이 외에 양쪽 소매 끝에는 단추 3개가 달려 있는데, 이는 공화혁명의 이념인 삼민주의三民主義를 상징한다.27 이렇게 중산복은 중국의 전통적인 의복과 서양 양복의 특징이 결합되어 중국 남성의 대표적인 의복 형태로 자리매김하였다.

中山裝 출처 : baidu.com

의복과 관련된 액세서리 어휘는 다음과 같다.

	어휘	병음	뜻		어휘	병음	뜻
1	鞋	xié	신발	13	帽子	màozi	모자
2	皮鞋	píxié	가죽신발	14	配飾	pèishì	액세사리
3	運動鞋	yùndòngxié	운동화	15	皮筋	píjīn	고무줄
4	涼鞋	liángxié	샌들	16	髮夾 髮卡	fàjiā fàqiǎ	머리핀
5	高跟鞋	gāogēnxié	하이힐	17	髮箍	fàgū	헤어밴드
6	襪子	wàzi	양말	18	眼鏡	yǎnjìng	안경
7	拖鞋	tuōxié	슬리퍼	19	太陽鏡	tàiyángjìng	선글라스
8	手巾	shǒujīn	손수건	20	遮陽帽	zhēyángmào	선캡, 차양모
9	圍巾 絲巾	wéijīn sījīn	목도리, 스카프	21	腰帶	yāodài	허리띠
10	手套	shǒutào	장갑	22	皮包	píbāo	가죽가방
11	領帶	lǐngdài	넥타이	23	戒指	jièzhǐ	반지
12	披肩	pījiān	숄(shawl)	24	耳環	ěrhuán	귀걸이

　이상 액세서리와 관련된 기초 어휘 중에서 신발인 '鞋'와 관련된 재미있는 관용 표현으로 '穿小鞋chuānxiǎoxié'가 있다. 이를 직역하면 '작은 신발 신기'이지만, 이는 '암암리에 앙갚음을 하는 행동' 또는 '아무도 모르게 고의적으로 타인을 괴롭히거나 난처하게 하는 행위'를 가리킬 때 사용한다.

　이러한 의미는 북송北宋시대의 한 이야기에서 비롯되었다. 본래 중국에서는 양측의 부모가 자식들끼리 혼인시키기로 결정이 되면 신랑 측에서 신부의 발 치수에 맞게 자수를 놓은 신발을 보내고 신부는 신랑 집에서 보내온 그 신발을 신고 혼례를 치르는 전통이 있다. 북송 시기의 교옥巧玉이라는 아가씨가 있었는데, 그녀의 계모는 그녀를 외모가 추하고 말을 하지 못하는 돈 많은 남자에게 시집보내려고 하였다. 그러나 교옥이 완강하게 거부하여 그 혼사는 무산이 되었다. 이에 화가 난 계모는 어떻게 하면 교옥을 골탕 먹일 수 있을까 고민하였다.

그러던 어느 날, 우연히 한 노파가 교옥에게 훌륭한 신랑감을 소개해 주었고 교옥 역시 그 사람이 마음에 들었다. 그러나 이런 상황을 지켜본 계모는 고의로 교옥의 발 치수를 다르게 알려주었다. 신랑 측에서는 계

신발 출처 : freepik.com

모가 알려준 치수에 맞게 자수를 놓은 신발을 보내 왔다. 혼례 당일, 교옥은 설레는 마음으로 신발을 신으려 하였지만 터무니없이 작아 신을 수 없었다. 결국 교옥은 가마에 올라탈 수 없었고, 이에 너무 부끄럽고 수치스러운 마음이 들어 스스로 목숨을 끊었다. 이후 많은 사람들이 이 사건의 진상을 알고 매우 안타까워하였고, 몰래 뒤에서 보복성 행동을 하거나 자신의 권력을 이용하여 타인을 괴롭히는 경우를 일컬어 '작은 신발 신기穿小鞋'라고 표현하였다.[28]

의복과 관련하여 치장할 수 있는 현대 중국어 어휘 중 동사와 양사는 다음과 같다.

	어휘	병음	뜻	
1	穿	chuān	(옷을) 입다	衣服, 褲子, 裙子, 襪子 등
2	戴	dài	착용하다, 쓰다, 달다	帽子, 眼鏡, 手套 등
3	背	bēi	(가방, 배낭 등을) 메다.	書包, 皮包, 手提包 shǒutíbāo 핸드백 등
4	紮髮	zhāfà	(머리를) 묶다	= 束髮 shùfà, = 約髮 yuēfà
5	帶	dài	차다, 달다	手表, 发夹 발카, 包, 雨衣 yǔyī 우의 등
6	縫	féng	바느질하다, 꿰메다	= 做活兒 zuò huór, = 遞針兒 dìzhēnr, = 壓線 yāxiàn 등
7	脫	tuō	벗다	衣服, 褲子, 裙子, 襪子 등
8	系	jì	매다, 묶다	領帶, 鞋帶 xiédài 신발끈, 領扣 lǐngkòu 옷깃 단추, 圍裙 wéiqún 앞치마 등
9	夾	jiā	끼우다. 꽂다	髮卡 머리핀
10	件	jiàn	옷을 세는 양사	예) 昨天我買了兩件毛衣。 Wǒ zuótiān mǎi le liǎng jiàn máoyī. 나는 어제 두 벌의 스웨트를 샀다.
11	套	tào	한 세트로 된 옷 등을 세는 양사	예) 一套西服 양복 한 벌
12	條	tiáo	바지, 치마를 세는 양사	예) 一條褲子 양복 한 벌
13	雙	shuāng	짝을 이루는 것을 세는 양사	예) 一雙襪子 양말 한 켤레

이상 의복과 관련된 동사 중에서 머리, 얼굴, 가슴 등에 무언가를 착용하는 행위를 나타내는 '戴'를 이용한 재미있는 중국어 표현이 있다. 대표적으로는 '戴高帽 dàigāomào'를 들 수 있는데, 이는 남을

戴高帽 출처 : baidu.com

치켜세워주거나 아부 및 아첨하는 것을 비유하는 표현이다. 이는 중국 남북조南北朝 시대의 북제北齊(550~577)의 한 인물과 관련되어 있는데, 그 사람의 이름은 '宗道暉Zōngdàohuī'이다. 그는 항상 높은 모자를 쓰고 발에는 아주 큰 나막신을 신어 주의의 눈길을 끌었다. 또한 그는 다른 사람을 접견할 때면 반드시 위와 같이 차려 입고는 고개를 높이 쳐들어 두 손을 들고 머리가 나막신에 닿을 때까지 인사를 하였다. 그리고는 "당신의 공덕은 삼공과 비교가 되지 않는다"라고 하면서 상대방의 기분을 맞추어 주었다. 이로부터 사람들은 아첨하는 것을 가리켜 '높은 모자를 쓰다戴高帽'라고 표현한다.29

이외에도 중국에서 녹색 모자를 쓰는 것 戴绿帽子dài lǜ màozi을 주의해야 한다. 이는 자신의 아내 혹은 애인이 다른 사람이 있다는 것을 비유하기 때문이다. 이러한 의미를 가지게 된 데에는 여러 이야기가 있

녹색모자 출처 : freepik.com

지만, 그중에 대표적인 것은 원元나라 때의 정책에서 비롯되었다. 이 시기 기방에서 일하는 기녀들은 모두 보라색 옷을 입도록 하였고, 기방에서 일하는 남성들은 모두 녹색 두건을 쓰도록 하여 일반 사람들과 구별하였다. 이후 명明나라와 청淸나라까지 이 규정이 이어졌고, 오늘날 녹색 모자를 쓰는 사람의 아내나 애인이 바람을 핀다는 의미를 갖게 되었다.

2 의복과 관련된 언어 표현

앞서 우리는 의복과 관련된 중국어 기초 어휘와 그와 관련된 문화를 살펴보았다. 그렇다면 이외에 의복과 관련된 중국어 표현은 무엇이 있을까? 그리고 그와 관련된 문화적 요소들은 무엇이 있을까?

재단 출처 : freepik.com

근래에는 산업이 발달하면서 기성 제품을 많이 입고 있지만, 이전에는 체형에 맞는 옷을 입기 위해 치수를 재어 옷을 재단하였다. 이렇게 각기 다른 체형에 따라 그에 맞는 옷을 만드는 것에 빗대어 실제 상황에 따라 적합하게 일을 처리한다는 의미를 나타내기도 한다. 그렇게 생겨난 표현이 바로 '量體裁衣liàngtǐcáiyī'이다. 이 표현은 명明나라 베이징北京에 있던 유명한 재단사와 관련된 일화에서 유래되었다.

베이징의 한 재단사는 길이와 품을 각 사람의 체형에 맞게 재단하기로 유명하였다. 어느 날 어사대부御史大夫라는 관직을 가진 사람이 재봉사에게 조복朝服을 만들어 달라 부탁하였다. 재봉사는 관리의 허리 치수를 재고는 그에게 물었다. "관직에 나아가신지는 얼마나 되셨습니까?" 그러나 어사대부는 이상한 질문이라 여기고 다시 질문하였다. "내 몸에 맞게 옷을 만들면 되는데 어찌하여 상관없는 질문을 하는가?" 그러자 재봉사는 대답하였다. "젊은 사람이 처음 관직에 나아가면 자신이 남보다 잘났다고 생각하여 자신감이 넘쳐 가슴을 펴고 배를 내밀게 되어 있습니다. 그렇기 때문에 관직에 오른지 얼마 되지 않은 사람에게는 뒤는 짧게, 그리고 앞을 길게 재단하여야 합니다. 그러나 일정 동안 관직 생활을 하시다 보면 감정이 평온해져 이러한 특징이 없어지게 됩니다. 그러면 옷의 앞과 뒤를 일정한 길이로 맞춰야 합니다. 그리고 오랜 기간 동안 관직 생활을 하신 분들은 관직을 옮기시거나 물러나야 할 상황이 얼마 남지 않았기에 우울하시고 힘이 없어 걸으실 때 고개를 숙이고 허리를 굽히게 됩니다. 그래서 이때에는 옷의 앞은 짧고 뒤를 길게 재단하여야 합니다. 만약 제가 이러한 것을 묻지 않는다면 어찌 몸에 딱 맞는 옷을 재단할 수 있겠습니까?" 어사대부는 재봉사가 옷을 잘 만들 수 있었던 이유는 바로 옷을 잘 만드는 기술뿐만 아니라 대상의 특징을 잘 찾아내어 그에 맞게 대처할 수 있기 때문이라는 것을 알게 되었다. 이후 사람들은 '量體裁衣liàngtǐcáiyī'라는 표현을 통하여 실제 상황에 근거하여 알맞게 대처하는 것을 표현하였다.

이는 '稱體裁衣chèntǐcáiyī'라고도 표현하기도 하는데, 우리나라 속담 중 비슷한 표현으로는 '누울 자리 봐 가며 발을 뻗는다'가 있다.
현대사회에서 모자는 햇빛을 가리는 용도로 쓰이지만, 중국 고대에서는 햇빛이나 비를 막는 용도 외에도 신분을 상징하는 하나의 도구였다. 이처럼 관리들이 쓰던 모자 및 감투를 '오사모烏紗帽 wūshāmào'라 하였다. 오사모는 동진東晉 시기부터 쓰기 시작하여 당唐나라 때부터 신분에 상관없이 모든 남성이 착용하였는데, 이는 연회에 참석하거나 손님 및 황제를 접견할 때 착용하였다. 오사모는 검은 천으로 만들었으며 모자 뒤쪽에 두 개의 날개가 있고 관직에

烏紗帽 출처 : baidu.com

따라서 재질과 모양이 조금씩 다르다. 오사모의 특징으로는 모자 뒤쪽으로 뻗쳐 나온 두 개의 날개가 걸을 때 위아래로 움직였기 때문에 관료들은 항상 조심해서 걷는 습관이 있었다. 이와 관련되어 북송北宋 시대에 전해 내려온 이야기가 있다.

어느 날, 대신이 몰래 궁에서 빠져나와 길을 걷다가 한 노인을 만났다. 그 노인은 관료를 만나자마자 바로 무릎을 꿇고 예의를 갖추었다. 그 대신은 이를 이상하게 여겨 노인에게 물었다. "어르신, 저의 복장으로는 조정의 대신임을 알 수 없는데 어찌하여 예의를 이렇게까지 갖추십니까?" 그러자 그 노인은 빙긋 웃으며 말하였다. "비록 복장에서는 조정의 대신임을 알 수 없지만, 걸음걸이를 보고 알았습니다. 방금 좁은 골목에서 여기저기 두리번거리며 머리를 조심해서 걷지 않으셨습니까? 비록 관복을 입지 않으셨지만 그 걸음걸이를 통하여 조정의 대신이심을 금방 알 수 있었습니다." 이후 오사모는 관직을 뜻하는 표현이 되었다.

이처럼 관직을 뜻하는 오사모와 관련된 언어 표현으로는 '戴上烏紗帽dàishàngwūshāmào 관직에 오르다', '摘下烏紗帽zhāixià wūshāmào 관직을 내려놓다', 또는 '丟了烏紗帽diūlewūshāmào 관직을 잃다' 등이 있다.

안경은 시력이 좋지 않은 사람에게 잘 보이게 하는 용도로 사용하지만 바람, 먼지, 햇빛 등으로부터 눈을 보호하는 역할을 하기도 한다. 그런데 때로는 안경을 쓴다는 표현을 통해 편견을 가지고 사람이나 사물을 바라보는 것을 나타내기도 하는데, 이와 같은 표현이 '有色眼鏡yǒusèyǎnjing'이 있다. 이는 주로 부정적인 의미로 사용되어 고정관념을 가지고 특정 사물 또는 사람을 바라볼 때 사용한다.

안경 출처 : freepik.com

또한 가면은 얼굴을 감추거나 달리 꾸미기 위한 도구인데, 속뜻을 숨기고 겉으로 거짓된 행동을 하는 모습을 지칭할 때 사용하기도 한다. 이와 관련된 표현으로는 '假面具jiǎmiànjù'가 있다. 이 또한 주로 부정적으로 혐오의 의미가 함축되어 있어 위선적인 겉모습을 비유한다.

주석

1. 作钰钰(2021),「중국과 일본의 전통의복 연구」, 국내석사학위논문, 부경대학교, pp.8-9
2. 홍나영·신혜성·이은진(2011),『동아시아 복식의 역사』, 경기 파주: 교문사, p.14.
3. 홍나영·신혜성·이은진(2011),『동아시아 복식의 역사』, 경기 파주: 교문사, p.19.
4. https://baike.baidu.com.com/item/%E6%AD%A6%E5%88%99%E5%A4%A9/61872?fr=aladdin
5. 원유정(2012),「纏足文化와 그 文學的 考察」, 국내석사학위논문, 동국대학교, p.20.
6. 홍나영·신혜성·이은진(2011),『동아시아 복식의 역사』, 경기 파주: 교문사, p.157.
7. 홍나영·신혜성·이은진(2011),『동아시아 복식의 역사』, 경기 파주: 교문사, p.290.
8. 최연(2007),「현대 치파오의 미학적 분석」, 국내석사학위논문, 홍익대학교 대학원, p.7.
9. 우해양·김현주(2019),「전통 치파오chi-pao의 디자인 확장 연구 - 2013년~2018년 컬렉션을 중심으로 -」,『커뮤니케이션 디자인학연구』, 68, p.167.
10. 양베이·장주영(2021),「중국 치파오 디자인의 문화 차원에서의 특성 분석」,『한국콘텐츠학회논문지』, 215, pp.906-907.
11. 유영(2012),「치파오Chi-pao 변천 과정을 통해 본 현대 패션 치파오 디자인 연구」, 국내석사학위논문, 중앙대학교 대학원, p.6.
12. 최연(2007),「현대 치파오의 미학적 분석」, 국내석사학위논문, 홍익대학교 대학원, pp.9-10.
13. 진경옥·이민정(2003),「오리엔탈리즘을 응용한 유니폼 디자인 연구 - 한국·일본·중국의 전통의상을 중심으로」,『한국의류산업학회지』, 55, p.446.
14. 유영(2012),「치파오Chi-pao 변천 과정을 통해 본 현대 패션 치파오 디자인 연구」, 국내석사학위논문, 중앙대학교 대학원, pp17-24.
15. 최연(2007),「현대 치파오의 미학적 분석」, 국내석사학위논문, 홍익대학교 대학원 p.34.
16. 최연(2007),「현대 치파오의 미학적 분석」, 국내석사학위논문, 홍익대학교 대학원 p.32.
17. 홍나영·신혜성·이은진(2011),『동아시아 복식의 역사』, 경기 파주: 교문사, p.290.

18 의북극·양성원(2013),「현대화된 '치파오' 텍스타일패턴의 조형미」,『예술과 미디어』, 124, p.135.
19 홍나영·신혜성·이은진(2011),『동아시아 복식의 역사』, 경기 파주:교문사, p.296
20 홍나영·신혜성·이은진(2011),『동아시아 복식의 역사』, 경기 파주:교문사, p.297.
21 소황옥·김양희(2008),『중국소수민족과 복식』, 서울:경춘사, p.27.
22 소황옥·김양희(2008),『중국소수민족과 복식』, 서울:경춘사, pp.181-185.
23 소황옥·김양희(2008),『중국소수민족과 복식』, 서울:경춘사, pp.46-49.
24 손우승(2007),「한중일의 전통의복을 통해 본 민족정체성」,『비교민속학』, 34, p.301.
25 손우승(2007),「한중일의 전통의복을 통해 본 민족정체성」,『비교민속학』, 34, p.319.
26 기초·백정현·배수정(2017),「중국 중산복의 변천 및 현대패션에의 적용사례 고찰」,『복식』, 673, p.34.
27 남미령, 박은경(2013).「현대 중국적 패션 디자인의 미적 특성 연구 – 전통문화코드 분석을 기반으로 – 」,『복식』, 632, p.129.
28 김수현·증무·배우정·배재석(2020),『용어로 보는 중국문화이야기 다락방』, 경기 고양:학고방, pp.65-67.
29 https://zhidao.baidu.com.com/question/1117439921075353979.html

PART 08
건축

자금성 출처 : pixabay.com

1. 중국 건축 양식과 문화
2. 중국 건축물에 깃든 문화 이야기
3. 중국 거주 문화가 담긴 언어 표현

중국 건축 양식과 문화

- 중국인들은 어떠한 형태의 건축물에서 살았을까?
- 중국의 건축 문화에는 영향을 미친 요소는 무엇이 있을까?
- 중국의 대표 건축물에 담긴 이야기는 무엇이 있을까?
- 중국의 거주 문화와 관련된 언어 표현은 무엇이 있을까?

인간이 살아감에 있어서 가장 기본이 되는 것은 의衣, 식食, 주住이다. 그중에서도 주住와 관련된 건축에는 해당 민족의 특성과 생활 방식이 고스란히 반영되어 있다. 본래 건축은 인간의 생활 속에서 필요로 하는 가장 기본적인 요구로, 주변에서 쉽게 구할 수 있는 건축 재료를 사용하여 실용적이면서도 동시에 아름다움을 추구하여 지어진 구조물을 말한다. 재료로 만들어진 실용적이면서도 동시에 아름다움을 추구하는 구조물이다. 다시 말해서, 단순히 기술에 의하여 세워진 구조물인 '건물'과 달리 '건축'은 해당 민족의 문화와 의식이 고스란히 반영되어 있는 결과물이라고 할 수 있다. 건축은 살아 숨 쉬고 있는 역사의 산물인 것이다.

중국의 건축 양식도 마찬가지로 중국 고유의 특성이 반영되어 있는데, 약 960만 km²의 광활한 면적과 풍부한 자원은 물론 여러 문화가 융합하여 조화를 이루고 있는 특징이 있다. 중국은 아시아의 동남부에 위치하고 동남연해는 서북방향에서 내륙으로 깊이 들어와 있다. 또한 시고동저西高東低라 하여 서부와 북부는 높고 동남부를 향하여 점차 낮아지는 지형에 따라서 각기 다른 건축 특성이 나타낸다. 기후는 남쪽에서부터 북쪽으로 열대, 아열대, 온대, 아한대를 모두 포괄하고 있어 각기 다른 건축 양상으로 나타난다.

이처럼 다양한 자연조건 속에서 중국인은 지형에 알맞은 건축 자재를 사용하여 다양한 풍격風格의 건축물을 만들어 내었다. 그와 동시에 중국의 전통 문화 속의 주거 공간은 중국인의 세계관과 종교관, 그리고 그들만의 사회구조가 그대로 반영되어 있다. 따라서 그 특징을 살펴보면 중국과 중국 문화를 제대로 이해할 수 있다. 이번 장에서는 중국의 전통적인 건축 양식에 대해서 알아보고 민족에 따라 어떠한 특징이 있는지 알아보도록 하자.

四合院 출처 : baidu.com

CHAPTER 1 중국 건축 양식과 문화

1 중국의 전통 건축사

지금으로부터 약 50만 년 전, 현재 중국 지역에서 살고 있던 원시인은 천연 동굴이나 절벽을 거처로 사용하였다. 신석기 시대 황하黃河 유역에 살고 있던 씨족 부락은 황토층을 이용하여 벽체가 있는 토굴과 같이 간단한 혈거穴居 형태에서 살았다. 이러한 중국의 원시 건축에 대한 기원은 중국의 역사서 『주역周易Zhōuyì』에서 찾아볼 수 있는데, "옛날에는 구멍穴xué에서 살고 들野yě에서 묵었다. 후세에 성인이 궁실宮室gōngshì로 바꾸었다."라고 하였다. 이처럼 중국의 원시 건축 형태는 혈거 형태에서 점차 지면 위의 가옥 형태로 발전되어 하나의 부락을 형성하게 되었다.[1]

중국 역사상 최초의 왕조王朝라고 할 수 있는 하夏나라가 출현하면서 찬란한 청동기 문화를 창조하였고, 상商나라에 들어서는 비교적 성숙된 항토기술夯土技術이 있었다. 또한 상商나라 후기에는 큰 성벽과 궁전, 능묘 등과 같이 당시 일반 백성들이 거주하던 혈거와는 대조되는 건축물이 만들어졌는데, 이로써 상商나라부터 신분에 따라 주거 형태가 달랐음을 알 수 있다. 이는 서주西周 시대 이후 춘추전국春秋戰國시대에도 영향을 미쳐 통치 계급의 다양한 종묘, 궁실, 능묘 등을 발전시켰다. 이렇듯 중국의 봉건제도가 발전함에 따라 건축도 봉건제도의 많은 영향을 받았다. 전국시대에는 오늘날과 같은 목조구조의 건축 양식이 확립되었다. 우리는 고대부터 근대에 이르기까지 중국의 건축이 지속적으로 발전해 왔음을 알 수 있다.

중국은 전국戰國 시대에 이르러 철기 문화를 이루었는데, 이는 중국의 건축에도 큰 변화를 가져왔다. 중국의 경제는 영주領主를 중심으로 발전하게 되었고 농공업과 상업, 그리고 문화의 빠른 발전은 중국의 건축 역시 더 크고 높고 화려하게 만들었다. 이후 진秦나라는 6국을 통일하고 중앙집권체제를 확립하였는데, 이 시기에는 전례 없는 대규모의 궁전과 능묘를 만들었으며 역사에 길이 남게 될 업적을 남겼다.

서한西漢에서는 이전과 같이 높은 건축물이 성행하였으나, 동한東漢의 수도인 낙양洛陽에서는 벽돌과 석조 건축이 발전하였다. 또한 이후에는 불교와 도교의 영향으로 송교 선축이 내낭 선실되어 서내한 사원과 탑, 조각과 벽화가 많이 출현하였다.

수隋 왕조에 이르러 전국을 통일하고 남북의 대운하를 개척하여 중국의 문화, 농업과 수공업의 급속한 발전을 촉진하였다. 이러한 발전은 당唐나라로 이어져 세계에서 가장 규모가 큰 도시를 이루었으며, 지금까지도 당唐나라의 전당, 능묘, 석굴, 교량 등 정교하고 아름다운 건축물이 전해져 내려오고 있다. 송宋나라에 이르러서는 수리 관개 시설이 개선되고 상업과 수공업이 크게 발전하였는데, 이로써 중국 건축에 있어서 장식, 채화, 가구 등의 기본적인 정형定形의 변화는 물론 규격화에 이르게 하였다.

이민족에 의해 세워진 원元나라이지만 여전히 한족의 정통적인 도성 배치에 의해 건설되었다. 그리고 다양한 민족들과의 교류를 통해 라마교, 이슬람교와 같은 다양한 건축 예술이 중국에 영향을 주게 되었다.

명明나라와 청淸나라에 이르러 벽돌을 만드는 수공업이 발전하여 방대한 장성長城을 건설할 수 있는 배경이 되었다. 또한 민간 건축에 있어서 각 민족의 특성이 반영된 독특한 건축 양식으로 발전하였다.

2 지형적 영향에 따른 건축 양식

중국은 광활한 영토만큼이나 지역별로 다양한 지형과 기후의 특성을 찾아볼 수 있다. 중국의 지형을 한마디로 정리하면 '서고동저西高東低형'이라고 할 수 있다. 즉, 서쪽에는 산지와 구릉으로 험준한 고원이 위치하고 지세가 낮은 동쪽으로는 하천이 흐르는 형태를 보이고 있다.2 이렇게 높은 고원에서 시작된 물줄기는 중국을 대표하는 두 강을 만드는데, 그것이 바로 북부를 대표하는 황하黃河와 남부를 대표하는 장강長江이다. 중국의 건축 역시 이 두 강을 중심으로 북부와 남부로 나뉘어 각각의 지형 및 기후 조건에 의하여 서로 다른 특징을 보이고 있다.

첫 번째, 황하黃河 유역의 황토지대에는 고대부터 목조 구조 형식의 건축물이 발달하였다. 이는 황하 유역의 흙이 건축의 기단과 담벽 및 기와 등을 만드는 주요한 재료로 사용되었기 때문이다.

黃河·木造建筑物 출처 : baidu.com

    이러한 북부 지역은 기후가 차고 건조하여 겨울에는 바람이 몹시 불고 봄철에는 황사 현상이 수개월씩 지속된다. 북부 지역의 사람들은 이러한 지형과 기후를 극복할 수 있는 방향으로 주거 환경을 형성하였는데, 그 대표적인 건축 양식이 바로 사합원四合院sìhéyuàn이다. 사합원은 명칭에서 알 수 있듯이 하나의 뜰을 중심으로 하여 사방四方의 건물이 '口'자 모양으로 배치되어 있다. 사합원의 구소를 자세히 살펴보면 뜰을 중심으로 정면 북쪽에는 본채인 정방正

四合院 출처 : baidu.com

房zhèngfáng이 있으며, 동서쪽에는 정방을 쓰는 사람보다 연배가 낮은 사람이 거주하는 상방廂房xiāngfáng이 자리한다. 사합원은 대부분 남북 방향이 길고 동서 방향으로는 폭이 좁은 형태를 갖는다.

    그리고 사합원은 담장을 벽돌로 높고 견고하게 쌓고 출입구는 동남쪽으로 배치한 것을 특징으로 꼽을 수 있다. 이러한 폐쇄적이고 방어적인 구조의 사합원은 거친 모래바람과 추위로부터 몸을 안전하게 보호할 수 있도록 건축되었으며3 북부 지역의 대표적인 전통가옥으로 정착하였다.

이러한 사합원의 주거 형식은 한漢나라 이후에 등장하여 명明나라에 이르러 그 형식이 완성된 것으로 보인다. 현재 북경에 남아 있는 사합원은 청清나라 말기에 건축된 것이다. 물론 남부 지역에도 사합원의 형태가 존재하는데, 이 역시 각 지역의 지형 및 기후에 따라 북부의 사합원과는 약간의 다른 특징을 보인다. 북부 지역은 기온이 낮기 때문에 중앙의 뜰을 크게 만들어 최대한 햇빛을 많이 받도록 하는 것이 특징이다. 반면 남부 지역의 사합원은 더위를 피하기 위해서 중앙의 뜰을 작게 만든다.

長江 · 木造建筑物 출처 : baidu.com

두 번째, 장강長江 유역의 남부 지역에는 기후가 온화하고 강수량이 많아 주거 환경이 북부보다 쾌적하다. 남부 지역에는 하천이나 운하를 끼고 있는 것이 특징인데, 이는 상업 및 경제가 발달할 수 있는 좋은 조건을 제공하여 이 지역에는 사저정원私邸庭園 sīdǐtíngyuán과 부호의 대저택이 발달하였다. 그리하여 경제적 부를 축적한 상인들은 더욱 화려한 대규모의 저택을 선호하였는데, 대표적으로는 4대 명원 중 으뜸으로 손꼽히는 소주蘇州Sūzhōu의 졸정원 拙政園Zhuōzhèngyuán이 있다.

장강 유역의 늪지대에서는 대나무가 많이 자라서 나무를 기반으로 한 목조건축물이 발달하였고, 그 외 많은 종류의 건축 재료를 사용하여 다양한 주거 양식이 발달하였다. 남부 지역에 거주하던 소수민족들

土樓 출처 : baidu.com

은 그들만의 독특한 주거 양식을 만들었는데, 대표적인 예로는 객가 客家kèjiā족의 '토루土樓tǔlóu'를 들 수 있다. 이는 중국의 전통 건축 양식인 사합원의 기본 형식을 따르면서도 강한 햇빛을 피하기 위해 벽을 높이 쌓고 집 내부에는 최소한의 햇빛만 들어오게 만들었다. 객가족은 중국 남부 복건성福建省과 광동성廣東省에 주로 사는 민족인데, 이들은 원형의 건물 안에서 함께 모여 살며 집단 주택의 형태를 띠고 있다. 이들이 이렇게 집단 주택의 형태를 띠게 된 이유는 함께 모여 사는 것이 생존에 유리할 뿐만 아니라, 벽을 높게 쌓아서 외부로부터의 침입에 대비할 수 있기 때문이다.4 이처럼 자연 친화적이면서도 민족의 독특한 특성이 반영된 토루 주거 양식은 2008년 유네스코 세계문화유산으로 지정되었다.

또한 운남雲南Yúnnán의 고원지방은 사시사철 푸르름을 유지하여 자연 풍경이 뛰어나기로 유명하다. 그와 동시에 야생 동물의 출현과 습기로 인하여 보통 2층으로 구성되어 있는데, 2층을 주생활 공간으로 사용하고 1층은 창고 또는 가축을 기르는 용도로 사용한다. 이 지역의 주택에는 보통 본채가 세 간으로 이루어져 있으며 그 좌우 귀 부분에 부속실이 각각 두 간으로 되어 있다.

1. 중국 건축 양식과 문화   319

一颗印 출처 : baidu.com

이러한 주거 양식의 평면 형상과 외형이 인감 모양과 흡사하다고 하여 일과인一颗印yīkēyìn 주택이라 부른다.

이처럼 중국에는 다양한 소수민족이 존재하여 그들의 삶과 자연과의 조화 안에서 다양한 주거 양식이 나타나게 되었다.

3 사상적 영향에 의한 건축 양식

중국의 역사를 살펴보면 크게 두 가지의 사상이 주류를 이루고 있는데, 시대 상황에 따라서 유가儒家와 도가道家가 큰 영향을 미쳤다. 유가와 도가는 중국의 사회, 문화, 정치, 경제 등 다양한 영역에 지대한 영향을 미쳤는데, 이 두 사상은 건축 양식에도 큰 영향을 미쳤다.

먼저 유가 사상은 수천 년 동안 중국 문화의 토대가 되었으며, 이는 동아시아 각국에 영향을 미치면서 동양 문화의 초석이 되었다. 공자가 태어나 살고 있던 춘추春秋시대는 봉건제도가 무너지고 무력을 앞세운 제후들로 인하여 혼란의 시기였다. 이러한 시기에 공자는 인仁을 강조하며 유가 사상을 제창하였는데, 충忠과 효孝를 중시하는 유가 사상은 기득권 세력은 물론 황제에게 있어 백성들을 통치하고 봉건 체제를 강화할 수 있는 좋은 도구가 되었다. 이처럼 인仁을 통한 효제의 관계로서 도덕이 중요해지면서 대가족제도 안에서 중국은 장유유서長幼有序zhǎngyòuyǒuxù, 남녀유별男女有別nánnǚyǒubié 등의 개념이 주택 공간개념에 큰 영향을 주었다. 다시 말해, 유가사상의 영향을 받은 중국의 전통 주택 사합원은 중앙에 있는 뜰을 중심으로 하여 균형을 이룬 방형方形 및 대칭형의 구조를 띠게 되었다. 건물 중앙에 있는 공간이 측면에 있는 공간보다, 좌측이 우측보다 항상 우위를 점하였기 때문에 연장자 혹은 남성의 공간은 항상 중앙과 전면 또는 좌측에 위치하였다. 반면 여성의 공간은 후면과 구석, 또는 우측에 자리하면서 직선적인 공간 및 중심에서 여러 겹 포위된 구조를 보이게 되었다. 이러한 주거 양식은 고대 중국 사회의 종법宗法과 예교禮敎에 적합하였으며 가족 구성원의 거처를 안배하는 데에도 영향을 미쳤다. 여기에는 가족 구성원들의 나이에 따른 구별뿐 아니라, 주인과 노예主仆 사이를 구분을 짓는 존비尊卑를 나다내었다.

 유교는 춘추 시기의 사상가이자 교육자였던 공자孔子의 가르침에 따라 중국의 정통 문화로 자리 잡게 되었다. 그리하여 공자가 죽고 난 후 노나라 애공哀公은 공자의 고향 산동성 곡부曲阜Qūfù에 묘庙를 세웠는데, 한나라 이후에 이 규모가 계속 커져 오늘날까지도 거대한 규모의 공묘孔庙Kǒngmiào를 찾아볼 수 있다. 이후 당唐나라

공묘 출처 : pixabay.com

초기 문묘 제도가 설립되어 전국 각지에 문묘가 건설됨과 동시에 주변 국가들에도 영향을 미치게 되었다.5

다음으로 중국에 큰 영향을 미친 것은 도가道家 사상이다. 유가는 공자의 가르침을 바탕으로 인간을 사회적인 측면에서 바라보고자 하였지만, 도가는 노자老子의 철학과 사상을 근간으로 삼아 인간의 자연적이고 자발적인 면을 강조하였다. 그리하여 인위적이지 않고 자연적인 것을 으뜸으로 여기며 자연에 순응하여 무위자연의 상태 및 속세를 이탈하여 유유자적하는 삶을 제창하였다. 이는 중국 건축에도 영향을 주었는데, 집 구성에 있어서 여백과 공허부의 가치를 중시하게 되었다. 특히 중정中庭zhōngtíng이라는 정원은 자연적, 비정형적인 구성으로 도가 사상과 밀접하게 관련되어 있다.

苏州园林 · 佛山梁园 출처 : baidu.com

또한 원림園林yuánlín 건축 양식 역시 자연을 즐기며 자유롭고 아름다운 공간을 만드는 방법 중 하나로 발전하게 되었다. 이러한 원림 건축 문화는 한漢나라부터 발전하기 시작하여 명明나라와 청淸나라에 이르러 전성기를 이루었다. 중국인은 이러한 원림 건축 양식을 통해 자연의 모습 그대로를 간직하여 현실 생활에서의 이상향을 만들어냈다. 또한 정원 밖의 경물을 빌거나 정원 내의 각 자연물을 서로 잘 조화시켜 일체화하는 차경借景jièjǐng을 통해 자연과의 조화를 추구하였다. 원림 건축은 대자연의 풍경을 소재로 만들어진 하나의 자연 예술이라고도 할 수 있다.6

이처럼 도교는 자연과의 조화를 강조하였기에 도교와 관련된 건축물은 보통 산 위에 위치한다. 이는 도교의 교의와도 연관이 있는데, 도교에서는 일반 사람 역시 수련을 거치면 신선이 될 수 있다고 한다. 그리하여 도교 건축물은 선인이 사는 천궁과 가까이하기 위하여 고층의 누각을 많이 짓는다. 일반적으로 중국의 명산에는 도교의 신을 모시는 장소인 '궁관宮觀gōngguàn'이 있다. 대표적으로는 호북성 무당산湖北省武當山의 자소궁紫霄宮과 사천성 청성산四川省青城山의 상청궁上清宮이 있다.

紫霄宮·上清宮 출처 : baidu.com

민간신앙 역시 중국 문화에 큰 영향을 미쳤다. 중국 대부분의 집이 외부 담장인 조벽照壁zhàobì으로 둘러싸여 있는 것을 볼 수 있는데, 이는 속된 세계로부터 내부의 복福을 지킨다는 상징적인 의미를 지니고 있다.

照壁·影壁 출처 : baidu.com

또한 주택 내부로 들어서면 또 하나의 벽이 있는데, 이를 영벽影壁yǐngbì이라고 한다. 이는 중국인은 예부터 악귀는 직진하는 성질이 있다고 믿어왔기 때문에 출입구 뒤에 영벽을 설치함으로써 악귀를 쫓고 복을 불러들인다고 여겼다.

그리고 중국 대부분의 가정집에는 조상의 혼령을 모시는 조당祖堂zǔtáng이 있는데, 이는 조상의 혼령이 살아있는 가족들을 보호해준다고 믿기 때문에 집 안에 조상의 위패를 모시고 제사를 지낸다.

祖堂 출처 : baidu.com

이외에도 풍수風水 사상 역시 중국 문화에 큰 영향을 미쳤다. 풍수 사상에 의하면 만물의 움직임은 균일하게 있는 것이 아니라 특별히 밀집된 곳이 있는데, 그곳을 명당明堂이라고 하였다. 이러한 명당에는 조상의 위패를 모시는 조당이나 정원을 짓도록 하였다. 그리고 이상적인 땅은 높고 낮은 곳이 공존하며 음陰과 양陽이 조화를 이루는 곳이며, 전후좌우가 균등하고 대칭을 이루어 균형이 잡힌 경관을 형성하도록 하였다. 그래서 주택의 후면에 위치하는 출입문은 정면에 위치한 출입문보다 작아야 하는데, 이는 복이 쉽게 집안으로 흘러들어오고 밖으로 빠져나가지 못하게 하기 위함이다.

4 중국의 주거 문화의 특징

중국에는 한족漢族이 전체 인구의 약 92% 이상을 차지하고 있어 한족의 주거 문화가 주를 이루고 있다. 그러나 우리는 앞서 중국에 다양한 소수민족이 독자적인 주거 문화를 형성하면서 보편성 안에 다양성이 공존하고 있음을 살펴보았다. 중국의 주거 양식으로는 사합원이라는 기본적인 형식이 보편화되어 있지만, 지역과 주위의 자연환경에 따라서 독자적인 특징을 나타내고 있다.

본 장에서는 중국의 보편적인 주거 양식인 사합원의 특징과 각 지역에 따라 다르게 나타나는 문화적 특징을 살펴보고자 한다.

(1) 사합원의 특징

중국인은 고대부터 짝수를 중시하였는데, 이는 중국의 건축 문화에도 반영되어 건축물에서도 대칭 구조를 이루어 조화를 꾀하고 있다. 이는 중국의 전통적인 주거 양식 가운데 하나인 사합원에 잘 드러나 있다.

정원 출처 : freepik.com

먼저 사합원은 집안의 건물 사이에 있는 정방형에 가까운 정원中庭zhōngtíng을 중심으로 사면이 방으로 둘러싸여 있는 구조이고 좌우가 대칭을 이루고 있다. 이렇듯 짝수를 중시하는 문화는 사합원 정원에 심는 나무에도 적용되어 있다. 중국 사합원에는 반드시 나무를 심어야 한다는 특징이 있는데, 이는 한자와 밀접한 관련이 있다. 사합원의 구조가 '口'자 구조로 되어 있기 때문에 그 안에 나무가 없이 사람만 있게 되면 '囚qiú'로 '拘禁jūjìn 가두다, 구금하다, 監禁jiānjìn 감금하다'의 의미가 된다. 이러한 이유로 반드시 정원에는 나무를 심어야 하는데, 여기에 나무 몇 그루를 심느냐도 중요하다. 왜냐하면 나무 한 그루만 심게 되면 '困kùn'이 되어 '고생하다. 곤경에 처하다. 궁지에 빠지다'라는 의미가 되기 때문이다. 그리하여 사합원 정원에는 나무를 심되 두 그루 이상을 심어야 한다.

중국 정원 출처 : google.com

또한 중국인은 사합원 정원 중심에 어항을 두어 금붕어를 기르는 풍습이 있는데, 이는 재물과 풍요를 상징한다. 그 이유는 금붕어를 뜻하는 '魚yú'의 발음이 넉넉함을 뜻하는 '余yú'와 발음이 동일하기 때문이다.

이러한 사합원의 주거 양식은 현재 북경의 골목 '胡同hútòng'에 여러 채가 밀도 있게 붙어 있는 것을 볼 수 있다. 이 골목에서 대문을 보게 되면 집주인의 신분을 알 수 있다. 그리고 사합원 주거 양식에 있어서 대문보다 더 중요한 문이 있는데, 그것이 바로 수화문 垂花門chuíhuāmén이다. 이는 주택의 외부와 내부를 확실하게 구분하고 외부인은 허락 없이 들어가지 못하게 하는 용도로 실질적인 입구의 역할을 하였다. 옛날 중국에는 "大門不出, 二門不邁dàménbùchū, èrménbùmài"라는 말이 있는데, 대문을 나가지 않고, 수화문을 넘지도 않았다는 의미로 여인들이 수화문 안쪽에서만 생활했다는 의미이다. 그리하여 미혼의 여성은 대문은 물론 수화문 밖으로 나가는 것이 금지되어 있었다.7

垂花門 출처 : baidu.com

수화문에 들어서면 정방형에 가까운 정원中庭zhōngtíng이 나타나는데, 이 정원은 공적인 영역으로 사용되었으며 좌우 공간은 사적인 영역으로 사용되었다. 따라서 이러한 공적인 영역인 정원은 중앙과 전면에 위치하였다.

정리하면 사합원의 공간은 '口'자 모양으로 구성되어 효율성을 재고함과 동시에 외부와는 구별되는 폐쇄성을 갖지만 내부로는 회랑을 통하여 개방적으로 연결되어 있다. 이러한 건축 양식은 거친 북부의 자연환경으로부터 안전을 도모하며 안락한 주거 환경을 조성할 수 있도록 하였다.

(2) 휘주 주거 문화의 특징

휘주徽州Huīzhōu에는 명明나라와 청清나라에 걸쳐서 건축된 중국 전통 주거 양식이 많이 남아 있다. 이 지역의 건축물들은 독특한 공간 구조를 가지고 있어서 북경의 사합원과 함께 중국의 주거 문화를 대표하고 있다.

徽州民家 출처 : baidu.com

휘주 지역의 민가에서는 담이 없고 벽 하나가 세워져 있는 것이 특징이다. 이는 바로 '복福'이라는 글자를 쓰기 위한 벽인데, 집 안 사람들이 아침에 문을 나서면 바로 벽에 쓰여진 '福'이라는 글자를 볼 수 있었다. 이로써 문을 열자마자 복을 받는다는 의미로 '開門見福kāiménjiànfú'의 뜻을 담고 있다.

휘주 민가의 가장 큰 특징으로는 천정天井tiānjǐng을 들 수 있다. 이는 하늘이 담겨 있는 우물이라고 할 수 있는데, 집 중앙에 네모난 형태로 지붕이 뚫려 있는 것을 말한다. 이 공간은 중국 남방 주거 문화로 특징 짓는 매우 중요한 요소 중 하나이다.

휘주 민가 출처 : freepik.com

휘주의 북쪽에는 황산黃山Huángshān이 위치하여 겨울의 추운 바람을 막아주기 때문에 겨울에도 비교적 온화한 기후를 유지하고 있다.

여름에도 많이 덥지는 않지만 비가 많이 내려 습기가 많다. 그런데 비는 많이 내리지만 지형적 요인으로 인하여 물을 저장하는 데에 큰 어려움이 있다. 그리하여 이 지역에는 물을 취하고 보관하는 일이 중요한데, 주거 생활의 중심 공간에 자리한 천정天井은 여름의 심한 일교차를 극복하고 적절한 채광을 확보함과 동시에 하늘의 비를 모으는 용도로 사용된다.8 천정에는 보통 '천수류天水溜 tiānshuǐliū'라고 불리는 빗물을 받는 저수지蓄水池xùshuǐchí나 항아리를 두어 지붕 끝에 대나무 홈을 받쳐 빗물을 모아 둔다. 이렇게 하늘의 비를 수집하는 것은 또다시 재운이 집으로 들어오는 것이라 생각하였다. 휘주 지역 사람들이 이러한 구조로 집을 지은 것은 다음과 같은 말에서 그 이유를 알 수 있다. "肥水不流外人田 féishuǐbùliúwàiréntián", 즉 기름진 물이 다른 사람의 논으로 흘러가지 않게 하기 위함이다. 휘주 지역은 농경 생활과 상업이 주를 이루었는데, 농사를 짓는 사람에게 비는 일 년 농사를 좌우하는 중요한 재산 중 하나이기 때문이다.

그렇다면 집안으로 들어온 빗물을 어떻게 모아 보관할 수 있었을까?

徽州民家 출처 : baidu.com

이는 집안의 바닥을 보면 알 수 있는데, 집안에는 물이 흐를 수 있는 도랑과 식수로 사용할 수 있는 우물이 있다. 식수로 사용되는 물을 모아두는 우물은 위 사진에서 찾을 수 있는데, 오른쪽에 위치한 사람 발 옆에 있는 작은 구멍이 바로 우물이다. 그리고 그 옆에는 원추형의 돌이 있는데 이것이 바로 우물을 덮어두는 뚜껑이다. 이렇게 원추형의 돌로 우물을 덮어 놓는 이유는 이물질이 들어가지 않게 하기 위함도 있지만, 어린아이들이 쉽게 이 우물을 건드려서 위험에 빠지지 않게 하기 위함이다. 이처럼 천정은 생활용수와 식수를 모으는 용도로 사용되기도 하지만, 이외에도 다양한 기능을 가지고 있다. 먼저 천정은 주택 중앙에 자리하여 그늘지고 시원한 공간을 만들어줌과 동시에 공기의 순환을 돕는다. 또 도랑의 물은 여름의 뜨거운 열기를 식혀 주어 여름을 시원하게 지낼 수 있게 한다.9

徽州民家 출처 : baidu.com

이 외에도 휘주 지역 주거 문화에는 다양한 특징들을 볼 수 있다. 먼저 집안에 들어서면 정면에 보이는 거실에 거울과 시계, 그리고 꽃병이 놓여 있는 것을 볼 수 있다. 이는 중국어의 해음諧音xiéyīn 현상으로 설명할 수 있다. 시계는 중국어로 '鐘zhōng'이라 하고 시계 소리는 '鐘聲zhōngshēng'이라고 한다. 이는 '평생'이라는 뜻의 '終身zhōngshēn'과 발음이 비슷하다. 그리고 꽃병을 뜻하는 '瓶píng'은 평안하다는 뜻의 '平píng'과, 거울의 '鏡jìng'은 평온하다는 '靜jìng'과 발음과 비슷하여 가족이 일생 동안 평안하고 행복하기를 바라는 뜻의 문장 '終身平靜zhōngshēnpíngjìng'과 해음 현상을 일으킨다. 즉 바깥일과 집안일을 할 때 모두 평온하기를 기원하는 의미이다.

> **알아두면 재미있는 중국 이야기**
>
> 시계 소리를 뜻하는 중국어 발음은 '鐘聲zhōngshēng'인데, 이와 해음현상으로 적용된 것은 '평생'을 뜻하는 '終身zhōngshēn'이다. 얼핏 보면 발음이 같다고 생각되지 않을 수 있다. 그러나 이는 휘주 지역의 방언과 관련이 있다. 이 지역의 사람들은 /-ng/와 /-n/의 발음을 구분하지 못한다. 그렇기에 이와 같은 해음諧音 현상이 일어난 것이다.

휘주 지역에서도 목조 건축 양식이 발달하였는데, 그 조각이 아주 정교하여 아름답기로 유명하다. 이러한 다양한 조각들은 예술성을 지니고 있을 뿐 아니라 그 안에는 중국인들의 사고와 문화가 담겨져 있다. 중국 전통 목조 건물 양식에는 박쥐·사슴·원숭이·벌 모양의 다양한 동물 조각을 쉽게 발견할 수 있다. 이러한 조각들은 모두 중국어의 동음자同音字와 연관이 있다. 예를 들어, 중국어로 박쥐는 '蝙蝠biānfú'인데 그중에서 '蝠'은 복을 의미하는 '福fú'와 발음이 동일하여 집안 도처에 박쥐를 조각해 놓음으로써 집안으로 복을 불러오려고 한 것이다. 이외에도 사슴은 중국어로 '鹿lù'인데, 이는 고대 정부 관료들이 나라로부터 받는 월급인 녹봉을 뜻하는'祿lù'와 발음이 유사하다. 그리고 원숭이 '猴hóu'는 지위가 높고 훌륭한 벼슬의 고관대작을 뜻하는'侯hóu'와 발음이 같다. 그래서 사슴과 원숭이 모양의 조각에는 모두 높은 관직을 얻거나 출세하고 싶어 하는

徽州民家 출처 : baidu.com

중국인의 바람이 깃들어 있다. 그리고 벌 모양의 조각도 쉽게 찾아볼 수 있는데, 벌은 중국어로 '蜂fēng'이고 이는 '만나다, 영접하다'라는 뜻의 '逢féng'과 발음이 같아서 실제 생활에서 길하고 상서로운 일들을 기대하는 의미를 담고 있다. 또한 목조 창문을 조각할 때에도 전설 속의 동물인 용 모양으로 '복福' 또는 장수를 의미하는 '수壽shòu'자를 형상화하기도 한다. 이처럼 중국인들은 조각 하나하나에도 깊은 의미를 부여하여 아름다운 건축 문화를 이루었다.

알아두면 재미있는 중국 건축 이야기

중국 전통 건축 양식에서의 장식을 논할 때는 '八寶圖bābǎotú'를 들어 설명한다. 여덟 가지 보물이라는 뜻의 '八寶'는 중국인이 모종의 사물들을 미화하여 부를 때 사용하는 미칭美称měichēng이다. 여기서 숫자 '八'은 짝수이기 때문에 중국인의 전통 관념에 따라 '장수, 부귀, 자손의 번영' 등의 길함을 나타낸다.

건축에서의 '八寶圖'란 '盒hé', '玉鱼yùyú', '鼓板gǔbǎn', '磬qìng', '龍門lóngmén', '灵芝língzhī', '鬆sōng', '鶴hè'의 여덟 가지 사물을 말한다. 그리하여 고대 중국 사람들은 집을 건축할 때 담장, 병풍, 문짝, 그릇 등에 이 여덟 가지를 직접 그려 넣거나 조각해 넣었다. 중국인은 이 여덟 가지 사물을 통해 불로장생長生不老chángshēngbùlǎo과 입신양명立身揚名lìshēnyángmíng을 기원

八寶圖 출처 : baidu.com

하였다. 특히 '龍門'은 전설에 의하여 중국 황하에 사는 잉어들이 산서성山西省에 이르면 센 물결을 거슬러 올라가기 위해 다투어 뛰어오른다고 한다. 이 용문을 성공적으로 넘게 되면 잉어가 용이 된다고 하여 등용문登龍門dēnglóngmén, 즉 '龍門에 오르다'라고 하여 입신출세를 의미하였다.

5 종교가 중국 건축 양식에 미친 영향

종교宗敎는 인간이 근본적으로 해결할 수 없는 불안, 죽음 등에 대안을 제안함으로써 정치, 경제, 예술, 과학 등의 다양한 영역에 영향을 미쳐왔다. 이와 마찬가지로 건축 양식에도 사회 문화적인 요소가 반영되는 것과 동시에 초월적 존재에 대한 신념이 반영되기도 한다.[10] 앞서 살펴본 바와 같이 중국의 역사를 살펴보면 크게 세 가지의 종교가 주를 이루었는데, 바로 유교儒敎, 도교道敎, 불교佛敎이다. 앞서 유가 및 도가 사상이 중국 건축 양식에 미친 영향을 살펴보았

기에, 본 장에서는 불교 및 기타 종교의 특징이 담긴 중국 건축 양식에 대해서 살펴보도록 하자.

먼저 중국에 불교가 전해진 것은 한漢나라 시기라고 볼 수 있다. B.C. 2세기 경 중앙아시아와 서아시아로 통하는 육상 통로인 '실크로드'가 개척되었다. 이를 '사주지로絲綢之路sīchóuzhīlù'라 하는데, 줄여서 '사로絲路sīlù'라고도 한다. 이 실크로드를 통하여 다양한 문화와 문물이 중국에 소개되었는데, 인도의 불교 또한 이 실크로드를 통하여 중국으로 전해졌다.11 이렇게 중국에 전해진 불교는 중국인의 큰 인기를 얻게 되면서 전국 각지에 사찰 및 사원이 생기게 되었다.

알아두면 재미있는 중국 건축 이야기

하남성 낙양시河南省洛陽市에는 중국 최초의 사원인 '백마사白馬寺'가 있다. 이는 후한 영평永平 7년 한 명제明帝가 꿈에서 키가 크고 머리에서 광채가 나는 사람을 보고는 서역으로 사신을 파견하여 불법을 구하려 하였다. 이후 사신들은 불상과 경전을 중국으로 가져와 사찰을 건립하였는데, 이들이 중국에 돌아올 때 흰 말을 타고 왔다고 하여 그 이름을 '백마사白馬寺'라 하였다.

불교가 중국에서 성행하기 시작하면서 불교 건축물인 불탑佛塔과 석굴石窟 또한 중국 전역에 널리 퍼지게 되었다. 지금까지 남아 있는 가장 오래된 목탑은 산서성 응현山西省应县 불궁사佛宮寺의 8각형 평면의 5층 석가탑이 있다.12 그리고 중국의 석굴 중 가장 대표적인 것은 사천성 낙산四川省樂山에 위치한 낙산대불樂山大佛Lèshāndàfó이다. 이는 당唐나라 713년부터 약 90년에 걸쳐 완성된 것으로 높이 71미터로 세계 최대의 석각 미륵불좌상이다.

佛宮寺 출처 : baidu.com   낙산대불 출처 : pixabay.com

중국의 사찰에 들어서면 제일 먼저 보이는 문 안에는 사대천왕四大天王sìdàtiānwáng이 있다. 먼저 검을 들고 있는 천왕이 증장천왕增長天王zēngzhǎngtiānwáng인데, 지혜와 복덕을 늘려주고 이익을 증장시켜 주는 임무를 맡고 있다. 그리고 벽옥색의 비파琵琶pípá를 들고 있는 천왕은 지국천왕持國天王chíguótiānwáng인데, 그는 나라를 다스리고 백성들을 편안하게 해주는 역할을 한다. 그리고 진주 우산을 들고 있는 천왕은 다문천왕多聞天王duōwéntiānwáng으로, 부처님의 도량을 수호하며 불법을 듣는 역할을 한다. 마지막으로 금색의 뱀(용)을

風調雨順 출처 : baidu.com

쥐고 있는 천왕은 광목천왕廣目天王guǎngmùtiānwáng으로, 죄인에게 벌을 내려 고통을 느끼게 하여 도심道心을 불러일으키게 한다. 이 사대천왕이 들고 있는 보물에는 바람과 비를 다스린다는 '風調雨順 fēngtiáoyǔshùn'의 뜻이 담겨 있다. 검의 날을 '鋒fēng'이라 하는데, '風fēng'과 발음이 같다. 비파는 음악을 연주하여 음을 조절한다는 뜻에서 '調tiáo', 우산은 비를 막아주어 '雨yǔ'라는 단어가 숨어 있고, 끝으로 용(뱀)을 다스린다는 '順shùn'의 의미를 담고 있다. 이 모든 것을 합해서 '風調雨順'의 의미를 나타낸다. 결국 사대천왕이 농경 생활과 밀접하게 연관되어 있음을 알 수 있다. 이처럼 불교는 중국인의 삶 속에 밀접하게 들어와 건축 양식에도 지대한 영향을 미쳤다.

중국 건축 양식에는 이슬람교의 영향을 받기도 하였다. 이는 중국의 소수민족 중 이슬람교를 믿는 사람들이 있기 때문이다. 중국의 소수민족인 회족回族은 장족壯族과 만주족滿洲族에 이어 세 번째로 인구수

鳳凰寺 출처 : baidu.com

가 많다. 이들은 오랜 시간에 걸쳐 중국 사회에 융합되었기에 독특한 건축 양식을 갖고 있다. 예를 들어, 기본적으로 한족漢族의 건축 양식을 바탕으로 하여 이슬람교의 종교 활동에 걸맞도록 개조한 양식인 회족의 이슬람교 사원 청진사淸眞寺qīngzhēnsì를 들 수 있다. 대표적인 청진사로는 절강성 항주浙江省杭州에 위치한 봉황사鳳凰寺 Fènghuángsì가 있다. 봉황사의 지붕에서는 중국 전통 건축 양식의 기풍을 볼 수 있고, 반구형의 돔 천정의 예배당과 아치형의 대문에는

작은 첨탑이 있어 아랍 건축 양식의 기풍이 조화를 이루고 있다.

이외에도 신장위구르 자치구新疆維吾爾自治區Xīnjiāngwéiwú'ěrzìzhìqū 지역에는 10세기 무렵 이슬람교가 전파되면서 회족의 이슬람 건축과는 또 다른 형태의 이슬람 건축 양식이 생겨났다. 신장의 청진사는 비교적 자유롭고 장식과 색채가 아주 풍부한 것이 특징이고 대표적으로는 신장 카스喀什 애제타이艾提朵爾 광장에 위치한 애제타이 청진사를 들 수 있다.13

艾提朵爾 출처 : baidu.com

이외에도 1800년대 이후 서구 열강들이 중국 대륙으로 밀려들어 오면서 중국 내에도 기독교 건축 양식의 영향을 받았다. 선교사들로 인하여 베이징, 상하이 등 주요한 도시를 중심으로 서양의 건축 양식이 널리 보급되었다. 그와 동시에 의료 시설인 병원과 교육 시설인 학교에 큰 영향을 미치며 중국과 서양이 융합되어 개성 있는 건축 양식이 탄생하게 되었다.

6 현대 중국 건축물

인류는 보다 더 안전하고 쾌적한 생활을 하기 위해서 끊임없이 주거 형태에 대해서 고민하였고, 현대에 이르러 과학 기술이 발전함에 따라 우리의 생활 양식에 있어서도 큰 변화가 일어났다. 이러한 첨단 기술의 발전은 중국의 건축 양식에도 큰 영향을 미쳐 생활 속에서 요구되는 많은 문제를 해결하고 우리의 삶을 보다 편리하고 안전하게 해주었다. 이렇게 안전성과 편의성을 고려할 뿐만 아니라 보다 새로운 형태의 건축물을 통해 아름다움을 나타내기도 한다. 그렇다면 현대 중국에는 어떠한 새로운 건축물이 있을까?

베이징국립경기장(좌), 상하이타워(우) 출처 : pixabay.com

먼저 북경을 대표하는 현대 건축물로는 베이징국립경기장北京國家體育場Běijīng guójiā tǐyùchǎng을 들 수 있다. 이 경기장은 2008년 베이징올림픽 주 경기장으로 사용되었으며 약 9만 명을 수용할 수 있다. 이 경기장의 특징은 마치 철근을 나뭇가지를 쌓아 올린 '새 둥지鳥巢niǎocháo' 같은 외형이다. 이는 이전에 찾아볼 수 없었던 독특한 건축 양식으로 많은 사람이 찾는 관광 명소가 되었다. 이 경기장에는 친환경 건축 자재를 사용하여 자연 환기 및 채광을 적극 활용하였으며 빗물 및 지열을 이용하여 에너지를 절약하도록 설계되었다. 또한 태양열과 같은 첨단 기술을 채택하여 에너지를 활용하였으며, 쾌적하게 경기를 관람할 수 있도록 정보 통신 서비스가 구

축되어 있다.14

이 외에도 상하이上海Shànghǎi에 위치한 상하이타워上海中心大厦 Shànghǎi zhōngxīn dàshà 또한 대표적인 중국 현대 건축물 중 하나이다. 상하이 타워는 푸동浦東 금융무역지구에 위치하고 있고 높이가 632m로 2016년에 완공되었다. 완공될 당시 두바이의 828m의 부르즈 할리파Burj Khalifa에 이어 세계에서 두 번째로 가장 높은 초고층 빌딩이라 하였다. 특징으로는 외형이 120도 수직으로 비뚤어져 있는데, 이는 용이 승천하는 모양을 형상화하였다. 이외에도 친환경적인 요소가 많은데, 이중 외피 구조는 보온병과 같은 효과를 내어 냉난방 에너지를 절약할 수 있다. 그리고 자연광을 최대한 수용하도록 설계되어 있어서 전기를 아낄 수 있으며, 건물 상단에는 풍력 발전용 터빈이 있어서 자체적으로 전기를 생산하여 건물에서 사용하는 전기의 10%를 제공할 수 있다.15

마지막으로는 강주아오대교港珠澳大橋Gǎngzhūào dàqiáo를 들 수 있다. 1997년 영국의 속령이었던 홍콩香港Xiānggǎng이 중국으로 반환되고, 2009년부터 홍콩과 마카오, 그리고 광동성廣東省 주해珠海를 잇는 세계 최장의 해상대교가 착공에 들어갔다. 이 다리는 설계부터 완공까지 약 14년의 시간이 걸려 2018년에 공식 개통되었다. 선체 길이는 약 55km에 다다르며 22.9km의 교량을 지나면 6.7km의 해저 터널로 연결된다. 이는 동쪽에서 홍콩 국제공항 근처의

강주아오대교 출처 : freepik.com

인공섬에서 시작하여 서쪽으로는 남중국해의 주해珠海와 마카오澳門 Àomén의 인공섬을 지나게 된다. 이 해상대교가 지어짐으로써 홍콩과 대륙 주해 간에는 무비자로 통행할 수 있을 뿐만 아니라, 자동차로 3시간 30분이면 갈 수 있게 되었다.[16]

CHAPTER 2
중국 건축물에 깃든 문화 이야기

오랜 역사와 함께 중국인은 수천 년 동안 중국 각 지역에서 독특한 건축 문화를 이루었다. 먼저 중국 각 지역에 넓게 분포되어 있는 한족漢族의 문화와 다양한 소수민족의 문화가 조화를 이루어 중국만의 특색 있는 건축물을 만들어 냈다. 이번 장에서는 중국을 대표하는 건축물과 그 의미에 대해 알아보고, 다양한 건축물과 얽혀 있는 이야기를 알아보도록 하자.

1 중국을 대표하는 건축물, 자금성

자금성 출처 : freepik.com

자금성紫禁城Zǐjinchéng은 명明나라와 청清나라의 왕궁으로 약 500여 년간 24명의 황제가 머물렀던 궁전이다. 자금성의 총면적은 72만 m²이며 높이 10m의 성벽으로 둘러싸여 있어 중국 최대 규모를 자랑한다. 자금성은 1949년 모택동 주석이 중화인민공화국을 선포한 후로는 고궁故宮gùgōng박물관으로 사용되고 있다.

太和殿 출처 : freepik.com

자금성은 왕궁의 외조外朝와 내정內廷으로 나뉜다. 건청문乾淸門을 경계로 하여 외조에서는 국가급 단위의 다양한 행사 및 의식이 거행되었으며, 내정은 황제가 거처하였던 건청궁乾淸宮과 황후와 궁녀들이 거주하는 공간으로 사용되었다.

자금성의 외조 건물은 태화전太和殿, 중화전中和殿, 보화전保和殿 등의 순서로 배치되어 있는데, 그중 태화전의 규모가 가장 크다. 그리고 태화전 앞의 넓은 중정에서 다양한 행사와 의식이 진행되었다. 태화전에 올라가는 길에 보면 성문 입구에 한 쌍의 거북이와 학이 있는 것을 볼 수 있다. 이는 역대 황제의 꿈과 이상을 잘 보여주는 예라고 할 수 있다.

자금성 내의 학과 거북이 출처 : pixabay.com

고대부터 중국인은 학에 대해 특별한 의미를 부여하였는데, 바로 '신선神仙'에 대한 염원을 담고 있다. 즉, 태화전 앞에 학을 세워 놓음으로써 황제 자신도 도를 얻고 신선이 되어 영원히 제국을 통치할 수 있기를 바라는 마음이 담겨 있다. 그리고 학 뒤에는 용의 머리를 한 거북이를 볼 수 있는데, 이는 만수무강한다는 장수長壽의 의미를 지니고 있다.17

자금성 내에는 총 9999칸 반의 방이 있는데, 이는 전설 속 옥황상제의 궁에는 10000칸의 방이 있다고 하여 옥황상제의 아들이라 일컫는 천자天子tiānzǐ인 황제는 이보다 한 칸 적은 9999칸 반으로 만들었다. 여기에서 반 칸은 고궁 내의 문연각文淵閣Wényuāngé 아래에 사다리 하나를 놓을 만한 작은 방을 지칭한다.

알아두면 재미있는 중국 건축 이야기

실제로 자금성 내부에는 9999칸 반의 방이 있을까? 1972년 고고학자들이 자금성에 몇 개의 방이 있는지 조사한 결과, 자금성에는 8,707개의 방이 있다고 한다. 이렇게 자금성 내에 9999칸 반의 방이 있다고 소문이 난 이유는 무엇일까? 이는 아마도 황제의 권위를 드높이기 위한 방법이었을 가능성이 높다. 그리고 중국인의 전통 관념에서 숫자 9는 오랜 시간을 의미하는 '久jiǔ'와 같은 발음을 가지고 있어서 영원히 나라를 통치하고 하였던 황제들의 염원이 담겨 있을 것이다.

자금성 내부에는 곳곳에 아래의 사진과 같은 커다란 솥을 발견할 수 있다. 이는 자금성은 목조 건물로 화재에 취약하기 때문에 화재가 나면 바로 진압하기 위해서 물을 받아 놓는 물통이다. 그리고 겨울에도 이 방화수가 얼지 않도록 장작을 지폈다고 한다. 이 방화수에는 실질적으로 불을 끄기 위한 목적도 있지만, 오행五行 사상이 깃들어 있다. 자금성의 건물은 목조 건물이므로 오행에서 나무木에 속하고, 나무가 가장 꺼려하는 것이 불火이다. 그리고 이 불의 상극이 바로 물水이기 때문에, 실제로 불이 나기 전 사전에 화재를 예방하고자 하는 의도로 자금성 내 곳곳에 이를 배치해 놓았다.

자금성 방화수 출처 : pixabay.com

그리고 자금성 내부에는 사자상獅子象shīzixiàng을 많이 발견할 수 있다. 이 사자상은 모두 문을 지키는 문지기 역할을 함과 동시에 여러 의미를 지니고 있다. 왼쪽에 있는 사자가 수사자인데, 그 발아래에는 모든 일이 순조롭게 풀린다는 '萬事如意wànshìrúyì'의 뜻이 담긴 여의주如意珠rúyìzhū가 있다. 오른쪽 사자는 암사자로 발아래에는 새끼 사자를 품고 있어 자손이 번창한다는 '子孫滿堂zǐsūnmǎntáng'의 의미를 지니고 있다.

자금성 사자상 출처 : pixabay.com

자금성 내 외동로外東路의 조벽에는 길이가 20m가 넘는 아홉 마리의 유리 용 조각이 있는데, 이를 구룡벽九龍壁jiǔlóngbì이라 한다. 이 자금성의 구룡벽는 최고급 유리를 사용하여 만들어졌다. 그런데 동쪽 세 번째 백룡의 복부를 보면 나무로 만든 조각 하나가 박혀 있는 것을 발견할 수 있다. 이에는 아주 재미있는 설화가 전해지고 있다.

이 구룡비가 만들어진 1763년, 당시 기술이 뛰어나다고 소문이 난 '마덕춘馬德春'이라는 사람이 구룡벽 공사를 맡게 되었다. 그렇게 수십 명의 장인과 함께 구룡벽을 꾸밀 유리 조각을 만들기 시작하였는데, 유리 조각을 가공하는 일이 매우 정교한 일이기에 무려 7,749일 동안 공을 들여 완성하였다. 그런데 한 장인이 실수를 하여 백룡 복부를 장식할 유리 조각을 깨뜨리고 말았다. 다시 유리 조각을 만들기에는 시간이 너무 부족하였고, 기한 내에 이를 완성하지 못한다면 목숨이 위태로웠기에 마덕춘과 장인들은 꾀를 하나 내었다. 바로 깨진 백룡 복부의 조각 모양대로 나무를 조각하여 끼워 넣은 후 색깔을 덮어 눈에 띄지 않게 하였다. 그렇게 백룡의 복부에는 나무 조각이 박히게 되었고 오랜 시간이 흘러 나무 칠이 바래고 벗겨지면서 구룡벽에 얽힌 비밀이 온 천하에 드러났다.

구룡벽 출처 : shutterstock.com

2 중국 최초의 통일 황제

　기원전 221년, 중국을 최초로 통일하고 '황제'라는 칭호를 처음으로 사용한 시황제始皇帝는 진秦나라를 세웠다. 시황제는 먼저 군현제郡縣制를 실시하여 강력한 중앙집권체제를 확립하였다. 그 외에도 문자 및 도량형을 통일하는 등의 많은 업적을 남겼는데, 그중에서도 만리장성萬里長城Wànlǐchángchéng과 병마용兵馬俑bīngmǎyǒng이 대표적이다.

　먼저 만리장성은 중국 역대 왕조가 외부의 침입으로부터 자신의 영토를 보호하기 위해 세운 성벽으로 '長城Chángchéng'이라 줄여 부른다. 이 만리장성은 전국戰國시기에 시작된 건축물로

만리장성　출처 : freepik.com

세계 7대 불가사의 중 하나로 손꼽힌다. 만리장성을 짓게 된 이유에는 역사적 배경이 있다. 전국시대에 이르러 각 나라 제후 간의 세력 다툼으로 인하여 전쟁이 빈번하게 일어났다. 그리하여 제후들은 장성을 축조하여 자신의 영토를 보호하고자 하였으며, 북방에 접하고 있던 지역은 외부 이민족의 침입을 막기 위해 높이 성벽을 쌓기 시작한 것이 출발점이 되었다.

　B.C. 221~206년의 진나라 시황제가 북방 흉노족의 침입을 막기 위해 대규모의 인력을 동원하여 본격적으로 장성을 쌓았다. 우리가 지금 흔히 알고 있는 형태인 동쪽에서 서쪽으로 길게 이어진 성벽은 진시황 때 축조된 것이다. 그러나 당시의 장성은 지금의 형태가 아

니라 요충지에 요새 및 초소의 형태로 흙을 다져서 쌓은 토벽土壁이며 높이도 대략 2m로 높지 않았다. 오늘날까지 남아 있는 성벽은 15세기 이후 명明나라에 이르러 몽골족의 침입을 막기 위해 석조 양식으로 확장된 것이다.18

현재 우리가 살펴볼 수 있는 장성의 길이는 서쪽의 감숙성甘肅省에서 동쪽의 하북성河北省까지 약 2,700km에 이르며 실제 성벽의 길이는 약 6,352km에 이른다. 이렇게 엄청난 규모의 장성을 쌓기 위해서는 어마한 인력이 필요했다. 당시의 많은 백성들이 이 장성 축조에 강제 동원되어 중국에서는 만리장성이 '세상에서 가장 큰 무덤'이라고 불리기도 한다. 또한 이에 얽힌 슬픈 이야기가 있다.

- 孟姜女哭長城 mèngjiāngnǚ kū Chángchéng : 맹강녀가 만리장성에서 울다.

진秦나라에 선량하고 아름다운 여자가 있었는데 이름은 맹강녀 孟姜女이다. 어느 날 그녀가 정원에서 일하고 있는데, 갑자기 포도밭 밑에 사람이 숨어 있는 것을 발견하고 깜짝 놀랐다. 그 순간 숨어 있는 사람은 연신 손을 흔들면서 사정했다. "소리 지르지 말고 나 좀 살려주세요! 저는 범희량範喜良이라 하는데, 강제 노역을 피해 도망왔어요. 진시황秦始皇이 만리장성을 쌓기 위해 곳곳에서 사람을 잡아가는데 강제노역 중 굶어 죽은 사람이 얼마나 많은지 모릅니다."라고 하였다. 맹강녀는 범희량을 구해 주기로 마음먹고, 얼마 지나지 않아 그의 총명함과 준수한 외모로 인해 사랑에 빠지게 되었다. 범희량 역시 맹강녀를 좋아하게 되었고 그들은 곧 부부가 되기로 약속하였다.

결혼식 날이 되어 맹孟가네 집에서는 등불을 켜 놓고 오색 천으로 장식하였고, 집안에는 손님들이 가득 차서 모두 기쁨에 넘치는 모습이었다. 날이 어두워지자 결혼 축하주를 마시던 사람들도 뿔뿔이 집으로 돌아갔다. 신랑과 신부가 신혼방에 들어가려고 할 때, 갑자기 닭과 개 짖는 소리가 들려왔다. 그러자마자 포악한 관리와 병사들이 쳐들어와 다짜고짜 쇠사슬로 범희량을 묶어 만리장성으로 데려갔다. 아무 탈 없이 잘 치룬 경사가 물거품이 되었고, 맹강녀는 슬픔과 분노의 감정이 교차되어 밤낮으로 남편을 그리워했다.

그녀는 내가 집에 앉아 공연히 애만 태우는 것보다는 만리장성으로 가서 그를 직접 찾는 것이 더 낫겠다고 생각했다. '맞아! 남편을 찾으러 떠나자!' 맹강녀는 바로 짐을 싸서 길을 나섰다.

가는 길에 얼마나 많은 고통과 시련이 있었지만 맹강녀는 힘들다는 말 한마디와 눈물 한 방울도 흘리지 않고 남편에 대한 깊은 사랑으로 온 힘을 다해 앞으로 나아갔다. 마침내 만리장성에 이르렀을 때, 만리장성은 이미 공사장마다 성벽이 길게 쌓여 있었다. 맹강녀는 공사장마다 찾아다녔지만 남편의 종적을 찾을 수가 없었다. 마지막으로 그녀는 용기를 내서 일하는 인부들에게 물었다. "혹시 범희량을 아는 사람이 있나요?" 그중 한 사람이 대답하였다. "어… 그 사람 새로 온 분인데…" 맹강녀는 이 말을 듣자마자 표현할 수 없을 만큼 기뻤다. 그녀는 서둘러 다시 물었다. "그는 지금 어디에 있습니까?" 그러자 대답하기를, "안타깝게도, 그는 이미 죽었습니다. 아마도 그의 시신은 성벽 어딘가에 쌓여 있을 겁니다."라고 하였다.

맹강녀는 청천벽력같은 비보를 듣고 대성통곡하기 시작했다. 사흘 밤낮을 꼬박 울었더니 하늘도 감동하였는지 갑자기 온 천지가 어두컴컴해지고 바람이 거세지면서 큰 소리가 들리더니 만리장성이 움직였다. 그리곤 범희량의 시신이 드러났고, 맹강녀는 그를 꼬옥 안아주었다. 그렇게 맹강녀의 눈물이 피로 물든 범희량 얼굴에 떨어졌다. 사랑하는 남편을 다시 만났지만 그는 이미 이 세상 사람이 아니었다.

만리장성과 관련된 설화가 우리나라에도 다수 전승되었는데, 대표적으로 속담 '하룻밤을 자도 만리장성을 쌓는다.'의 배경이 되는 설화를 들 수 있다. 이 속담의 배경 이야기로는 다음과 같다.[19]

어떤 남자가 만리장성을 쌓으러 갔다. 그의 아내는 남편이 너무 그리워 한 가지 꾀를 내었는데, 바로 다른 남자를 유혹하여 하룻밤을 동침하여 그에게 한 가지 심부름만 해주면 평생 같이 살겠다고 약속하였다. 여자가 부탁한 심부름은 바로 자신의 편지를 남편에게 전해 달라는 것이다. 사실 그 편지에는 남편 대신 성을 쌓을 사람을 보내니 그를 대신 붙잡아 놓고 얼른 도망쳐 나오라는 내용이 담겨 있었다. 그렇게 편지를 받은 남편은 그대로 행하여 집으로 무사히 돌아왔다.

이 속담과 관련된 설화는 슬픈 사랑의 이야기로 꾸며진 중국의 맹강녀 이야기와는 다소 차이가 있지만, 모두 시황제 때 만리장성을 축조하고 있던 상황을 배경으로 하고 있다. 이는 곧 중국의 만리장성이 단지 중국 내의 건축물이라고 보기보다는, 당시 동아시아에 큰 영향을 미쳤다는 것을 알 수 있다.

만리장성 출처 : freepik.com

> **알아두면 재미있는 중국 이야기**
>
> 우리나라 경상도 지역에서는 여자아이를 '가시나'라고 일컫는다. 이 어휘와 만리장성에 관련된 유래가 있다. 만리장성을 쌓는 데에 많은 인력이 필요하므로 성인 남자들이 모두 동원되었다. 그런데도 자꾸 남자를 보내라고 하여 나중에는 어쩔 수 없이 여자에게도 갓을 씌워 보내게 되었다. 이렇게 여자에게 갓을 씌워 보낸다는 데에서 '가시나'라는 말이 유래되었다고 한다. 물론 '가시나'라는 어휘는 신라의 화랑제도나 질병 등 다양한 유래가 있다. 하지만 그중에서 만리장성과 관련된 유래가 있다는 것만으로도 만리장성이 우리나라에 미친 영향력을 가늠할 수 있다.[20]

진秦나라의 수도 장안長安(지금의 서안西安)은 중국의 11개의 왕조의 수도로 중국 고대사를 상징하는 장소이다. 역사가 살아 숨 쉬는 이 도시에서 가장 인기 있는 장소 중 하나는 시황제의 병마용兵馬俑이다. 병마용은 시황제의 무덤이라고 할 수 있는데, 고대 중국에는 사람이 죽으면 그 사람이 사용했던 물건을 함께 묻는 풍습이 있었다. 그래서 시황제가 죽으면서 진나라 시대의 병사와 말, 수레 등을 흙으로 빚어서 시황제와 함께 묻은 것이다. 그 안에는 흙으로 만든 7,000여 명의 병사와 1,000여 필의 말 토용 등이 있어서 당시 시황제의 권위와 위상이 얼마 높았는지를 알 수 있다. 또한 사람 토용 하나하나의 표정이 다 다르고 섬세하게 묘사되어 있어서 생동감과 역동성을 느낄 수 있다.[21]

만리장성과 병마용을 통해 시황제의 큰 야망을 엿볼 수 있다. 만리장성은 북방 이민족의 침입을 막기 위함도 있지만 북방으로 세력

병마용 출처 : pixabay.com   병마용 출처 : freepik.com

을 확장하기 위한 방법이기도 하였다. 왜냐하면 시황제의 병마용과 같은 수많은 보병 전단이 빠르고 안전하게 이동할 수 있는 통로가 필요했기 때문이다.22 이처럼 중국의 건축에는 생생한 역사가 살아 숨 쉬고 있다.

CHAPTER 3 중국 거주 문화가 담긴 언어 표현

한 사회가 발전함에 따라서 그 언어가 가진 어휘 또한 끊임없이 변화하고 발전한다. 다시 말해, 한 언어 공동체가 사용하는 어휘 안에는 구성원들의 생활방식 및 관습 등의 문화가 반영되어 있다. 이와 마찬가지로 중국어 안에도 중국의 주거 문화와 생활 양식이 반영되어 있다. 그래서 어휘를 살펴보면 중국의 건축 구조를 알 수 있는 표현도 있고, 궁궐에서 쓰던 어휘가 현재 일상생활에서 여전히 쓰이는 경우도 있다. 이렇게 어휘가 발전하는 과정에서는 어휘의 의미 범위가 확대되기도 하고 축소되기도 하며, 새로운 의미가 파생되거나 비유가 더해져 풍부한 의미를 담아내기도 한다.

이번 장에서는 중국어 어휘와 속담 안에 어떠한 중국의 주거 문화가 담겨 있는지, 그리고 그 의미가 어떻게 변화하였는지를 살펴보도록 하자.

1 어휘 안에 담겨 있는 중국 거주 문화[23]

건물을 지을 때 가장 중요한 것은 건물의 중심을 잡아줄 기둥을 잘 세우는 것이다. 그리하여 중국어 어휘 중에서도 기둥 또는 주춧돌을 빗대어 표현하는 어휘가 있다.

• 頂梁柱 dǐngliángzhù : 대들보를 떠받치는 기둥 또는 주춧돌

이는 어떠한 단체나 공동체에서 주요한 직책을 맡거나 중요한 인물을 뜻하는 어휘이다. 이와 비슷한 표현으로는 '挑大梁 tiāo dàliáng'이 있는데, 이는 연극이나 희극에서 주요 배역을 맡은 핵심적인 인물을 뜻한다.

우리는 '집'이라는 단어를 생각하면 떠오르는 이미지는 바로 안락하고 쉴 수 있는 편안한 공간이다. 중국어에서도 이와 동일한 이미지를 떠올리게 하는 어휘가 있다.

집 출처 : freepik.com

• 安樂窩 ānlèwō : 보금자리

이는 안락하고 즐거운 가정을 뜻하기도 하고 조용하고 편안한 숙소를 가리킨다. 이와 비슷한 의미로 사용되는 단어가 있는데, 바로 '安樂鄉 ānlèxiāng'이다. 이는 모두 안락한 곳이라는 의미를 지니는데, 이에 더 확장되어 유토피아·이상향의 의미로도 사용된다.

이처럼 집은 안락하여 따뜻한 이미지를 주는데, 이와 반대로 냉기가 가득한 집을 빗대어 표현하기도 한다.

• 打入冷宮 dǎrùlěnggōng : 냉궁으로 보내다.

문자 그대로 해석하면 차가운 궁궐에 들어간다는 뜻이지만, 이는 옛 문학 작품 또는 소설에서 왕의 총애를 잃은 후궁이 사는 곳 또는 왕의 미움을 받아 연금하던 곳을 가리킨다. 즉

금지 출처 : freepik.com

아무도 찾아주지 않아 푸대접을 받고 찬밥 신세가 된 상태를 말한다.

중국에서 매년 명절이 되면 고향으로 돌아가 가족과 함께 시간을 보내는데, 이때 고향에 간다는 표현이 때로는 죽음을 나타내기도 한다.

- 回老家huílǎojiā : 고향으로 돌아가다, 저승으로 돌아가다

이는 중국인의 전통 사고와 연관이 있는데, 고대 중국인은 인간이 저승에서 왔으며 죽어서는 저승으로 돌아간다는 미신을 믿었다. 그리하여 고향으로 돌아가는 표현을 들어 죽음을 완곡하게 표현하였다. 이와 비슷한 표현은 '回姥姥家huílǎolaojiā'가 있는데, 이 또한 외갓집으로 간다는 표현으로 죽음을 표현한다. 이러한 표현들은 대부분 해학적인 뜻으로 사용된다.

- 上臺階shàngtáijiē : 새로운 단계에 이르다

계단 출처 : freepik.com

때로는 계단 또는 층계를 오른다는 표현을 통하여 어떠한 일을 진행함에 있어서 새로운 단계에 접어들었음을 표현하기도 한다. 낮은 곳에서 높은 곳으로 올라간다는 동작으로 어떠한 일

이 개선되거나 발전되었음을 의미한다.

중국어 어휘 중 건축물과 관련이 있는 경우에는 문門과 관련된 표현이 많이 있는데, 대표적으로는 다음과 같다.

- 熱門rèmén : 인기가 있는 것
- 冷門lěngmén : 인기가 없는 것

위의 두 단어는 모두 인터넷 용어網絡用语로 '熱門'은 어떠한 상품에 대한 수요가 많아 대중의 관심을 받는 사물을 일컫는 말이다. 이는 뉴스, SNS, 영화, 사건 등등 다양한 분야에서 주목을 끌고 환영을 받는 사건 또는 사물을 지칭한다. 반면 '冷門'은 주위를 끌지 못하거나 인기가 없는 분야 또는 발전 가능성이 매우 낮아 경쟁력이 없는 사물을 지칭한다. 이는 현대에 이르러서 환영받는 전공과 빗대어 말하기도 한다. 졸업 후 취업이 잘 되는 계열의 전공은 '熱門'이라고 하는 반면, 취업난에 허덕이는 계열의 전공을 '冷門'이라고 한다.

- 一言堂yìyántáng : 본인의 의견만 고집하다.

옛날 상점에서는 문 위에 '一言堂'이라는 팻말을 걸어두기도 하였는데, 이는 '에누리 없음', 즉 가격 흥정을 하지 않는다는 뜻이다. 그리하여 상점의 주인이 물건 가격을 두 번 말하지 않는다는 것에 빗대어 타인의 의견에 전혀 귀 기울이지 않고 본인의 의견만 내세우며 고집한다는 의미이다. 예를 들어, '搞一言堂gǎoyìyántáng'이라는 말은 자신의 의견만 고집하는 독불장군을 가리킨다.

베이징에는 민간 전통 거주 양식 중 하나인 '胡同hútòng'을 볼 수 있는데, 여기는 여러 집이 밀집해 있어 골목길로 이루어져 있는 것이 특징이다. 이렇게 좁은 길에서 여러 사람이 함께하게 되면 통행이 원활하지 못하여 자주

胡同 출처 : baidu.com

걸음을 멈추게 된다. 이와 같은 상황을 빗대어 더 이상의 다른 방법이 없는 절망적인 상태를 의미하는 어휘가 있다.

- **鑽死胡同**zuānsǐhútòng : 별다른 방법이 없는 상태, 융통성이 없는 사람

이는 '鑽進死胡同zuānjìnsǐhútòng' 또는 '走進死胡同zǒujìnsǐhútòng'과 같이 표현하기도 하는데, 더이상 손을 쓸 수 없는 상태를 뜻한다. 동시에 융통성이 없고 고집불통인 사람을 비유하여 사용한다. 이와 유사한 뜻을 지닌 어휘로는 '死路一條sǐlùyītiáo'를 들 수 있는데 주로 부정적인 상황을 묘사한다.

2 속담 안에 담겨 있는 중국 거주 문화

우리는 일상생활에서 어떤 현상을 묘사할 때 특정 어휘를 자주 사용하게 된다. 그리고 그 어휘의 사용이 빈번하게 지속되어 어휘의 결합이 고정적으로 굳어져 하나의 의미를 나타내게 된다. 이처럼 습관적으로 널리 쓰이는 고정된 형식의 말을 '숙어熟语shúyǔ'라고 한

다. 그중에서 표현이 통속적이며 압축되어 의미 전달이 명확한 표현을 '속담諺語yànyǔ'이라고 한다. 속담은 비교적 글자 수의 제한이 없고 자유로우며 그 내용도 이해하기 쉬워 일상생활에서 자주 사용된다.24 그렇다면 중국어의 속담 안에서 건축과 관련된 표현은 무엇이 있을까?

- **門門有路, 路路有門**ménményǒulù, lùlùyǒumén : 문마다 길이 있고 길마다 문이 있다, 아무리 절망적인 상황이더라도 방법은 있다

앞서 우리는 중국의 전통 건축 양식이 열악한 자연환경을 극복하고자 폐쇄적인 구조를 갖게 되었다는 것을 살펴보았다. 이러한 폐쇄적인 구조로 인해 관청으로 들어가는 길목에는 문을 지키는 문지기가 있어 일반 백성들의 출입을 통제하였다. 이렇게 출입을 통제하는 자를 문인門人 또는 문자門子라고 하였다. 보통 이러한 문지기는 관청의 친족이나 가까운 사람들이 담당하였기에, 그들의 힘은 실제로 막강하였다. 그래서 일반 백성들이 문지기에게 뇌물을 주어 친분을 쌓으면 관청에서 일처리를 하기가 매우 수월하였다. 이러한 배경에서 어떠한 어려운 일을 만나더라도 분명 방법은 있다는 뜻의 속담이 있다.25

- **臥榻之側, 豈容他人酣睡**wòtàzhīcè, qǐróngtārénhānshuì : 자신의 침대에 어찌 남이 자게하랴!(자신의 영역 안에 다른 세력을 그냥 둘 수 없음을 비유하는 말)

집에는 여러 방이 있는데 그중에서 침실은 잠을 자는 장소로 가장 편안하고 개인적인 공간이다. 이처럼 침실이 자신의 사적인 공간

이자 영역이라는 점에 근거하여 생긴 재미있는 일화가 있다.

서기 960년, 조광윤趙匡胤은 송宋나라를 건국하고 주위의 여러 나라를 정복하였다. 조광윤은 장강長江 남쪽 일대인 강남 지방에 있는 5대10국五代十國 남당南唐의 이욱李煜에게 평화적으로 합병하는 방안을 제안하였다. 그러나 이욱이 이를 거절하며 아래와 같은 내용의 서신을 보냈다.
"강남 땅은 죄가 없으니 공격하지 말라."
조광윤은 이 서신에 대한 대답으로 다음과 같이 회신하였다.
"강남에는 죄가 없음을 알고 있다. 그러나 천하는 하나의 집一家인데, 어찌 침대 옆에서 다른 사람의 코 고는 소리를 들을 수 있겠는가?"
이 뜻은 천하는 조광윤의 땅이므로 강남 땅 역시 송나라의 영토이기에 그곳에 자신 이외에는 다른 세력을 둘 수 없다는 의미를 전한 것이다. 결국 얼마 가지 못하여 남당은 송나라에 의하여 멸망당하였고, 이욱 역시도 죽음을 당하였다. 26

이렇게 조광윤과 이욱의 일화를 통하여 사자성어 '타인한수他人鼾睡tārénhānshuì'가 탄생하였다.

- 出門看天氣, 進門看臉色chūménkàntiānqì, jìnménkànliǎnsè : 외출 할 때에는 날씨를 살피고, 들어갈 때에는 안색을 살핀다.

우리는 외출하기 전에 하늘을 보며 날씨를 가늠하고 옷차림을 달리하며 우산이나 양산 등을 챙긴다. 이처럼 우리는 밖으로 외출하기 전에 날씨를 살피게 된다. 중국에서도 이와 마찬가지로 외출 전 날씨를 살피는 것과 동시에 집 안으로 들어갈 때 집 안 사람의 눈치를 살펴 상황을 판단해야 한다는 속담이 있다. 이는 타인을 대함에 있어서 타인의 감정을 살펴야 한다는 것을 의미한다. 대인관계에 있어서 이러한 점이 왜 중요한지는 다음과 같은 우화를 통해 그 의미를 정확하게 알 수 있다.[27]

옛날에 사자, 여우, 당나귀가 함께 사냥을 떠났다. 그들은 열심히 사냥하여 많은 성과를 얻게 되었다. 그러자 사자는 당나귀에게 오늘 사냥한 것을 각각 분배하라고 하였다. 당나귀는 모두가 똑같이 노력하여 얻은 성과물이기에 정확히 3등분을 하여 사자에게 먼저 고르라고 하였다. 그러자 사자는 당나귀의 말을 듣고 몹시 화가 나서 곧장 달려들어 당나귀를 잡아먹었다.

그렇게 당나귀를 한입에 잡아먹은 사자는 여우에게 다시 나누어 보라고 하였다. 여우는 고민하다가 사냥물의 대부분을 사자에게 주었고 자신의 몫으로 아주 소량만을 두었다. 사자는 여우의 결정에 매우 만족하고는 여우에게 물었다.

"아주 좋은 결정이구나! 이렇게 좋은 방법은 어디에서 배웠는가?"

그러자 여우는 대답하였다.

"바로 앞선 당나귀의 불행을 통해 배우게 되었습니다."

위의 우화를 보게 되면 여우는 능숙하게 사자의 말과 감정을 관찰하여 빠르게 상황을 판단하고 대처하는 것을 볼 수 있다. 이를 통하여 우리는 인생에 있어서 아주 중요한 교훈 하나를 얻게 되는데, 이는 바로 어떠한 일이나 관계를 맺기 전에는 주변 상황을 잘 살피어 판단하고 대처해야 한다는 것이다.

우리나라 속담에는 '낮말은 새가 듣고 밤말은 쥐가 듣는다'는 표현이 있는데, 중국어 속담에서는 비교적 구체적으로 집 안의 문과 창문을 들어 이와 유사한 의미를 나타낸다.

- 門內有縫, 窓有耳 ménnèiyǒufèng, chuāngyǒuěr : 문에는 작은 틈이 있고 창문 건너에는 듣는 귀가 있다.

비밀 출처 : freepik.com

바로 문에는 작은 틈이 있어서 비밀이 새어나갈 위험이 있으며 창문 건너에는 이를 몰래 들을 수 있는 귀가 있으니 항상 말을 조심해야 한다는 의미를 나타내고 있다. 이와 비슷한 표현으로 '沒有不透風的墻 méiyǒubútòufēngdeqiáng'이 있는데, 이는 바람이 통하지 않는 벽이란 없다는 뜻으로 아무리 숨기려 하여도 비밀은 새어 나가게 되어 있다는 것을 의미한다.

중국의 고전 문학에서는 권선징악 勸善懲惡 형태의 작품들을 많이 찾아볼 수 있는데, 이러한 형태는 속담에도 영향을 주어 착하게 살아야 한다는 것을 강조하는 표현도 있다.

- 日間不做虧心事, 半夜敲門不吃驚 Rìjiānbùzuòkuīxīnshì, bànyèqiāoménbùchījīng : 낮에 양심에 부끄러운 일을 하지 않으면, 밤에 귀신이 문을 열라고 해도 무서워하지 않는다.

이 속담은 양심에 가책을 느낄만한 잘못을 하지 않으면 어떤 사람이 찾아와도 두려워하지 않는다는 의미인데, 이는 원元나라 때 익명이 쓴 『진주조미陳州糶米』에서 유래하였다.28

송宋나라 때에 진주陳州 지역에 극심한 가뭄이 들어 백성들이 많은 어려움에 처해 있었다. 그리하여 조정에서는 유劉씨와 양楊씨를 파견하여 조정의 쌀을 매우 저렴하게 백성들에게 나누어 주려 하였다. 그러나 이 두 사람은 이 기회로 돈을 벌고자 하여 쌀값을 매우 비싸게 책정하고 부정한 방법으로 쌀을 팔았다. 이러한 부당한 대우에 반기를 든 농민 장張씨가 있었으나, 결국 장씨는 유씨와 양씨에 의해 죽음을 당했다. 그래서 죽은 농민 장씨의 아들은 그 억울함을 해결하고자 상경하여 현명한 판결을 하기로 유명한 포증包拯을 찾아갔다. 결국 포증이 나서서 장씨의 억울한 죽음에 대한 진실을 밝히었고, 유씨와 양씨 역시 자신이 저지른 잘못에 대한 대가로 죽음을 맞이하게 되었다.

이는 '日裏不做虧心事, 半夜敲門不吃驚' 또는 '日裏不做虧心事, 不怕半夜鬼敲門' 등으로 지역에 따라서 표현 양식은 조금씩 다르지만, 모두 나쁜 일을 하지 말고 착하게 살기를 권한다는 의미 면에서는 크게 다르지 않다.

타인의 일에 너무 관여하지 말고 자신의 일을 열심히 해야 한다는 뜻의 속담도 있다.

- **各人自掃門前雪, 莫管他家瓦上霜** gèrénzìsǎoménqiánxuě, mòguǎntājiāwǎshàngshuāng : 자기 문 앞의 눈만 쓸고 남의 집 기와 위에 있는 서리는 상관하지 말라

옛날에 아주 근면하고 선량하여 남을 기꺼이 도우며 살아가는 갈지葛誌라는 사람이 있었다. 지난밤 사이 많은 눈이 내려서 그는 일찍 일어나 가게 앞의 눈을 쓸었다. 그렇게 눈을 다 쓸고 나서는 이웃집 대문 앞에도 눈이 많이 쌓여 있는 것을 발견하고 기쁜 마음으로 이웃집의 눈을 쓸기 시작하였다. 그렇게 눈을 쓸다가 보니 이웃집 기와 위에 큰 광주리 하나가 놓여 있는 것을 발견하였다. 그 안에 무엇이 들었는지 궁금하여 슬쩍 들여다보니 놀랍게도 시체가 들어있었다. 본래 평소에도 겁이 많기로 유명했던 그는 시체를 보자마자 혼비백산하여 빗자루를 던져 버리고 자신의 가게 안으로 뛰어 들어갔다.

그렇게 날이 밝도록 가게 안에 숨어 의자 밑에 몸을 웅크리고 있었다. 시간이 얼마 지나지 않아 다른 사람들도 시체를 발견하였고 관아에서 살인사건을 조사하러 나왔다. 그리고는 시체가 담겨 있던 광주리 옆에 있는 빗자루를 증거로 갈지를 잡아들였다. 갈지는 자신의 결백함을 주장하였으나 관아에서는 이를 듣지 않고 오히려 그를 고문하여 거짓 자백을 받아내어 옥에 가두었다.

갈지의 아내는 남편의 억울함을 계속하여 관아에 호소하였고, 이를 본 지주는 해당 사건을 다시 살펴보니 많은 허점을 발견되어 재수사를 명령하였다. 결국 사건의 진실은 밝혀졌고, 진짜 범인이 잡히고 갈지는 풀려나게 되었다. 훗날 사람들은 타인의 일에 관심이 많고 관여하려 드는 사람에게 갈지의 이야기를 들어 자신의 일에 충실할 것을 당부하였다.[29]

이외에도 앞문은 호랑이가 막고 있고 뒷문으로는 이리가 들어온다는 뜻으로 어려운 일이 겹쳐 닥쳐옴을 나타내는 '前門拒虎, 後門進狼qiánménjùhǔ, hòuménjinláng', 문틈으로 내려다보면 사람이 납작하게 보인다는 뜻으로 사람을 얕보거나 깔본다는 뜻의 '隔著門縫瞧人, 把人看扁了gézheménfèngqiáorén, bǎrénkànbiǎnle', 성안의 사람들은 모두 대변을 본다는 뜻의 '城裏人拉屎chénglǐrénlāshǐ' 중 대변 '大便 dàbiàn'은 변화를 뜻하는 '變biàn'과 발음이 비슷하여 큰 변화가 발생한다는 뜻을 나타낸다.

주석

1 유돈정 저, 한동수 외 역(2004), 『중국고대건축사』, 서울 : 세진사. p.18.
2 김상균·신동윤(2016), 『사진으로 보고 배우는 중국문화』, 서울 : 동양북스, p.22.
3 채미향(2007), 「중국 사합원의 형성과정과 공간구성에 관한 연구」, 국내석사학위논문, 강원대학교 산업대학원. pp.20-21.
4 최재영(2021), 「객가토루(客家土樓)를 통해서 본 객가문화」, 국내석사학위논문, 동국대학교 일반대학원, pp.68-69.
5 루빙지에·차잉앤씬 저, 김형호 역(2008), 『건축예술(중국문화 7)』, 서울 : 대가, pp.84-88.
6 유돈정 저, 한동수 외 역(2004), 『중국고대건축사』, 서울 : 세진사. p.46.
7 채미향(2007), 「중국 사합원의 형성과정과 공간구성에 관한 연구」, 국내석사학위논문, 강원대학교 산업대학원, p.27
8 박선희(2015), 「중국 휘주지역 전통주택의 공간구성 특성」, 『한국주거학회논문집』, 26(6), p.153.
9 http://alog.auric.or.kr/DS5203/Post/6F9B72F7-22D2-40FE-956E-206FCB58A9E6.aspx#.Y6JqoHZBxPY
10 문주현·이승용(2006), 「종교건축에 있어서 분석심리학의 원형적 표상의 적용에 관한 연구」, 『대한건축학회지회연합회』, 학술발표대회, p.156.
11 강희정(2018), 「해상 실크로드와 불교물질문화의 교류」, 『東亞硏究』, 37.1, p.61
12 윤장섭(2005), 「중국 건축기행」, 서울 : 기문당, p.93.
13 러우칭시 저, 한동수 역(2004), 『중국의 고대 건축』, 서울 : 혜안, pp.128-130.
14 https://www.n-s.cn/
15 https://baike.baidu.com.com/item/%E4%B8%8A%E6%B5%B7%E4%B8%AD%E5%BF%83%E5%A4%A7%E5%8E%A6/5135128?fr=aladdin
16 https://baike.baidu.com.com/item/%E6%B8%AF%E7%8F%A0%E6%BE%B3%E5%A4%A7%E6%A1%A5/2836012?fr=aladdin
17 http://www.360doc.com/content/22/0316/17/9522700_1021804227.shtml
18 징창미(2014), 「중국현내미술과 '만리장성(萬里長城)'의 역사성」, 『현대미술사연구』, 36, p.257.
19 이수자(2008), 「만리장성 설화의 형성 기원과 문화사적 의의」, 『역사민속학』, (28), p.181.

20 이수자(2008),「만리장성 설화의 형성 기원과 문화사적 의의」,『역사민속학』, (28), p.204.
21 김태만 외(2020),『쉽게 이해하는 중국문화』, 경기 파주 : 다락원, p.107.
22 임대근 외(2016),『중국 학교 2』, 경기 파주 : 청아출판사, pp.209-214.
23 김수현 외(2020),『용어로 보는 중국문화 이야기 다락방』, 경기 고양 : 학고방, pp.92-116.
24 박종한 외(2018),『중국어의 비밀』, 경기 파주 : 궁리, pp.180-182.
25 https://iask.sina.com.cn/b/KBIM8mgIq7.html
26 https://baike.baidu.com/item/%E5%8D%A7%E6%A6%BB%E4%B9%8B%E4%BE%A7%EF%BC%8C%E5%B2%82%E5%AE%B9%E4%BB%96%E4%BA%BA%E9%BC%BE%E7%9D%A1/8014650?fr=aladdin
27 https://baijiahao.baidu.com.com/s?id=1655042677708272475&wfr=spider&for=pc
28 https://baijiahao.baidu.com.com/s?id=1646555648696480318&wfr=spider&for=pc
29 https://www.yuwenmi.com/baike/1079622.html

| 저자 소개 |

김수현 金秀賢
- 북경대학교 학사, 중경대학교 석사, 경희대학교 박사 수료
- 前 중경 전신전문대학 강사, 중국어 교육원 공자학당 강사, 경희대학교 경영대학원 중문 MBA 강사
- 경희사이버대학교 중국어문화학과 강사
- 주요 논저: 『용어로 보는 중국문화 이야기 多樂房』, 『용어로 보는 중국역사 이야기 多樂房』, 「중국어 교육을 위한 부사 '就'의 의미와 용법 연구」

김선호 金善浩
- 백석대학교 학사, 경희대학교 교육대학원 석사, 경희대학교 박사 수료
- 前 시사중국어사학원 회화 정규집중반 전임강사, 경기도 관내 중고등학교 중국어 교사
- 우리기독학교 중국어 교사
- 주요 논저: 「중학교 『생활 중국어』의 '了' 분석과 교육상의 제언」

배우정 裵玗桯
- 창원대학교 학사졸업, 경희대학교 석·박사, 성균관대학교 박사 수료
- 前 경희대학교, 장안대학교 중문과 강사
- 경희대학교 동아시아 서지문헌연구소 학술연구원, 성균관대학교 국정전문대학원 박사연구원
- 주요 저서: 『용어로 보는 중국문화 이야기 多樂房』, 『용어로 보는 중국역사 이야기 多樂房』

정미선 鄭美仙
- 한국교육개발원 학사, 경희대학교 석사, 경희대학교 박사 수료

배재석 裵宰奭
- 연세대학교 학사, THE Ohio State University 석사, 남경대학교 박사
- 경희대학교 중문과 교수, 북경대학교 객좌교수
- 국제한국어응용언어학회 회장, 한국중국언어학회 고문, 경희대학교 공자학원 원장
- 주요 논저: 『용어로 보는 중국문화 이야기 多樂房』, 「중국언어와 사회」, 「유행어로 살펴본 북경과 상해」, 「표준중국어의 성조 변화 범위에 관한 연구」, 「개정7차 중국어 교육과정 기본 어휘에 대한 고찰」, 「한국 한자어와 중국어 어휘이어의 형태론적 비교 연구」 등 다수

중국 언어와 문화

초판 인쇄 2023년 4월 17일
2판 인쇄 2024년 1월 10일

지은이 | 김수현·김선호·배우정·정미선·배재석
펴낸이 | 하운근
펴낸곳 | 學古房

주   소 | 경기도 고양시 덕양구 통일로 140 삼송테크노밸리 AB224
전   화 | (02)353-9908 편집부 (02)356-9903
팩   스 | (02)6959-8234
홈페이지 | www.hakgobang.co.kr
전자우편 | hakgobang@naver.com, hakgobang@chol.com
등록번호 | 제311-1994-000001호

ISBN 979-11-6995-475-4 93720

값: 27,000원

■ 파본은 교환해 드립니다.